REDLINE WIRTSCHAFT
bei ueberreuter

Intelligentes Risikomanagement

Das Unvorhersehbare meistern

McKinsey&Company

Andreas Merbecks
Uwe Stegemann
Jesko Frommeyer

REDLINE WIRTSCHAFT
bei ueberreuter

McKinsey&Company
Intelligentes Risikomanagement
Das Unvorhersehbare meistern
Frankfurt/Wien: Redline Wirtschaft bei ueberreuter, 2004
ISBN 3-8323-0964-0

Unsere Web-Adressen:

http://www.redline-wirtschaft.de
http://www.redline-wirtschaft.at

http://www.mckinsey.de
http://www.mckinsey.com

Alle Rechte vorbehalten
Umschlaggestaltung: Heinke Biermann-Rank
Coverabbildung: Creativ Collection, Freiburg
Copyright © 2004 by McKinsey & Company, Deutschland
Satz: Redline Wirtschaft bei ueberreuter, Wien
Druck: Himmer, Augsburg
Printed in Germany

Inhalt

Geleitwort 15

Danksagung 19

1. Vom Risiko- zum Chancenmanagement 21

1.1 Warum brauchen Unternehmen Risikomanagement? 23
    1.1.1 Spektakuläre Krisen sind nur die Spitze des Eisbergs 28
    1.1.2 Unternehmen sind immer höheren Risiken ausgesetzt 34
    1.1.3 Die Bonität der Unternehmen hat gelitten 37
    1.1.4 Kapitalmarkt, Ratingagenturen und der Gesetzgeber verlangen aktives Risikomanagement 38

1.2 Die Unternehmen reagieren: Risikomanagement erhält einen höheren Stellenwert 43

1.3 Risikomanagement ist eine strategische Managementaufgabe 45
    1.3.1 Typische Fehler, die beim Umgang mit Risiken zu vermeiden sind 46
    1.3.2 Instrumente zum Risikomanagement stehen bereit 51
    1.3.3 Professionelles Risikomanagement ist wesentlicher Bestandteil einer wertorientierten Unternehmensführung 54

Inhalt

1.4 Chancen nutzen durch intelligentes Risikomanagement: in drei Schritten zum Erfolg   57

2 **„Wir brauchen mehr gesunden Menschenverstand":** **Dr. Thomas Fischer (Vorsitzender des Vorstandes, WestLB) im Interview**   *59*

3 **Die Grundlagen für Entscheidungen: Risiken identifizieren, messen und dokumentieren**   **75**

3.1 Die Risikoidentifizierung erfordert ein strukturiertes, aber auch kreatives Vorgehen   77
    3.1.1 Risiken lassen sich in vier wesentliche Risikoarten unterteilen   81
    3.1.2 Wirkungsweise und Ausmaß von Risiken als weitere Aspekte der Risikoidentifikation   94
       3.1.2.1 Sekundär- und Tertiäreffekte tragischer Ereignisse ziehen weite Kreise   94
       3.1.2.2 Das Ausmaß von Risiken – vier Grundmuster   96

3.2 Wer Risiken messen will, braucht geeignete Modelle   102
    3.2.1 Bei der Risikomessung ist der Weg das Ziel   103
    3.2.2 Einige Risiken sind (noch) nicht messbar   107
    3.2.3 „Hightech"-Mathematik steigert die Messbarkeit   108
    3.2.4 Das Value-at-Risk-Konzept hat sich (nicht nur) bei Finanzdienstleistern durchgesetzt   113

            3.2.4.1 Messung von Einzelrisiken mit Value
                     at Risk   114
            3.2.4.2 Aggregation von Risiken mit
                     Value at Risk   121
            3.2.4.3 Bei der Value-at-Risk-Berechnung
                     kann es zu Umsetzungsschwierigkeiten
                     kommen   124
      3.2.5 Cash Flow at Risk als angemessenes Konzept
             für Nicht-Finanzdienstleister   130

3.3 **Die Risikodokumentation:
     So entsteht Transparenz im Unternehmen**   134

4   Die Entscheidung: Risikonahmestrategien – der intelligente Umgang mit Risiken   141

4.1 **Viele Unternehmen wählen nur zwischen zwei
     Handlungsoptionen:
     Risiken vermeiden oder blindlings eingehen**   146

4.2 **Die Erweiterung des Lösungsraums:
     Mit professionellem Risikomanagement
     lassen sich Chancen nutzen**   148
      4.2.1 Strategie 1: Nicht jedes Risiko eingehen   150
      4.2.2 Strategie 2: Bestimmte Risiken bewusst und
             gezielt übernehmen   151
      4.2.3 Strategie 3: Risiken in ihrer Entwicklung
             intelligent minimieren   163
      4.2.4 Strategie 4: Risiken intelligent auf Dritte
             überwälzen   169
      4.2.5 Wertschaffende Risikonahmestrategien –
             so wird Risikomanagement zum Chancen-
             management   181

Inhalt

4.3 Welche Risikonahmestrategien lassen sich im Unternehmen vor dem Hintergrund der Kapitalausstattung konkret verwirklichen? 189
    4.3.1 Fremdkapital- und Eigenkapitalgeber haben unterschiedliche Erwartungen – das Management muss sie ausgleichen 190
    4.3.2 Bestimmung der Risikotragfähigkeit bei gegebener Kapitalstruktur 193
        4.3.2.1 Drohende Unterkapitalisierung wird durch Gegenüberstellung von Risiken und Risikotragfähigkeit erkennbar 194
        4.3.2.2 Verteidigungslinien gegen Risiken: eine differenzierte Betrachtung der Risikotragfähigkeit 196
    4.3.3 Erweiterung des Lösungsraums: Ansätze zur risikoorientierten Annäherung an die optimale Kapitalstruktur 198
        4.3.3.1 Kapitalbedarf bei Extremfällen: Sicherstellung der Überlebensfähigkeit 199
        4.3.3.2 Kapitalmanagement über Konjunkturzyklen hinweg: Stabilisierung des Ratings 201
        4.3.3.3 Kapitalmanagement vor dem Hintergrund kurzfristiger Volatilitäten: systematische Wertsteigerung durch effizienten Kapitaleinsatz 207

5 Die organisatorische Verankerung des Risikomanagements *219*

5.1. Risikomanagement muss fest in der Organisationsstruktur des Unternehmens verankert sein 223

5.1.1 Risikomanagement braucht einen „Champion" in der Organisation ... 225
5.1.2 Eine differenzierte, aber eindeutige Zuordnung der vielfältigen Aufgaben des Risikomanagements ist zweckmäßig ... 226
5.1.3 Das Risikocontrolling muss unabhängig und exponiert positioniert sein ... 227
5.1.4 Die Aufgabenteilung zwischen zentralen und dezentralen Einheiten ist festzulegen ... 229
5.1.5 Die Rollen in der Risikomanagement-Organisation müssen klar definiert sein ... 234

5.2 Organisatorische Eingliederung in die Unternehmensprozesse ist notwendig ... 238
5.2.1 Neue Prozesse für adäquates Risikomanagement ... 239
5.2.2 Integration des Risikomanagements in bestehende Prozesse ... 243

5.3 Bedeutung des Risikomanagements wird durch Risikokultur untermauert ... 246

6 *„Die Karotte muss immer in Fahrtrichtung hängen": Wie die Deutsche Bank ihre operationellen Risiken managt* ... *253*

7 *So geht's: Wie ein Projekt zum Risikomanagement im Unternehmen abläuft* ... *261*

Inhalt

8 *"Bei uns sind Rückrufaktionen nicht möglich":*
Die McKinsey-Partner Prof. Dr. Axel Born
und Dr. Philipp Härle im Interview   ***277***

Anhang   ***289***

Abkürzungsverzeichnis
und Glossar   291

Ausgewählte Literatur   307

Über die Autoren   312

Abbildungsverzeichnis

1.1	Im Jahre 2002 ereigneten sich sechs der neun größten Insolvenzen Europas in Deutschland	28
1.2	Insolvenzen und Forderungsverluste in Deutschland nehmen zu	29
1.3	Die Eigenkapitalausstattung von deutschen Unternehmen ist vergleichsweise gering	31
1.4	Katastrophen und Versicherungsschäden nehmen stark zu	35
1.5	Seit 1999 werden deutlich mehr US-Unternehmen im Rating herab- als heraufgestuft	37
1.6	Finanzdienstleister und Industrieunternehmen im DAX haben sich im Rating von 1998 bis 2003 deutlich verschlechtert	39
1.7	KonTraG hat Auswirkungen auf andere Gesetze	42
1.8	In der Energiebranche besteht immer noch erheblicher Verbesserungsbedarf im Risikomanagement	44
1.9	Einige Unternehmen in der Telekommunikationsbranche sind stark durch Fremdkapital finanziert	49
1.10	Die durchschnittliche Verweildauer im S & P-500-Aktienindex sinkt	55
1.11	Chancen nutzen durch intelligentes Risikomanagement: in drei Schritten zum Erfolg	57
3.1	Systematische Unterteilung in vier Risikoarten	80
3.2	Operationelle Risiken lassen sich nach internen und externen Einflussfaktoren kategorisieren	90
3.3	Die Automobilunternehmen bringen zunehmend mehr Baureihen mit immer kürzeren Lebenszyklen auf den Markt	91
3.4	Unterschiedliche Branchen haben stark abweichende Schwankungsbreiten in der Umsatzentwicklung in Europa	93

Abbildungsverzeichnis

3.5	Die Terroranschläge vom 11. September 2001 hatten Sekundär- und Tertiäreffekte	95
3.6	Prozyklisches Verhalten durch Investitionen in Produktionskapazitäten während Boomphasen	98
3.7	Beim Risikoausmaß gibt es drei Grundmuster und oft einen unbekannten Erwartungswert – Beispiel Rohöl	100
3.8	Die Risikoquantifizierung zeigt die bedeutendsten Risiken – Beispiel eines Energieerzeugers	105
3.9	Value at Risk misst den maximalen Verlust innerhalb des Konfidenzintervalls	115
3.10	Korrelationen in den Insolvenzquoten zwischen Branchen	122
3.11	Risikoreduktion durch Diversifikation möglich – Beispiel einer Bank	124
3.12	CreditPortfolioView (CPV) simuliert zukünftige Kreditausfallraten	127
3.13	Value-at-Risk-Modelle können die tatsächliche Überschreitung nicht immer realistisch voraussehen – Beispiel einer Bank	128
3.14	Cash Flow at Risk zeigt den Einfluss der Risiken auf die künftigen Zahlungsströme	131
3.15	EnergyPortfolioView (EPV^{TM}) ist ein weiteres Beispiel für Risikomessung	133
3.16	Die Risikoarten haben je nach Industriesektor unterschiedliche Gewichte	135
3.17	Risikolandkarte: Beispielhafter Industriebetrieb hat größte Risiken in Währungsschwankungen	136
3.18	Ganzheitlicher Risikobericht schafft Transparenz – Beispiel	137
3.19	Diagnose der Ist-Situation – Risikoidentifizierung, Risikomessung und transparente Risikodokumentation	139
4.1	Es gibt vier mögliche Risikonahmestrategien	145

4.2	Vor- und Nachteile der risikoadjustierten Performancemaße ROVAR, RORAC und RAROC	154
4.3	Kreditkonditionen von Banken nähern sich den Margen für Unternehmensanleihen an	156
4.4	Einbeziehung der Risikodimension bringt überraschendes Ergebnis – Beispiel einer Bank	157
4.5	Geografische Expansion ist häufig mit dem Eingehen höherer Risiken verbunden	159
4.6	Diversifikation kann Risiken reduzieren – Beispiel Automobilindustrie	160
4.7	Gründe für eine bewusste Risikoübernahme	162
4.8	Six-Sigma-Qualitätsprogramm führte bei GE Capital zu operativer Exzellenz	165
4.9	Auf Risikoanalyse basierender Aktionsplan zur gezielten Risikominimierung	168
4.10	Streikversicherung verteilt Schaden auf längeren Zeitraum	171
4.11	Nach Deregulierung der Energiemärkte sind neben den Chancen aus Marktöffnungen auch die Risiken für die Marktteilnehmer gestiegen	175
4.12	Wie sich Risiken durch neue Vertragsgestaltung auf Kunden überwälzen lassen	176
4.13	Systematisierung von Entscheidungssituationen nach Risiko, Flexibilität und Realoptionselementen und sich ergebenden Implikationen für das Risikomanagement	187
4.14	Innerhalb einer Branche kann die Kapitalstruktur sehr unterschiedlich sein – Beispiel der Papier- und Zellstoffindustrie 2002	191
4.15	Beim Abgleich der Risiken mit der Risikotragfähigkeit kann eine gefährliche Unterkapitalisierung aufgedeckt werden	195
4.16	Bei der Bestimmung der Risikotragfähigkeit werden verschiedene Verteidigungslinien angenommen	197

Abbildungsverzeichnis

4.17	Starke Ergebnisschwankungen – Beispiel eines amerikanischen Finanzdienstleisters	200
4.18	Bei der Festlegung eines Zielratings hilft die Simulation von Handlungsoptionen	203
4.19	Analyse der maximal tolerierbaren Ergebnisvolatilität deckt auf, ob Risiko und Risikobereitschaft im Einklang stehen	204
4.20	Unternehmen mit hoher Bonität haben eher eine geringe Ergebnisvolatilität	206
4.21	Wie das betriebswirtschaftliche Ergebnis aus der Risikoübernahme ermittelt wird	208
4.22	Es gibt drei Stellhebel zur Ergebnissteigerung	209
4.23	Ergebnis und ökonomischer Eigenkapitalbedarf sollten pro Geschäftsbereich ins Verhältnis gesetzt werden	212
4.24	Mit dem Risikomanagement-Instrumentarium stehen differenzierte Möglichkeiten zur Ergebnisverbesserung zur Verfügung	215
4.25	Diagnose der Ist-Situation – Risikonahmestrategie	217
5.1	Der Stellenwert des Risikomanagements ist gegenüber anderen Zentralfunktionen gering	223
5.2	Die Kapitalallokation steht im Spannungsfeld von Risikobereitschaft des Unternehmens und Plänen der Geschäftseinheiten	233
5.3	Vorstände sehen Bedarf für Risikomanagement-Komitees	236
5.4	Die US-Army zeigt, wie adäquate Notfallpläne festgelegt werden können	242
5.5	Wie Mitarbeiter zur Verhaltensänderung motiviert werden	248
5.6	Diagnose der Ist-Situation – Organisation	251
7.1	Profil für den Entwicklungsstand des Risikomanagements bei ENGINA	267
7.2	Im Vergleich zu internationalen Wettbewerbern hat ENGINA im Risikomanagement Aufholbedarf	270

Geleitwort

Risiken gehören zum Geschäft des Unternehmers, und „Wägen und Wagen" – das Motto der Hanse-Kaufleute, die schon im Mittelalter Chancen und Risiken eines Geschäfts ins Verhältnis setzten – ist eine frühe Form des Risikomanagements. Heute gewinnt das Thema für Unternehmen noch an Aktualität. Im Zuge von Vernetzung und Globalisierung steigen die Risiken tendenziell oder ändern sich strukturell erheblich, gleichzeitig stufen Banken ihre Kunden – u. a. wegen der neuen Richtlinien zur Eigenkapitalunterlegung von Krediten nach Basel II – auch nach ihren Fähigkeiten im Umgang mit Risiken ein. Je besser das Risikomanagement, desto günstiger sind die Möglichkeiten zur Kapitalaufnahme.

Trotzdem wird die Bedeutung des Risikomanagements noch unterschätzt. Vor allen Dingen wird sein eigentliches Potenzial verkannt, denn richtiges Risikomanagement ist eben auch Chancenmanagement. Studiert man die Vorgeschichten einzelner Risikofälle, die in jüngerer Zeit ihren Weg auf die Titelseiten der Wirtschaftsmagazine und Tageszeitungen gefunden haben, so wird klar: Aus der Tatsache, dass ein Unternehmen sich nicht gegen jedes bekannte und hypothetische Risiko absichern kann, darf eben nicht abgeleitet werden, dass man sich gar nicht um Risikomanagement kümmern müsse. Dass eine solche „Unternehmensphilosophie" wahrscheinlich das größte Risiko ist, belegt eine lange Reihe von spektakulären Einzelfällen.

Um das Thema Risikomanagement in seinen wesentlichen Facetten zu würdigen, beschäftigt sich das Buch nicht nur mit der Vermeidung von Risiken, sondern es sieht in richtig verstandenem Risikomanagement besonders auch die Ausnutzung von vorhandenen Geschäfts- und Gewinnpotenzialen. Dieses Buch gibt Hinweise zur Nutzung solcher Potenziale.

Geleitwort

Intelligentes Risikomanagement – das Unvorhersehbare meistern wendet sich an Führungskräfte aller Unternehmen, die Verbesserungsbedarf und -potenzial bezüglich des Risikomanagements in ihrem Unternehmen vermuten, und ausdrücklich auch an den Mittelstand. Aus der Perspektive der Unternehmensleitung zerlegt es das komplexe Thema in seine wesentlichen Komponenten und schildert anhand von Praxisbeispielen die wichtigsten Konzepte und ihre Bedeutung für den Unternehmensalltag. Um Missverständnissen vorzubeugen: Die Fallbeispiele illustrieren jeweils eine konkrete einzelne Maßnahme oder Strategie, dabei verbürgen sich die Autoren nicht gleichzeitig für die Exzellenz des kompletten Risikomanagements oder gar der generellen Leistungsfähigkeit des jeweiligen Unternehmens.

In diesem Buch geht es um die Topmanagement-Perspektive, daher verzichten die Autoren hier auf Rechenexempel in höherer Mathematik. Natürlich ist die Beherrschung der technisch-mathematischen Methoden eine notwendige Voraussetzung, um komplexe Risikostrategien entwickeln und umsetzen zu können. Dafür hat McKinsey ein dezidiertes Center of Competence aufgebaut, in dem sich qualifizierte Mitarbeiter vom Betriebswirt über den promovierten Mathematiker bis hin zum habilitierten theoretischen Physiker mit der Anwendung und Weiterentwicklung von modernen Risikomanagement-Lösungen beschäftigen.

Nach einer eingehenden Diskussion der unternehmensweit konsistenten Risikoidentifizierung, -messung und -dokumentation in Kapitel 3 muss im nächsten Schritt (Kapitel 4) eine Entscheidung über die adäquaten Risikonahmestrategien aus einer wertorientierten Sichtweise getroffen werden.

Traditionell wählen Unternehmen zwischen zwei Varianten. Vermeiden: Risiken erst gar nicht eingehen – und sich dadurch aber auch ein potenzielles Geschäft entgehen lassen – oder blindlings akzeptieren oder sogar ignorieren: undifferenziertes, opportunistisches Risikomanagement. Dass diese zwei Optionen zwar grundsätzlich möglich, aber nicht immer optimal sind, liegt auf der Hand. Im Buch werden weitere Risikonahmestrategien vorgestellt und erläutert, wie die zu übernehmenden Risiken mit der Risikotragfähigkeit des Unternehmens in Einklang gebracht werden, die u. a. mit der Kapitalstruktur in Zusammenhang steht. Abgerundet wird der Ansatz durch ein Kapitel über die organisatorischen Aspekte des Risikomanagements im Unternehmen (Kapitel 5).

Einen tieferen Einblick in die Praxis erlaubt das Kapitel 2, ein Interview mit Dr. Thomas Fischer, der als Vorstand das Risikomanagement der Deutschen Bank maßgeblich mitentwickelte und seit Anfang 2004 die WestLB als Vorsitzender des Vorstands leitet, und das Kapitel 7, das anhand eines Fallbeispiels den konkreten Ablauf eines beispielhaften Projekts zum Risikomanagement schildert. Im Kapitel 6 wird im Fachgespräch mit Fred A. Peemöller, dem Leiter des operationellen Risikomanagements bei der Deutschen Bank, ein – nicht nur für Banken – aktuelles Thema am Beispiel eines international führenden Instituts beleuchtet. Und wer sich nach Lektüre des Buches fragt, wie denn wohl McKinsey selbst mit Risiken umgeht, bekommt Antwort im Kapitel 8.

Die Tatsache, dass wir schon vor längerer Zeit eine Risk Management Practice gegründet haben, belegt, welchen Stellenwert McKinsey dem Risikomanagement beimisst. Dieses Buch geht auf Arbeiten der deutschen und der globalen Risk Management Practice zurück. Die in diesem Netzwerk gebündelte Sachkenntnis aus zahlreichen Projekten in verschiedenen Branchen floss in dieses Buch mit ein. So haben zusätzlich zu den Autoren Andreas Merbecks, Uwe Stegemann und Jesko Frommeyer zahlreiche Kolleginnen und Kollegen wertvolle Beiträge geleistet. Andreas Merbecks bringt sieben Jahre Beratungserfahrung in diesem Bereich mit. Uwe Stegemann hat mehrjährige Erfahrung im Bankensektor und widmet sich zunehmend dem

Geleitwort

Risikomanagement in Nicht-Finanzdienstleistungsunternehmen. Jesko Frommeyer hat zahlreiche Risikomanagement-Studien als Projektleiter betreut. An dieser Stelle möchte ich den Autoren meinen Dank dafür aussprechen, dass sie sich der Doppelbelastung „Unternehmensberater und Autor" ausgesetzt und die Zeit für dieses Projekt aufgewandt haben.

Dieses Buch erscheint als zweiter Band in der Reihe „McKinsey Perspektiven", in der wir gemeinsam mit dem Wirtschaftsverlag Carl Ueberreuter regelmäßig aktuelle Management-Themen vorstellen. Der Entstehungsprozess des Manuskriptes wurde begleitet vom eigens eingerichteten Herausgebergremium, unserem Editorial Review Board, das aus externen wie internen Mitgliedern besteht. Allen Mitgliedern möchte ich herzlichen Dank sagen für ihren Einsatz für dieses Projekt: Prof. Dr. Dr. Ann-Kristin Achleitner, Dr. Ulrich Cartellieri, Jürgen Diessl, Hans Otto Eglau, Prof. Dr. Ralf Ewert, Winfried Wilhelm und den Kollegen Rolf Antrecht, Prof. Dr. Axel Born und Hajo Riesenbeck.

Wir hoffen, dass das Buch ein nützliches Instrument sein kann, den Risiken im Unternehmensalltag zu begegnen.

Eine anregende Lektüre wünscht

Jürgen Kluge

Düsseldorf, Januar 2004

Danksagung

Ein Buch neben der täglichen Beratungsarbeit fertigzustellen, bedarf eines größeren Kraftaufwandes, und ohne die Unterstützung einer ganzen Reihe von Sparringspartnern, kritischen Lesern, Kollegen und Helfern wäre ein solches Projekt nicht möglich gewesen.

Ein tiefes Verständnis der relevanten Risikomanagement-Fragestellungen im Unternehmensalltag, großen Erkenntnisfortschritt und Anregungen zur Weiterentwicklung unserer Risikomanagement-Ansätze verdanken wir besonders der intensiven Zusammenarbeit mit unseren Klienten. Renate Friedrich, Dr. Thomas Fischer, Frank-Henning Florian, Fred A. Peemöller, Michael Schmidt und den Kollegen Prof. Dr. Axel Born und Dr. Philipp Härle danken wir dafür, dass sie uns im Interview oder im Hintergrundgespräch Rede und Antwort standen. Externe und interne Mitglieder des Editorial Review Board haben uns kritische Anregungen, aber auch Zuspruch in den schwierigeren Phasen des Projekts gegeben. Dafür danken wir besonders Prof. Dr. Dr. Ann-Kristin Achleitner, Prof. Dr. Axel Born, Dr. Ulrich Cartellieri, Prof. Dr. Ralf Ewert, Dr. Jürgen Kluge, Hajo Riesenbeck und Winfried Wilhelm. Innerhalb der internationalen Risk Management Practice von McKinsey fanden ungezählte formelle wie informelle Gespräche statt, die unser Verständnis von Risikomanagement mitgeprägt haben. Dank für den anregenden Austausch von Ideen gilt etlichen Kolleginnen und Kollegen, sei es für tatkräftige Mitarbeit am Manuskript oder die Begutachtung desselben, für die Bearbeitung einzelner Fallbeispiele oder dafür, dass sie bereitwillig ihr Wissen mit den Autoren teilten: Oliver Bäte, Dr. Arno Gerken, Detlev Hoch, Dr. Markus Krall, Frank Mattern, Dr. Axel Müller-Groeling, Dr. Michael Ollmann, Julia Pracht, Prof. Dr. Wilhelm Rall, Dr. Jan-Hendrik Schmidt, Stephan Simon und Dr. Blazej Szczecki. Das Unternehmen

Danksagung

McKinsey ist nicht denkbar ohne den Arbeitseinsatz der vielen Kolleginnen und Kollegen in den Abteilungen Documentation und Research & Information. Die Autoren danken Hildegard Ahmann, Christine Bieletzki, Janin Böttcher, Hubert Dicks, Yvonne Finger, Shikha Gera, Bettina Grassl, Camillus Gurr, Verena Leinberger, Wolfgang Limbeck, Michael Rudolph, Andrea Schmitz, Manuel Schweichler und allen beteiligten Kolleginnen und Kollegen.

Wir danken Naima Sboron, Ursula Dietrich und Monika Spinnen für die Umsetzung der Analysen in Schaubilder und Heinke Biermann-Rank für das Layout. Claudia Cornelsen und Michael Gatermann haben wertvolle Hilfestellung bei der Erarbeitung des Manuskripts geleistet, Rudolf Schnitzer besorgte den sprachlichen Feinschliff am Text, Hella Reese und Martina Kretzer das Copy Editing. Rainer Mörike übernahm für Communication Services die Gesamtkoordination und die Schnittstelle zum Verlag. Herzlicher Dank geht an Esther Keller und Elke Mogler für Geduld, Übersicht und einen kühlen Kopf selbst in heißen Phasen.

Last, not least danken wir Jürgen Diessl und allen seinen Kollegen bei Redline Wirtschaft/Ueberreuter für die ausdauernde und gute Zusammenarbeit.

Andreas Merbecks
Uwe Stegemann
Jesko Frommeyer

Düsseldorf, Köln und Frankfurt, Januar 2004

1. Vom Risiko- zum Chancenmanagement

No risk, no fun – *Globalisierung und Vernetzung der Wirtschaft erhöhen unseren Wohlstand, aber verschärfen auch die Risiken für Unternehmen. Professionelle Risikomanager sind gefragt. Gemeinsam mit der Unternehmensleitung kann Risikomanagement zum Chancenmanagement für das Unternehmen weiterentwickelt werden.*

Ein Boom in traurigen Zeiten: Die Rubrik „Insolvenzen" der deutschen Handelsregister beansprucht von Jahr zu Jahr mehr Raum. 40 000 Unternehmen gaben 2003 auf – viermal so viele wie zehn Jahre zuvor, vom Kleingewerbe bis zum Großkonzern.

Die Konjunktur, die Bürokratie, die in- und ausländische Konkurrenz, die Gewerkschaften, die Banken – den Gescheiterten fallen viele Schuldige ein. Tatsache ist: Die Risiken des Wirtschaftens treffen alle Unternehmen – aber die Manager werden unterschiedlich gut damit fertig. Wieso verwandeln sich aussichtsreiche Chancen immer wieder in desaströse Millionenverluste? War es reine Blauäugigkeit, als Anfang der 1990er Jahre massiv im Osten Deutschlands in Immobilien investiert wurde – und heute Milliarden Euro aus diesen Geschäften verloren sind? Wer beim Aufbau Ost nicht mitzieht, verschenkt immense Chancen, hatte es geheißen. Wer konnte denn ahnen, dass die erhofften blühenden Landschaften wirtschaftlich über weite Strecken Brachland bleiben würden, dass Büros und Wohnungen im Überfluss entstanden?

1.1 Warum brauchen Unternehmen Risikomanagement?

Die BSE-Krise hatte Europas Fleischindustrie an den Rand des Ruins getrieben. Die Agrarlobby hatte die Risiken ihrer Fütterungsmethoden sträflich unterschätzt. Allein in Deutschland fielen Folgekosten von rund zwei Milliarden Euro an. Im Nach-

1. Vom Risiko- zum Chancenmanagement

hinein war den Besserwissern klar: Das konnte nicht gut gehen. Vorher erkannte niemand die Risiken in dieser Größenordnung.

Kein Zweifel: Es besteht Bedarf für besseres Risikomanagement. Dabei geht es nicht einfach darum, Risiken zu vermeiden: No risk, no fun – das Motto der Spaßgesellschaft gilt im Management schon, seit es den Kapitalismus gibt: „Wer nicht wagt, der nicht gewinnt" ist ein alter Kaufmannsspruch. Und wie zu den Zeiten der Hanse unterscheiden sich auch heute im Umgang mit dem Risiko die guten von den schlechten Unternehmern.

Gut sein bedeutet jedoch nicht, einfach alle Risiken zu vermeiden. Das würde das Unternehmen lähmen und wäre überdies nicht bezahlbar. Gut sein bedeutet allerdings auch nicht, Risiken fatalistisch zu akzeptieren. Gut sein bedeutet: Sie verstehen und gezielt managen. Risikomanagement wird so unverzichtbarer Bestandteil wertorientierter Unternehmensführung.

Risiko:

Als Risiko wird in der Theorie gewöhnlich eine positive oder negative Abweichung einer Größe von ihrem erwarteten Wert bezeichnet (zweiseitige Risikodefinition). In der Umgangssprache versteht man hingegen unter Risiko oft nur die Abweichung einer Größe von ihrem erwarteten Wert, die mit einem Missnutzen oder einem Verlust für den Betrachter verbunden ist (einseitige Risikodefinition). Eine einseitige Risikodefinition ist mit zahlreichen konzeptionellen und mathematischen Problemen verbunden. Die zweiseitige Risikodefinition trägt nicht zuletzt dem Gedanken Rechnung, dass mit Risiken oft auch Chancen verbunden sind.

1.1 Warum brauchen Unternehmen Risikomanagement?

Denn: Risikomanagement, richtig verstanden, ist Chancenmanagement. Beispiel Fielmann: Weil der Großoptiker seine Risiken quantifizieren kann und sie steuert, weiß er, dass er sich eine vom Kunden honorierte „Geld-zurück-Garantie" für unzufriedene Brillenkunden leisten kann – zum Ärger der Wettbewerber. Umgekehrt verschenken unzählige Unternehmen Chancen, weil sie etwa die Risiken eines Markteintritts in neue Segmente oder in Auslandsmärkte nicht exakt kalkulieren können und deshalb den Schritt scheuen. So hat sich die französische Autoindustrie jahrzehntelang nicht auf den US-Markt getraut – Deutsche und Japaner hat's gefreut.

Um aus Risiken Chancen zu machen, muss der Unternehmer sein Risiko jedoch erst einmal ausreichend gut kennen. Das klingt banal, doch es ist alles andere als schlicht und simpel. Die menschliche Natur steht dagegen: Wir lieben Chancen, nehmen dafür Risiken in Kauf, vermeiden es aber, uns zu intensiv mit ihnen zu beschäftigen. Diese Erkenntnis aus der Psychologie, die in der Wirtschaftswissenschaft, insbesondere im Wissensgebiet der Behavioural Finance, Anwendung findet, beschreibt ein Verhalten, das weit verbreitet, verständlich und doch brandgefährlich ist. So haben Daniel Kahneman und Amos Tversky folgendes Verhaltensexperiment durchgeführt:[*]

In einer Versuchsreihe 1 befragten sie eine Gruppe von Probanden, welche der folgenden Alternativen sie vorziehen würden:
- Alternative A: Mit 80 Prozent Wahrscheinlichkeit 4 000 Dollar zu gewinnen oder mit 20 Prozent Wahrscheinlichkeit gar nichts zu erhalten.
- Alternative B: Mit Sicherheit 3 000 Dollar zu erhalten.

---

[*] Daniel Kahneman und Amos Tversky: „Prospect Theory: An Analysis of Decision under Risk" in: *Econometrica,* Jg. 47, 1979, S. 263–291. Für seine gemeinsamen Arbeiten mit dem 1996 verstorbenen Amos Tversky zur Integration von Einsichten der psychologischen Forschung in die Wirtschaftswissenschaft, insbesondere bezüglich Beurteilungen und Entscheidungen unter Unsicherheit, hat Daniel Kahneman 2002 den Nobelpreis für Wirtschaftswissenschaften erhalten.

1. Vom Risiko- zum Chancenmanagement

Obwohl der Erwartungswert der Alternative A 3 200 Dollar und damit mehr als der sichere Gewinn von 3 000 Dollar der Alternative B beträgt, entschieden sich 80 Prozent der Probanden für Alternative B. Dieses Verhalten ist soweit mit der gängigen Annahme eines risikoaversen Verhaltens von Entscheidern kompatibel. Ein anderes Verhalten zeigten eine zweite Gruppe von Probanden, die in einer Versuchsreihe 2 vor folgende Alternativen gestellt wurden:
- Alternative A: Mit 80 Prozent Wahrscheinlichkeit einen Verlust von 4 000 Dollar zu erleiden oder mit 20 Prozent Wahrscheinlichkeit keinen Verlust zu verbuchen.
- Alternative B: Mit Sicherheit einen Verlust von 3 000 Dollar zu erleiden.

92 Prozent der Probanden in der Versuchsreihe 2 entschieden sich für die Lotterie, obwohl der erwartete Verlust mit 3 200 Dollar in diesem Fall höher ist. Sie verhielten sich bezüglich des reinen Verlustrisikos risikofreudig. Insgesamt ist das Verhaltensexperiment ein Indiz dafür, dass Entscheider Chancen und Risiken – auch wenn sie identisch verteilt sind – unterschiedlich wahrnehmen und entsprechend auch unterschiedliche, zum Teil irrationale Entscheidungen treffen.

Vier konkrete Entwicklungen, die im Folgenden beleuchtet werden, belegen die Notwendigkeit eines systematischen Risikomanagements für Unternehmen:

■ In Deutschland ist die Zahl der Insolvenzen in den letzten Jahren kontinuierlich angestiegen. Ein maßgeblicher Grund: Die durchschnittliche Eigenkapitalquote fällt, das heißt Eigenkapital, das Risiken abfedert, wird knapper.

■ Die Unternehmen sind immer höheren Risiken ausgesetzt. Zunehmende Vernetzung sorgt für mehr Verwundbarkeit, lokale Ereignisse senden globale Schockwellen aus, die Zahl von Terror- und Naturkatastrophen steigt.

1.1 Warum brauchen Unternehmen Risikomanagement?

- Die Bonität der Unternehmen hat gelitten. Mehr Risiken bedeuten weniger Sicherheit für Fremdkapitalgeber, die Unternehmen bekommen auf breiter Front schlechtere Ratings von den Ratingagenturen und werden durch höhere Kapitalkosten sowie geringere Refinanzierungslinien belastet.

- Kapitalmarkt, Ratingagenturen und Gesetzgeber verlangen ein aktives Risikomanagement. Je miserabler ein Unternehmen in dieser Disziplin abschneidet, desto schlechter und teurer sein Zugang zu Fremd- und Eigenkapital.

Da Risikomanagement immer bedeutender für den Unternehmenserfolg wird, gibt es eine Fülle von Literatur zu diesem Thema. Mit den vielschichtigen Aspekten des Risikomanagements befassen sich unzählige Werke. Anspruch dieses Buches ist es, die wesentlichen Teilaspekte eines intelligenten, ganzheitlichen Risikomanagements aus Sicht der Unternehmensleitung einzeln und in ihrem Gesamtzusammenhang vorzustellen. Dazu gehören die *Risikoanalyse* (Risikoidentifikation, -messung und -dokumentation), *Risikonahmestrategien* in Verbindung mit einem gezielten Kapitalmanagement sowie *organisatorische Fragen* zur wirksamen Umsetzung des Risikomanagements im Unternehmen.

Eine gleichzeitige Berücksichtigung dieser drei Teilaspekte des Risikomanagements ist zum erfolgreichen Umgang mit Risiken unerlässlich. Denn, was hilft eine präzise Quantifizierung aller Unternehmensrisiken ohne eine tragfähige Entscheidung zum Umgang mit diesen Risiken? Oder wie soll eine ausgeklügelte Risikonahmestrategie ohne eine geeignete Organisation implementiert und kontrolliert werden? Dabei richtet sich das Buch an Manager, die in ihren Unternehmen Lücken bezüglich des systematischen Umgangs mit Risiken vermuten. Der Schwerpunkt der Darstellung liegt in der Vorstellung eines ganzheitlichen, stimmigen und gleichzeitig praktisch umsetzbaren

1. Vom Risiko- zum Chancenmanagement

Ansatzes zum Risikomanagement. Untermauert werden die konzeptionellen Überlegungen durch Praxisbeispiele.

Damit soll dieses Buch den Lesern helfen, das Risikomanagement in ihren Unternehmen zu prüfen, zu bewerten und zeitgemäß auszurichten. Es stellt ein geschlossenes, ganzheitliches System vor, das vom Risiko- zum Chancenmanagement führt – ein viel versprechender Ansatz in einer Zeit, in der Unternehmen mit immer größeren und vielfältigeren Risiken konfrontiert sind.

1.1.1 Spektakuläre Krisen sind nur die Spitze des Eisbergs

Gerade in Deutschland läuten die Alarmglocken. Trauriger Rekord: Sechs der neun größten europäischen Unternehmenskonkurse trafen deutsche Unternehmen (Abbildung 1.1).

Die Zahl der Insolvenzen steigt seit zehn Jahren kontinuier-

Abb. 1.1: Im Jahre 2002 ereigneten sich sechs der neun größten Insolvenzen Europas in Deutschland

Unternehmen	Branche	Land	Umsatz in Mio. EUR
Babcock Borsig	Maschinenbau	Deutschland	5 113
Kirch Media	Medien	Deutschland	3 300
Gontard & Metallbank	Bank	Deutschland	1 200*
Albert Fisher	Großhandel	Großbritannien	1 164
Peguform	Automobilzulieferer	Deutschland	900
Metrologie	IT	Frankreich	824
KPN Qwest	Telekommunikation	Niederlande	810
Mühl	Großhandel	Deutschland	700
Fairchild Dornier	Flugzeugindustrie	Deutschland	700

* Bilanzsumme
Quelle: Creditreform, Gontard & Metallbank

1.1 Warum brauchen Unternehmen Risikomanagement?

lich an. Das Jahr 2003 markiert bisher einen betrüblichen Höhepunkt: 39 700 Unternehmenspleiten „kosten" etwa 613 000 Arbeitsplätze und bescheren Forderungsverluste von ungefähr 32 Milliarden Euro (Abbildung 1.2). Offensichtlich sind die Risiken, denen Unternehmen ausgesetzt sind, seit 1990 deutlich gestiegen. Und in vielen Unternehmen hat sich die Fähigkeit, diese Risiken zu managen, nicht in gleichem Maße entwickelt. Das kostet manche Existenz.

Ein wesentlicher Grund für die Pleitewelle ist das in Deutschland knappe Eigenkapital. Es dient bekanntlich generell dazu,

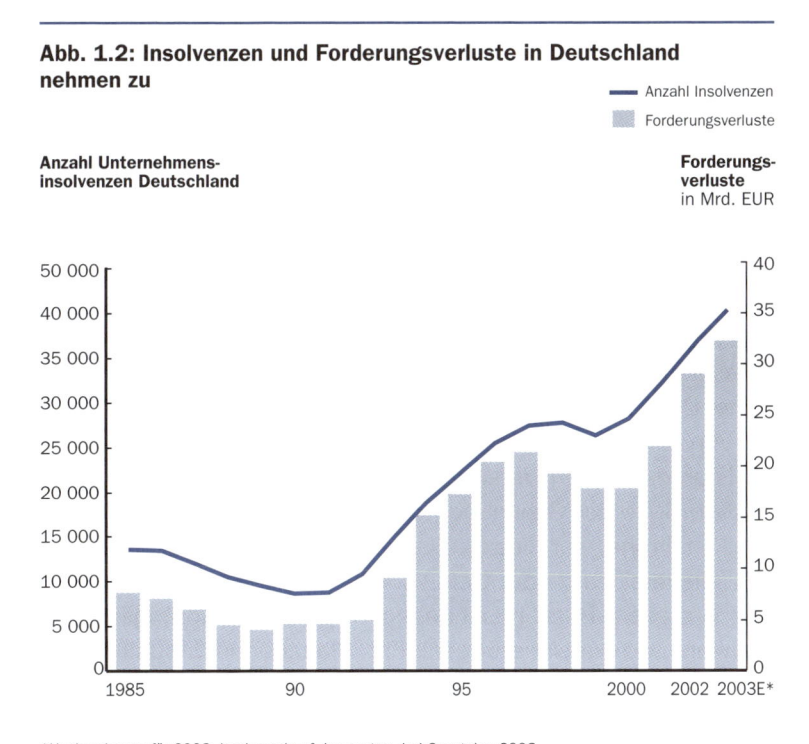

Abb. 1.2: Insolvenzen und Forderungsverluste in Deutschland nehmen zu

— Anzahl Insolvenzen
▨ Forderungsverluste

Anzahl Unternehmensinsolvenzen Deutschland

Forderungsverluste in Mrd. EUR

*Hochrechnung für 2003, basierend auf den ersten drei Quartalen 2003
Quelle: Statistisches Bundesamt, Creditreform

1. Vom Risiko- zum Chancenmanagement

Risiken abzufedern. Im internationalen Vergleich haben deutsche Unternehmen auffallend geringe Eigenkapitalquoten, und diese haben sich in den vergangenen Jahren weiter reduziert. Dafür sorgte unter anderem auch die Steuergesetzgebung der vergangenen Jahre. Im produzierenden Gewerbe, Handel und Verkehr reduzierte sich die durchschnittliche Eigenkapitalausstattung seit 1980 um rund 15 Prozent. Einige Branchen in Deutschland zeigen sogar weitaus dramatischere Rückgänge der Eigenkapitalquote. Sie fiel beispielsweise in der Baubranche gemäß der Statistik der Deutschen Bundesbank allein von 1994 bis 1999 um über die Hälfte von 4,4 auf 1,8 Prozent. Die sinkende Eigenkapitalquote ist auch ein wichtiger Indikator für abnehmende Krisenfestigkeit. So bedroht ein einziger Notfall rasch die Existenz eines Unternehmens. Volkswirtschaftlich sind die Folgen verheerend: In jeder Konjunkturkrise müssen überdurchschnittlich viele deutsche Unternehmen aufgeben. 2002 gab es in Deutschland 37 700 Insolvenzen. Auf dem dreimal so großen Markt der USA fielen nur knapp tausend Pleiten mehr an: 38 500 Unternehmen wurden dort insolvent. Kunststück: Die durchschnittliche Eigenkapitalquote kleiner US-Unternehmen (bis 50 Millionen Dollar Umsatz) beträgt 45 Prozent, sie ist somit zweieinhalb mal so hoch wie die Quote vergleichbarer deutscher Betriebe (Abbildung 1.3).

Von einer besseren Ausstattung mit Eigenkapital dürfen die meisten deutschen Unternehmen zurzeit nur träumen. Aber die andere Seite der Gleichung könnten sie aktiver managen: ihre Risiken. Früher war dies die Domäne der Finanzdienstleister, die Risiken versichern oder Geld verleihen. Deshalb stammen viele der in diesem Buch beschriebenen Ansätze ursprünglich von Banken und Versicherungen. Für Manager in Industrie und Dienstleistungsunternehmen sind sie gleichwohl interessant: Zum einen lässt sich etliches daraus lernen – sei es über den Umgang mit eigenen Finanzrisiken oder Risiken aus Forderungen an Kunden. Zum anderen erfahren sie so, welche Kriterien

Abb. 1.3: Die Eigenkapitalausstattung von deutschen Unternehmen ist vergleichsweise gering
in Prozent der Bilanzsumme 2002

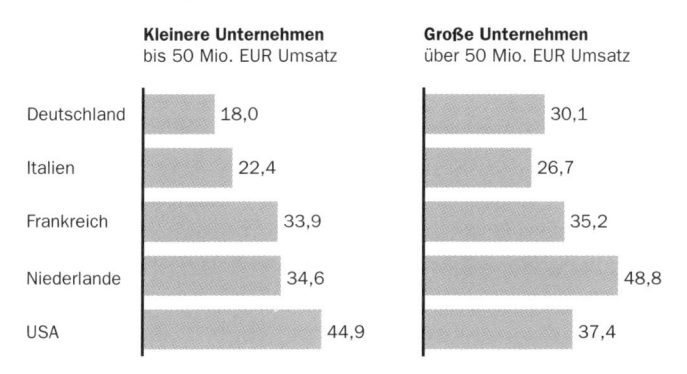

	Kleinere Unternehmen bis 50 Mio. EUR Umsatz	Große Unternehmen über 50 Mio. EUR Umsatz
Deutschland	18,0	30,1
Italien	22,4	26,7
Frankreich	33,9	35,2
Niederlande	34,6	48,8
USA	44,9	37,4

Quelle: Creditreform, Deutsche Bundesbank

etwa ihre Kreditgeber in den Banken bei der Risikobeurteilung ihrer Kunden anlegen.

Andere Methoden und Ideen zum Risikomanagement stammen originär aus der Industrie – und sind ebenso interessant für Manager im Geldgewerbe. Sie interessieren sich schließlich auch dafür, wie ihre Schuldner mit Risiken umgehen. Und gerade die Industrie hat Erfahrung im Umgang mit Geschäftsrisiken, wie sie etwa hohe Fixkostenblöcke in Maschinen und Fabriken bei schwankender Auslastung bedeuten.

1. Vom Risiko- zum Chancenmanagement

Exkurs: Risikomanagement darf auch beim Staat und den Sozialpartnern nicht Halt machen

Ein Beispiel für die Verantwortung des Staates ist der Kündigungsschutz. Unternehmen rechnen simpel: Umsatz minus Kosten gleich Gewinn, leider manchmal auch gleich Verlust. Umsätze schwanken jedoch notorisch, sei es mit der Konjunktur, sei es durch selbst geschaffene Vorteile oder hausgemachte Versäumnisse. Fehlt durch gesetzliche Vorgaben die Möglichkeit der kurzfristigen Kostenanpassung – bei einem Nachfrageeinbruch etwa durch die Reduzierung der Belegschaft –, verstärkt dies die Schwankungen der Ergebnisse. Diese Volatilität muss, da sie auch zu Verlusten führen kann, durch einen Puffer von Eigenkapital aufgefangen werden, sonst drohen in Umsatztälern Illiquidität oder Überschuldung und damit Insolvenz. Jede Erhöhung der Ergebnisvolatilität steigert unter sonst gleichen Umständen die Zahl der Unternehmensinsolvenzen. Und die kosten Arbeitsplätze. So mag es sein, dass aus dem gut gemeinten Schutz der Beschäftigten am Ende das Gegenteil resultiert. Denn: Das Wissen um diesen Zusammenhang führt bei den Unternehmen zu deutlich stärkerer Zurückhaltung gegenüber Neueinstellungen in Deutschland.

Natürlich leitet sich aus entsprechenden Beobachtungen nicht die allzu simple Forderung ab, Politik solle gefälligst die Wirtschaft sich selbst überlassen, dann würde alles gut. Das Plädoyer lautet vielmehr: Interessensvertreter und Politiker sollten die Folgen ihrer Initiativen und Gesetzgebung genau bedenken und dabei nicht nur Kosten-Nutzen-, sondern auch Risikoanalysen durchführen. Der Instrumentenkasten des Risikomanagements kann ihnen dabei helfen, die Auswirkungen ihres Tuns vollständiger und besser zu beurteilen. Wenn Politiker eine Richtungsentscheidung treffen, wie beim Dosenpfand 2003, steigt die Qualität dieser Entscheidung, wenn das damit verbundene Risiko quantifiziert wird und die Kosten-Nutzen-Abwägung ergänzt – z. B. gerechnet in entgangenen Umsätzen und gestrichenen Arbeitsplätzen.

Noch weiter geht ein Vorschlag des US-amerikanischen Professors Robert J. Shiller. In seinem Buch *Die neue Finanzordnung* empfiehlt er, dass Regierungen künftig wie Unternehmen bestimmte Risiken „hedgen" – d. h. absichern, indem sie dafür einen Markt schaffen, auf dem private und institutionelle Anleger – analog zu den seit langem existierenden Derivatemärkten der Privatwirtschaft – diese Risiken gegen eine Prämie übernehmen. Shiller könnte sich etwa ein „Makro-Wertpapier" vorstellen, dessen Wert die Entwicklung des Sozialprodukts eines Landes reflektiert. Investoren bekommen dann Dividenden z. B. in Abhängigkeit von der Wachstumsrate der Wirtschaft. Das stabilisiert den Staatshaushalt: In schlechten Zeiten bekommt der Staat sein Kapital billig, eventuell sogar gratis, in guten Jahren zahlt die Regierung relativ viel, kann es sich aber erlauben, weil die Wirtschaft brummt und die Steuereinnahmen sprudeln. Erste Versuche in diese Richtung laufen: So hat die Citibank eine Anleihe des bulgarischen Staates herausgegeben, deren Verzinsung sich nach der Höhe der bulgarischen Wirtschaftswachstumsrate richtet.

In Shillers Vision würden Quellen des Wohlstands an den „Makro-Märkten" handelbar, hätten einen Marktwert und ermöglichten ein solides Risikomanagement im globalen Maßstab. Alle Staatsschulden würden als Anleihen gehandelt, deren Verzinsung an die Entwicklung des So-

1. Vom Risiko- zum Chancenmanagement

> zialprodukts geknüpft wäre. Über internationale Verträge, so die Vorstellung des Professors, könnten die Risiken auf viele Schultern verteilt werden – das Risikomanagement der Staaten verstetigte dann die ökonomische Entwicklung und dämpfte rund um den Globus wirtschaftliche Krisen.

Weder Politik noch Unternehmen dürfen sich heute auf die Unkenntnis risikotechnischer Zusammenhänge bei Entscheidungen berufen, denn sie sind hinlänglich verfügbar und für den Staat wie für die Unternehmen gilt: Die Risiken steigen und müssen deshalb aktiv mit dem verfügbaren Instrumentarium gemanagt werden.

1.1.2 Unternehmen sind immer höheren Risiken ausgesetzt

Risiken, gleich welcher Art, gehören seit jeher zum Alltag der Unternehmer. Eine Reihe von Entwicklungen haben jedoch dafür gesorgt, dass Risiken in den vergangenen Jahren kräftig gestiegen sind.

Alle Unternehmen werden mehr oder weniger stark von den nachfolgend dargestellten Risiken betroffen: von Entwicklungen an Börsen und Märkten, von Naturkatastrophen und Terroranschlägen, von der zunehmenden Vernetzung mit anderen Unternehmen und von politischen Entscheidungen.

■ Die Aktienkurse schwanken seit 1990 deutlich stärker als im langjährigen Mittel. Akzeptiert man die gängige Interpretation von Aktienkursen als diskontierte Erwartung über die zukünftige Gewinnentwicklung eines Unternehmens, dann drückt die gestiegene Volatilität der Aktienkurse die erhöhte Unsicherheit der Investoren bezüglich der Unternehmensentwicklung und des zu

1.1 Warum brauchen Unternehmen Risikomanagement?

Grunde zu legenden Diskontierungsfaktors aus – beides ein Reflex der gestiegenen Risiken.

■ Naturkatastrophen und Terroranschläge ereignen sich immer öfter. Nach einer Untersuchung der Rückversicherung Swiss Re stieg zwischen 1970 und 2000 sowohl die Zahl der Naturkatastrophen als auch die Zahl der von Menschen verursachten Desaster dramatisch an (Abbildung 1.4). Die Schadensummen nach Naturkatastrophen erhöhten sich parallel, in manchen Jahren auf bis zu 30 Milliarden Dollar. Bei den durch Menschen verursachten Katastrophen sorgten die Terroranschläge 2001 für den traurigen Rekord von 25 Milliarden Euro an materiellen Vermögensschäden. Darüber hinaus führten sie zu immensem menschlichen Leid.

Abb. 1.4: Katastrophen und Versicherungsschäden nehmen stark zu

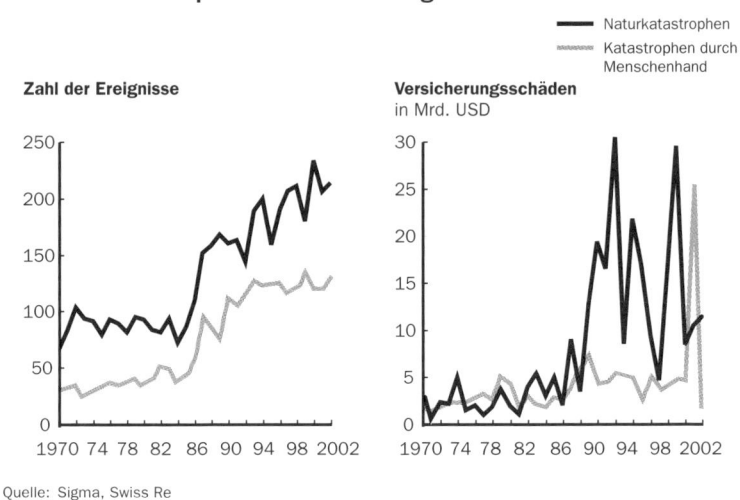

— Naturkatastrophen
— Katastrophen durch Menschenhand

Quelle: Sigma, Swiss Re

1. Vom Risiko- zum Chancenmanagement

■ Die zunehmende Vernetzung von Unternehmen erhöht ihre Verwundbarkeit. Probleme, die in einem bestimmten Unternehmen entstehen, übertragen sich rasch auf andere: Ein Beispiel sind Computerviren, die per E-Mail in die IT-Systeme von Geschäftspartnern gelangen. So erreichten Viren wie z. B. *„I love you"* oder *„MyDoom"* rund um den Globus traurige Berühmtheit.

■ Auch die Vernetzung der Konsumenten über die Medien steigert das Risiko der Unternehmen. Medien stimulieren sehr schnell die Nachfrage, sorgen aber auch dafür, dass sich Trends oft unvorhersehbar rasch weltweit ausbreiten und schnell überall gleichzeitig vorbei sind. Ob Mode oder Freizeit, Touristik oder selbst Lebensmittel – in und out wechseln immer rasanter, das Risiko, mit einem neuen Produkt nicht einmal die Investition wieder einzuspielen, steigt. Gleichzeitig wird es auf Grund von nur kurz anhaltenden Nachfragespitzen schwieriger, Chancen ausreichend schnell zu nützen.

■ Aber auch die Just-in-time-Lieferungen von Vorprodukten an die Montagebänder der Industrie erhöhen die Risiken: Störungen lösen Kettenreaktionen kostenträchtiger Probleme aus, weil überall Puffer fehlen, die Lieferschwierigkeiten ausgleichen könnten.

■ Die Globalisierung der Wirtschaft sorgt dafür, dass lokale und regionale Ereignisse weltweite Schockwellen aussenden. Im *global village* sackt nach einem Terroranschlag, wie dem vom 11. September 2001, an allen Ecken und Enden die Konjunktur durch. Und das bange Warten auf den Krieg im Irak paralysierte Anfang 2003 fast alle großen Wertpapier- und Warenmärkte.

■ Politische Entscheidungen beeinflussen die Risiken der Wirtschaft. Regulierungen und Deregulierungen wälzen Märkte um: Bei Strom, Gas, Telekommunikation und Postdienstleistungen gelten neue Rahmenbedingungen. Auf deregulierten Märkten

1.1 Warum brauchen Unternehmen Risikomanagement?

verstärken sich Preisvolatilitäten, Unternehmen arbeiten unter neuen Risiken.

1.1.3 Die Bonität der Unternehmen hat gelitten

Mehr Risiken bedeuten weniger Sicherheit für Kapitalgeber: Die Auswirkungen der steigenden Risikobelastung auf die Bonität der Unternehmen lassen sich an der Entwicklung von Bonitätsbewertungen ablesen. Die Bonitätsbewertung, etwa durch die großen Ratingagenturen wie Moody's oder Standard & Poor's, aber ebenso durch die Banken und die übrigen Geschäftspartner, ist ein wichtiges Kriterium unter anderem für die Kreditvergabe, die Höhe der Kapitalkosten oder die Bereitschaft, mit dem Unternehmen in Geschäftsbeziehung zu treten und Verträge abzuschließen. Zahlreiche amerikanische und in zunehmenden Maße auch deutsche und europäische Unternehmen werden bereits seit vielen Jahren von Ratingagenturen hinsichtlich ihrer Bo-

---

Abb. 1.5: Seit 1999 werden deutlich mehr US-Unternehmen im Rating herab- als heraufgestuft
indexierte Anzahl der Herab- und Heraufstufungen*

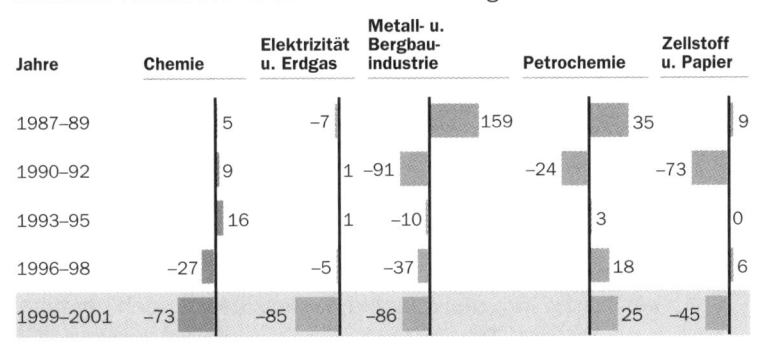

Jahre	Chemie	Elektrizität u. Erdgas	Metall- u. Bergbauindustrie	Petrochemie	Zellstoff u. Papier
1987–89	5	–7	159	35	9
1990–92	9	1 –91		–24	–73
1993–95	16	1 –10		3	0
1996–98	–27	–5	–37	18	6
1999–2001	–73	–85	–86	25	–45

* Zur besseren Vergleichbarkeit auf 100 Unternehmen pro Branche indexiert
Quelle: Compustat, S & P-Unternehmensratings

1. Vom Risiko- zum Chancenmanagement

nität beurteilt. Ein deutlich negativer Trend in der Bonitätsbeurteilung ist erkennbar, der sich durch alle Branchen zieht. Das zeigt ein Blick auf die Entwicklung von Ratings für US-Unternehmen in den vergangenen ca. 15 Jahren (Abbildung 1.5).

Während in den USA Ende der 80er Jahre die Anzahl der Heraufstufungen von Ratings höher war als die der Herabstufungen, hat sich dieses Bild Ende der 90er Jahre umgedreht. Die Herabstufungen der Ratings überwiegen deutlich.

Die Ursachen sind zum Teil branchenspezifisch, immer jedoch waren die Risiken für die Unternehmen nach Ansicht der Ratingagenturen erheblich gestiegen. Auch für viele deutsche Unternehmen haben sich die Ratings verschlechtert (Abbildung 1.6) – die Herabstufungen laufen quer durch die deutsche Wirtschaft. Weil der Kapitalmarkt bei diesen Unternehmen zwar gestiegene Risiken entdeckt, nicht aber im Gleichtakt ein Wachstum der Fähigkeiten im Risikomanagement oder der Risikotragfähigkeit feststellt, „bestraft" er sie mit einem schlechteren Rating. So verteuert sich die Aufnahme von Fremdkapital, Kreditlinien werden gekürzt, Lieferanten reduzieren Zahlungsziele, Kunden und oft auch Mitarbeiter der Unternehmen fordern zunehmend Zugeständnisse zur Aufrechterhaltung der Vertragsbeziehungen.

1.1.4 Kapitalmarkt, Ratingagenturen und der Gesetzgeber verlangen aktives Risikomanagement

Die Bewertungen der Experten in Ratingagenturen und Banken spielen für alle Unternehmen eine wichtige Rolle bei der Beschaffung liquider Mittel – sei es von Fremd- oder von Eigenkapital. Dies wird durch die Vorschläge von Basel II noch verstärkt. Deshalb steht das Thema Risikomanagement heute deutlich häufiger auf der Agenda als früher, gerade auch bei kleineren Unternehmen.

1.1 Warum brauchen Unternehmen Risikomanagement?

Abb. 1.6: Finanzdienstleister und Industrieunternehmen im DAX haben sich im Rating von 1998 bis 2003* deutlich verschlechtert

AUSWAHL

Finanzdienstleister	Rating (S & P) 1998	2003*	Rückgang Ratingklassen
Allianz	AAA	AA–	–3
Commerzbank	AA–	A–	–3
Deutsche Bank	AA+	AA–	–2
HypoVereinsbank	AA–	A–	–3
Münchener Rück	AAA	A+	–4

Industrieunternehmen	Rating (S & P) 1998–2000**	2003*	Rückgang Ratingklassen
Bayer	AA (2000)	A+	–2
Deutsche Telekom	AA- (1998)	BBB+	–4
Linde	A (1999)	BBB+	–2
Siemens	AA (1998)	AA–	–1
Volkswagen	A+ (1998)	A	–1

* August 2003
** Einige Unternehmen hatten 1998 noch kein externes Rating von Standard & Poor's (S & P)
Quelle: Bloomberg, Datastream

39

1. Vom Risiko- zum Chancenmanagement

Eine gute Beurteilung von Analysten und ein günstiges Rating verbessert nicht nur die Finanzierungskonditionen, sondern kann darüber hinaus auch die Verhandlungsposition gegenüber Lieferanten, Kunden und Versicherungen stärken: Wer sich als Geschäftspartner mit guter Bonität ausweist, kann möglicherweise bessere Konditionen aushandeln.

Unternehmen mit guter Bonität können leichter gute Mitarbeiter anziehen und an sich binden. Auch Eigenkapitalgeber schauen zunehmend kritischer auf die Risiken, die Unternehmen eingehen, deren Anteile sie halten. Immer häufiger machen sie Fehler von Management und Aufsichtsrat beim Umgang mit den Risiken dafür verantwortlich, dass die Aktienkurse einbrechen. Die wachsende Zahl von Aktionärsklagen und Regressforderungen ist Ausdruck dieser Tendenz. So wurden in den USA 2002 fast 270 solcher Anzeigen verhandelt, im turbulenten Börsenjahr 2001 sogar 489. Fünf Jahre zuvor waren es lediglich 100 Fälle.

Aber auch der Gesetzgeber wird immer wieder durch Krisenmeldungen aus der Wirtschaft aufgeschreckt, er sorgt sich deshalb zunehmend um das Risikomanagement von Unternehmen. Für den Bereich der Finanzdienstleistungen existieren zahlreiche Vorschriften, die Insolvenzen von Banken mit ihren potenziell verheerenden Folgen für die Gesamtwirtschaft verhindern und insbesondere dem Gläubigerschutz dienen sollen.

Zunehmend werden internationale Anstöße in nationale Vorschriften umgesetzt. Hier macht sich die globale Verknüpfung der Finanzwelt bemerkbar. So wurden die Empfehlungen, die der international besetzte Baseler Ausschuss für Bankenaufsicht 1988 herausgegeben hat (Basel I), zu europäischem und deutschem Recht: Das Kreditwesengesetz und die Grundsätze der Bankenaufsicht regeln die erforderliche Eigenkapitalausstattung von Banken. Kredite erfordern grundsätzlich eine Eigenkapitalunterlegung von acht Prozent. Dabei werden nur grob nach ihrem ökonomischen Risiko abgestufte Gewichtungsfaktoren für die Kreditvolumina herangezogen.

1.1 Warum brauchen Unternehmen Risikomanagement?

Diese Regelung soll, so die Empfehlungen gemäß Basel II, zukünftig differenzierter gestaltet werden. Im Kern geht es darum, die Kapitalanforderungen an Banken stärker als bisher vom ökonomischen Risiko der von ihnen gewährten Kredite abhängig zu machen und jeweils aktuelle Entwicklungen an den Finanzmärkten sowie im Risikomanagement der Institute zu berücksichtigen. Dies wird jedoch nicht nur für die Banken selbst, sondern aller Voraussicht nach auch für die Kreditnehmer Veränderungen zur Folge haben. So führt Basel II voraussichtlich zu deutlich risikodifferenzierteren Kreditkonditionen für die Schuldner.

Daneben erfordert Basel II die materielle Überprüfung der bankinternen Risikosteuerungssysteme durch die Bankenaufsicht sowie erweiterte Offenlegungspflichten der Banken. Außerdem müssen Kreditinstitute zukünftig neben dem Markt- und dem Kreditrisiko zusätzlich das operationelle Risiko quantifizieren und mit Eigenkapital unterlegen.

Auch für Versicherungen gibt es entsprechende Bestimmungen, die z. B. die Mindesthöhe des Eigenkapitals regeln, eine Schwankungsreserve obligatorisch vorschreiben und Restriktionen für Anlagen in Aktien oder andere als volatil geltende Anlageformen beinhalten. Diese Vorschriften werden durch eine als „Solvency II" bezeichnete Regulierung in den nächsten Jahren voraussichtlich verschärft: Dann müssen alle Versicherungen angemessene Kontrollverfahren einführen und die Nutzung akzeptierter Modelle zur Quantifizierung von Risiken sowie zur Berechnung der Mindestkapitalausstattung nachweisen.

Allerdings sind solche gesetzlichen Vorschriften oft erst nach gravierenden Krisen entstanden. Geltende Gesetze bieten also keinen Komplettschutz vor aktuellen Risiken, da der Gesetzgeber auf Krisensituationen oft nur reagieren, sie aber kaum voraussehen kann. Daher wird es immer Unternehmen geben, die bereits negative Erfahrungen gemacht haben, bevor Gesetze entwickelt werden, die andere davor bewahren sollen. Und deshalb reicht die Erfüllung gesetzlicher Anforderungen nicht aus,

1. Vom Risiko- zum Chancenmanagement

um sich eines State-of-the-art-Risikomanagements rühmen zu können.

Einige Beispiele: Vorschriften, die Währungsrisiken begrenzen, wurden erst nach der Insolvenz der Herstatt-Bank zur Pflicht. Mit weiteren Marktrisiken befasste sich der Gesetzgeber umfassend nach der Insolvenz der Barings Bank; auch Kreditrisiken wurden für den Gesetzgeber stärker zum Thema, nachdem die Zahl der Insolvenzen rasant angestiegen war.

Auch von „Nichtbanken" verlangt der Gesetzgeber die Be-

Abb. 1.7: KonTraG hat Auswirkungen auf andere Gesetze

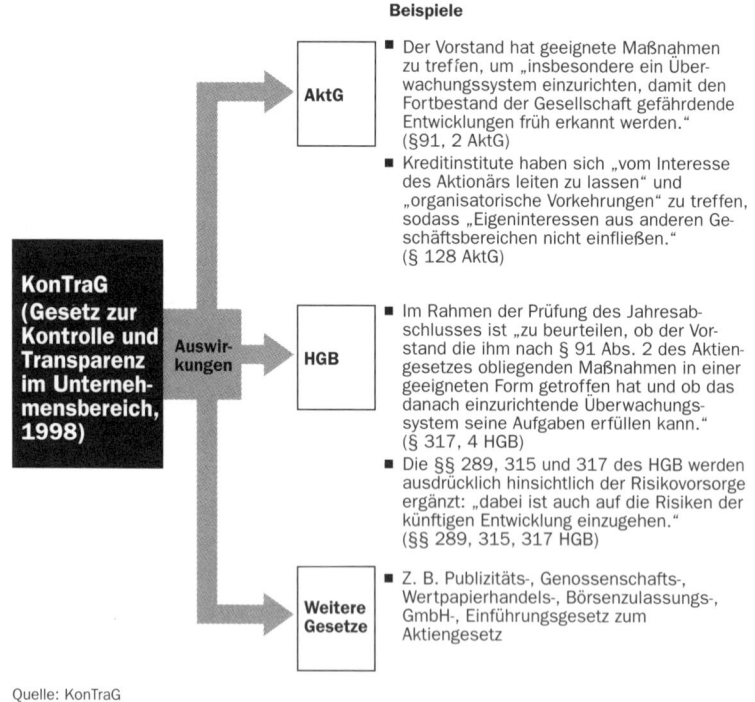

Beispiele

KonTraG (Gesetz zur Kontrolle und Transparenz im Unternehmensbereich, 1998) → Auswirkungen →

AktG
- Der Vorstand hat geeignete Maßnahmen zu treffen, um „insbesondere ein Überwachungssystem einzurichten, damit den Fortbestand der Gesellschaft gefährdende Entwicklungen früh erkannt werden." (§91, 2 AktG)
- Kreditinstitute haben sich „vom Interesse des Aktionärs leiten zu lassen" und „organisatorische Vorkehrungen" zu treffen, sodass „Eigeninteressen aus anderen Geschäftsbereichen nicht einfließen." (§ 128 AktG)

HGB
- Im Rahmen der Prüfung des Jahresabschlusses ist „zu beurteilen, ob der Vorstand die ihm nach § 91 Abs. 2 des Aktiengesetzes obliegenden Maßnahmen in einer geeigneten Form getroffen hat und ob das danach einzurichtende Überwachungssystem seine Aufgaben erfüllen kann." (§ 317, 4 HGB)
- Die §§ 289, 315 und 317 des HGB werden ausdrücklich hinsichtlich der Risikovorsorge ergänzt: „dabei ist auch auf die Risiken der künftigen Entwicklung einzugehen." (§§ 289, 315, 317 HGB)

Weitere Gesetze
- Z. B. Publizitäts-, Genossenschafts-, Wertpapierhandels-, Börsenzulassungs-, GmbH-, Einführungsgesetz zum Aktiengesetz

Quelle: KonTraG

schäftigung mit dem Thema Risikomanagement. 1998 wurde das Gesetz zur Kontrolle und Transparenz im Unternehmensbereich (KonTraG) in Deutschland eingeführt. Ziel des Gesetzes ist es, die Unternehmensleitung in Sachen Risikokontrolle und Risikomanagement stärker in die Pflicht zu nehmen. Dazu wurden die Kontrollpflichten für Abschlussprüfer, Aufsichtsrat und interne Revision erhöht, um Risiken und kritische Entwicklungen frühzeitiger zu erkennen. Das Gesetz fordert von den betroffenen Unternehmen die Einrichtung eines umfassenden Controlling- und Reporting-Systems, das alle Risiken erfasst, die mit dem Leistungsbereich verbunden sind (Abbildung 1.7). Dazu gehören sowohl operationelle Risiken aller Art als auch Markt- und Kreditrisiken, insbesondere solche aus Finanzierungs- und Anlagegeschäften sowie aus Derivaten.

Zusätzlich schreibt das KonTraG vor, dass potenzielle Risiken den Aktionären des Unternehmens transparent gemacht werden. Der Gesetzgeber schätzt diese Informationspflicht so hoch ein, dass er Vorstände bei einer Verletzung ihrer Sorgfaltspflicht für schadenersatzpflichtig erklärt.

Das KonTraG zielt zwar im Wesentlichen auf börsennotierte Aktiengesellschaften, der Gesetzgeber machte aber in der Begründung des Gesetzes deutlich, dass die Pflicht zur Einhaltung der Vorschriften auch für GmbHs bestimmter Größe und Komplexität Geltung hat. Darüber hinaus soll das Gesetz mittelständischen Unternehmen unabhängig von ihrer Rechtsform Anstöße zu einem verbesserten Risikobewusstsein geben.

1.2 Die Unternehmen reagieren: Risikomanagement erhält einen höheren Stellenwert

Angesichts steigender Risiken und sinkender Bonitäten, verstärkt durch Druck von Gesetzgeber, Börse und Ratingagenturen, sehen sich viele Manager in der Pflicht. Heute haben laut

1. Vom Risiko- zum Chancenmanagement

Abb. 1.8: In der Energiebranche besteht immer noch erheblicher Verbesserungsbedarf im Risikomanagement
in Prozent aller Antworten

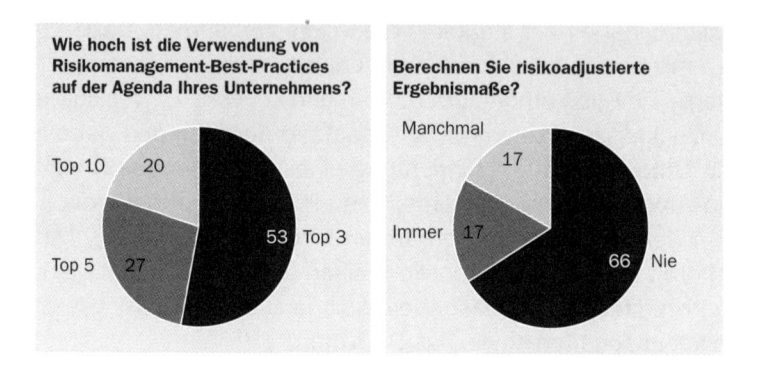

Wie hoch ist die Verwendung von Risikomanagement-Best-Practices auf der Agenda Ihres Unternehmens?

Top 10 20
Top 5 27
53 Top 3

Berechnen Sie risikoadjustierte Ergebnismaße?

Manchmal 17
Immer 17
66 Nie

Quelle: McKinsey 2002 Risikomanagement-Umfrage bei europäischen Energieunternehmen

---

Bankscope neun der zehn größten deutschen Banken Risikomanagement als Vorstandsaufgabe definiert. Vor zehn Jahren waren entsprechende Funktionen lediglich bei zwei der zehn größten Banken explizit ausgewiesen.

Inzwischen haben auch andere Branchen erkannt, dass ein wirkungsvolles Risikomanagement erhebliche Chancen für die Performance und Stabilität des Unternehmens bietet. Ein unternehmensweiter Risikomanagement-Ansatz findet somit immer größeren Anklang in verschiedenen Industrien. Während 1992 lediglich zwei von 30 DAX-Unternehmen in ihren Geschäftsberichten das Stichwort „Risikomanagement" erwähnten, kam es 1997 schon in mehr als der Hälfte der Berichte vor. 2001 schrieben alle 30 Unternehmen über das Thema. Dabei geht es nicht um die bloße Erwähnung eines Schlagworts: Die Risikolage wird teils über etliche Seiten hinweg erörtert.

Das unternehmensweite Risikomanagement steht in vielen Unternehmen bereits auf der Tagesordnung. So antworteten in einer McKinsey-Umfrage bei europäischen Energieunternehmen 2002 mehr als die Hälfte der befragten Manager, dass Risikomanagement – hier die Verwendung von Best-Practice-Verfahren – unter den ersten drei Prioritäten auf der Agenda des Unternehmens rangierte. Allerdings berechnet lediglich ein Drittel der befragten Unternehmen risikoadjustierte Ergebnisgrößen (Abbildung 1.8).

Ein Jahr zuvor hatte die *Economist Intelligence Unit* Manager befragt, welche Risikokategorien den Unternehmen am wichtigsten waren. Zum Zeitpunkt der Studie wurde finanziellen Risiken noch die größte Bedeutung zugesprochen. In den kommenden fünf Jahren aber sollten die aus Katastrophen resultierenden und vor allem die operationellen Risiken sowie die Risiken aus dem operativen Geschäft ein vergleichbares Gewicht erhalten. Bei den Fähigkeiten für ein umfassendes Risikomanagement sahen die befragten Manager in ihrem jeweiligen Unternehmen gleichzeitig noch deutlichen Nachholbedarf.

1.3 Risikomanagement ist eine strategische Managementaufgabe

Im Umgang mit Risiken können Unternehmen zahlreiche, zum Teil existenzbedrohende Fehler unterlaufen. Es besteht daher ein weiter Konsens darin, dass Risikomanagement als strategische Managementaufgabe in allen Unternehmen und auf allen Ebenen Einzug halten sollte.

Instrumente zur Messung von und zum Umgang mit Risiken stehen heutzutage in vielfältigen Formen bereit und werden zunehmend in die Unternehmenssteuerung integriert. Dies spiegelt sich z. B. in der Entwicklung der jeweils gängigen, zur Messung des Unternehmenserfolgs verwendeten Kennzahlen im Verlauf der Jahrzehnte wider: Einst galten Umsatz und Gewinn als entscheidende Größen, mit knapper werdendem Eigenkapi-

1. Vom Risiko- zum Chancenmanagement

tal orientierte sich das Management an der Rentabilität. Inzwischen werden Kennzahlen entwickelt und eingesetzt, die Rentabilität und Risiko miteinander verknüpfen, so genannte risikoadjustierte Performancemaße (RAPM).

Damit wird die Verbindung zur wertorientierten Unternehmensführung geschaffen: Bei professionellem Risikomanagement werden möglichst alle wesentlichen Risiken und Chancen betrachtet und in die Unternehmensstrategien und Geschäftsprozesse einbezogen. Ziel ist es dabei, die Unternehmensrisiken beherrschbar zu machen und damit gleichzeitig Überlebensfähigkeit und Unternehmenswert positiv zu beeinflussen.

1.3.1 Typische Fehler, die beim Umgang mit Risiken zu vermeiden sind

Wenn das Management Risiken nicht erkennt oder falsch einschätzt. Einer der spektakulärsten Abstürze an der Wall Street basierte auf einer schlichten Fehleinschätzung: Bis September 1998 galt Long Term Capital Management (LTCM) als einer der attraktivsten Hedge Fonds der USA. Jahrelang hatte LTCM prächtige Gewinne erwirtschaftet – Renditen von teilweise über 40 Prozent. Prompt wurden die Fondsmanager mit Attributen wie „genial" und „unbesiegbar" belegt. Die Mitarbeiter von LTCM waren hoch qualifiziert, viele von ihnen promoviert, zwei sogar mit dem Nobelpreis ausgezeichnet.

Als 1998 Russland zahlungsunfähig wurde, breiteten sich jedoch erhebliche Kursschwankungen auf allen Märkten aus – selbst scheinbar voneinander unabhängige Märkte gerieten in offensichtliche Wechselbeziehungen. Diese Entwicklung traf LTCM äußerst hart und unvorhergesehen, da die Manager derart starke Dependenzen nicht in ihren Risikomodellen zur Bestimmung der schlechtest möglichen Entwicklung der Märkte berücksichtigt hatten. Die Risikoabsicherung des Fonds basier-

1.3 Risikomanagement ist eine strategische Managementaufgabe

te auf der Annahme, der maximale Tagesverlust würde 35 Millionen Dollar nicht übersteigen. LTCM verlor jedoch 1998 an einem einzigen Augusttag ein Drittel seines Kapitals – aus den maximal erwarteten 35 Millionen Dollar wurde ein Milliarden-Betrag. Um eine allgemeine Finanzkrise zu vermeiden, initiierte sogar die US-Notenbank für LTCM eine Kapitalspritze von fast vier Milliarden Dollar durch ein privates Konsortium.

Im September 1998 lag der Verlust seit Jahresanfang bei 4,1 Milliarden Dollar. Der Fonds wurde im Jahr 2000 geschlossen.

Was LTCM zum Verhängnis wurde, bedroht auch andere: Viele Unternehmen kennen ihre Risiken nicht oder nicht ausreichend oder sie verlassen sich blindlings auf mehr oder weniger komplexe Rechenmodelle, die ihrerseits ein Risiko darstellen. Zuweilen tappen Unternehmen in die Falle und beschäftigen sich vornehmlich mit den Risiken, die sie derzeit kennen und messen können. Das sind jedoch nicht unbedingt die Risiken, die das Unternehmen am meisten gefährden. Für diese Fehleinschätzung der Prioritäten musste ein Aluminiumhersteller büßen. Er hatte zwar sein Fremdwährungsrisiko abgesichert, aber andere Risiken vernachlässigt. Mit fatalen Folgen: Wirklich gefährdet war das Unternehmen durch Schwankungen von Rohstoff- und Energiepreisen. Prompt geriet es nach einschneidenden Veränderungen dieser Preise in eine bedrohliche Lage. Und das, obwohl man doch eine gute Risikomessung hatte – nur leider für die falschen Risiken.

Immer wieder werden auch einzelne, tatsächlich bestehende Risiken schlichtweg geleugnet. Die Fakten sind zwar oft bekannt, die daraus resultierende Gefährdung wird aber einfach nicht wahrgenommen. In anderen Fällen werden Risiken fälschlicherweise von vornherein als nicht handhabbar eingestuft. Entsprechend fehlt dann auch ein wirksames Risikomanagement für diese Bedrohung.

Ein professionelles Risikomanagement hingegen identifiziert die aus betriebswirtschaftlicher Sicht wesentlichen Risiken des

1. Vom Risiko- zum Chancenmanagement

Unternehmens und quantifiziert sie, wo immer das möglich ist. Nur wer seine wesentlichen Risiken kennt und weiß, was seine Aktionen oder bestimmte Umweltveränderungen ihn kosten können, kann vernünftige strategische Entscheidungen treffen.

Wenn das Management die Risiken nicht aktiv managt. Mit seinen Wegwerf-Windeln hat ein Konsumgüterhersteller eine starke Marktstellung. Umso ärgerlicher, dass das Unternehmen von einem dramatischen Anstieg der Zellstoffpreise kalt erwischt wurde. Noch ärgerlicher, dass sich die Konkurrenz gegen Preiserhöhungen für den wichtigen Rohstoff per Terminkontrakt abgesichert hatte und deshalb Preiserhöhungen nicht mitmachte.

Während der Konsumgüterhersteller ein Risiko drastisch unterschätzt hat, gibt es auch das umgekehrte Phänomen: Dann überschätzen Manager Risiken und verschenken dadurch wichtige Chancen. Sie verzichten oft ohne Not auf die Durchsetzung einer als richtig erkannten Strategie. Fast traditionell hatten beispielsweise deutsche Finanzinstitute in der Vergangenheit Kredite zu Konditionen ausgereicht, die nicht risikogerecht, d. h. zu günstig für die Kunden waren. Jeder glaubte, risikogerechte Margen seien nicht durchzusetzen, weil es der Wettbewerb nicht erlaube. Erst unter dem Druck der Rentabilitätskrise im Bankgewerbe haben Kreditmanager begonnen, die Konditionen anzupassen.

Die Lehre: Es reicht eben nicht, seine Risiken zu kennen – man muss wissen, wie man mit ihnen umgeht und sie aktiv managen. Das bedeutet gerade nicht, dass Risiken generell zu meiden wären. Wie sollte es da je zu Produktinnovationen kommen oder zum Einsatz unerprobter Technologien, wo bliebe der Fortschritt? Wagemutige Unternehmer können durchaus auch gute Risikomanager sein, wenn sie die möglichen Probleme reflektieren, bevor sie auftreten.

Wenn Manager aber nicht erkennen, wann die Grenze für die Übernahme weiterer Risiken erreicht ist, oder diese Grenze

1.3 Risikomanagement ist eine strategische Managementaufgabe

Abb. 1.9: Einige Unternehmen in der Telekommunikationsbranche sind stark durch Fremdkapital finanziert
Verschuldungsgrad* in Prozent des Eigenkapitals

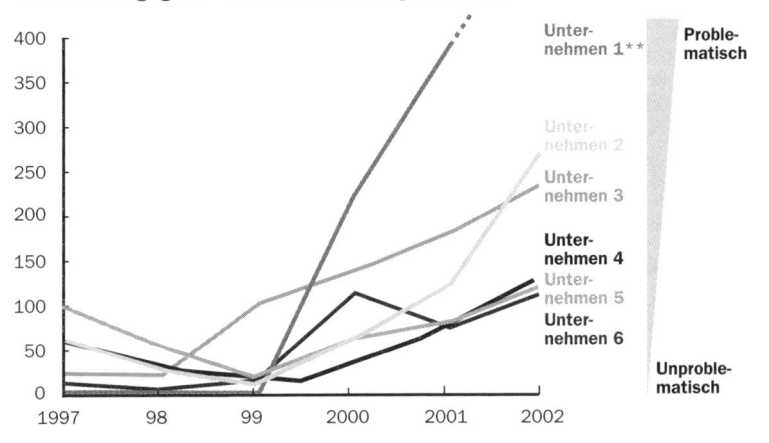

* Fremdkapital (langfristige Verbindlichkeiten + kurzfristige Verbindlichkeiten + Pensionsrückstellungen) im Verhältnis zum Marktwert des Eigenkapitals (ggf. einschließlich Minderheitsbeteiligungen)
** Rechnerischer Verschuldungsgrad wegen Konkurs auf 3 700 Prozent gestiegen
Quelle: Bloomberg

sogar bewusst missachten, sind Probleme vorprogrammiert. Gehen sie zudem Risiken ein, derer man sich nicht wieder schnell entledigen kann (etwa durch Sekundärmarktgeschäfte), dann sind dem Management rasch die Hände gebunden.

Telekommunikationsunternehmen beispielsweise haben Anfang des Jahrtausends, ohne neues Eigenkapital aufzunehmen, im großen Stil in neue, risikobehaftete Technologien investiert oder Unternehmen übernommen. Häufig haben sie dabei die Fähigkeit der Unternehmen, Risiken zu tragen, dieser Expansion nicht angepasst.

Bei vielen Großunternehmen der Telekommunikationsindustrie stieg das Verhältnis von Fremd- zu Eigenkapital im Zeitraum von 1999 bis 2001 dramatisch an. Machten 1999 bei fünf großen Telekommunikationsunternehmen die Schulden noch etwa

1. Vom Risiko- zum Chancenmanagement

ein Viertel des Eigenkapitals aus, so stieg dieser Wert Ende 2001 je nach Unternehmen auf das Drei- bis Sechzehnfache (Abbildung 1.9). Mit großen Akquisitionen und der Entwicklung neuer, teurer Technologien sind einige Konzerne große Risiken eingegangen. Probleme traten schon in denjenigen Unternehmen auf, bei denen das Verhältnis zwischen Fremd- und Eigenkapital am unteren Rand der Bandbreite lag. Weil die hohen Risiken aber gleichzeitig zum Vertrauensverlust der Geldgeber geführt hatten, war eine Erhöhung der Risikotragfähigkeit durch Eigenkapitalzufuhr beinahe unmöglich. Auch ein Verkauf der übernommenen Unternehmen bzw. der Technologien war nicht mehr möglich: Dem Management waren die Hände gebunden.

Wenn die Organisation des Risikomanagements versagt. 275 Jahre lang hatten die britischen Banker erfolgreich Gelder ausgeliehen, Wagnisse und Unternehmen finanziert. Dann reichten einem jungen Angestellten wenige Monate, um Barings, eine der ehrwürdigsten britischen Banken, zu ruinieren: Auf die Risiken des modernen Devisenhandels mit seinen milliardenschweren Engagements hatte das Traditionsinstitut seine Organisation höchst unzureichend eingestellt – Vertrauen war früher gut, heute ist Kontrolle nicht nur besser, sondern lebenswichtig. Doch nachhaltig erfolgreiches Risikomanagement braucht noch mehr: eine funktionierende Risikokultur im ganzen Unternehmen.

Wenn sie fehlt, das Risikomanagement also nicht ausreichend in Struktur und Prozesse des Unternehmens eingebunden ist, können die Risiken nicht wirksam aufgefangen werden. Wenn etwa die internen Prozesse entstehende Risiken nicht berücksichtigen und das Management Entscheidungen trifft, ohne die Auswirkungen zu erkennen, ist Gefahr im Verzug. Professionelles Risikomanagement dagegen bezieht die Risiken in die Prozesse und Entscheidungen mit ein und meistert sie auf diese Weise. Dazu gibt es viele Instrumente, die oft, aber nicht nur im Finanzsektor erprobt wurden.

1.3 Risikomanagement ist eine strategische Managementaufgabe

1.3.2 Instrumente zum Risikomanagement stehen bereit

Portfoliomodelle zeigen Möglichkeiten zur Risikoreduktion durch Diversifikation auf. Um z. B. die Risiken bei der Kreditvergabe besser zu steuern, haben Banken neben der standardisierten Bewertung der Bonität ihrer einzelnen Kreditnehmer inzwischen Techniken entwickelt, nach denen das Kreditrisiko im Portfoliokontext bewertet und optimiert wird. Dazu wird zunächst das gesamte Kreditportfolio in seinen Details und Wechselwirkungen abgebildet. Dann spielen die Planer verschiedene makroökonomische Szenarios durch, um frühzeitig die Auswirkungen sowohl auf die einzelnen Schuldnerunternehmen als auch auf das gesamte bankeigene Kredit- und Beteiligungsportfolio zu erkennen. Dadurch können sie Klumpenrisiken identifizieren und vermeiden, im Ernstfall besser reagieren sowie Rückkopplungen auf Einzelkreditentscheidungen vorsehen.

Finanzinstrumente können das Risiko dämpfen. Zur Steuerung insbesondere von Markt-, aber zunehmend auch von Kreditrisiken und anderen Risiken gibt es eine Reihe von Finanzinstrumenten, die nicht nur Banken, sondern im Prinzip jedem Unternehmen zur Verfügung stehen. Diese aus traditionellen Anlageformen entwickelten Instrumente werden unter dem Oberbegriff Derivate zusammengefasst. Das Angebot ist groß: Gehandelt werden neben den gängigen Derivaten wie Optionen, Futures und Swaps zahlreiche weitere Formen unter teils phantasievollen Bezeichnungen. Die damit möglichen Absicherungen, die so genannten Hedges, gehören inzwischen bei Finanzdienstleistern und großen Industrieunternehmen zum Alltagsgeschäft.

Beispielsweise kann man mit einem Zinsswap variable gegen feste Zinsen eintauschen, um die Planungssicherheit zu erhöhen, oder feste gegen variable Zinsen, wenn man als Schuldner darauf spekuliert, dass die Zinsen fallen werden. Mit

1. Vom Risiko- zum Chancenmanagement

einer Option erwirbt man das Recht, nicht aber die Pflicht, ein Produkt zu einem bestimmten Preis zu kaufen oder zu verkaufen. So kann man sich gegen das Risiko eines Preisanstiegs oder -verfalls eines Guts absichern. Weil sich durch Derivate einzelne Risiken eines Unternehmens auf andere Marktteilnehmer abwälzen lassen, gelten sie als sinnvolles Instrument des Risikomanagements. Immer neue, kreative Produkte können immer mehr Unternehmensrisiken absichern. Indessen stellen Derivate auch durch ihre Hebelwirkung gelegentlich selbst die Quelle eines Risikos dar. Und: Ihr Einsatz ist mit Kosten verbunden. Entweder verzichtet das Unternehmen im Gegenzug für die Reduktion des Risikos auf Chancen, wie bei Termingeschäften, oder es muss für die Absicherung eine Prämie bezahlen, etwa bei Optionen.

Auch die Industrie hat ihre Instrumente zum Risikomanagement. Eigene Rezepte hat beispielsweise die Papierindustrie entwickelt. Ein signifikantes Risiko dieser Branche besteht darin, dass der Preis, zu dem das Papier verkauft werden kann, zum Zeitpunkt seiner Herstellung noch nicht feststeht. Der Hersteller kauft die Rohstoffe zum aktuellen Preis ein und trägt die Herstellungskosten, weiß aber noch nicht, mit welcher Gewinn- oder Verlustspanne er beim Verkauf seiner Produkte rechnen kann. Zudem gibt es noch keinen Terminmarkt für Papier, der dem Hersteller mit handelbaren Kontrakten die Möglichkeit böte, das Risiko abzusichern. Dennoch wurden Instrumente entwickelt, die Preisrisiken für den Hersteller – aber auch für den Käufer – minimieren. Dazu gehören beispielsweise spezifische langfristige Verträge, die die Risiken auf Zulieferer, Hersteller und Kunden aufteilen. Sie werden z. B. auf der Grundlage von festgesetzten Mengen und Preisen abgeschlossen, sodass der Hersteller eine zuverlässigere Kalkulationsgrundlage erhält.

Ähnliche Vereinbarungen sind im Stahlsektor üblich. Hohe Fixkosten bei der Herstellung bergen entsprechende Risiken bei

1.3 Risikomanagement ist eine strategische Managementaufgabe

Preisschwankungen. Die Situation des Stahlsektors wird zusätzlich dadurch verkompliziert, dass das Spektrum der traditionellen Absicherungsinstrumente in diesem Sektor eingeschränkt ist. Während etwa für Aluminium ein Derivatemarkt entstanden ist, hat die hohe Zahl verschiedener Stahlprodukte eine solche Entwicklung bisher verhindert. Dennoch wurde ein Ausweg gefunden. Mit „Staggered Contracts", die auf der Grundlage abgestufter Preise abgeschlossen werden, können Stahlhersteller zuverlässiger steuern und die Auswirkungen von Preisänderungen werden reduziert.

Außer standardisierten Derivaten, die an Börsen gehandelt werden, gibt es individuelle Varianten: In so genannten OTC-Kontrakten *(over the counter)* handeln jeweils zwei Parteien maßgeschneiderte Verträge etwa mit längeren als börsenüblichen Laufzeiten aus, oder sichern Lieferungen und Zahlungen für Güter und Dienstleistungen ab.

In der Automobilindustrie wiederum gibt es gemeinsam von mehreren Herstellern getragene Fabriken. Zu den Vorreitern gehören Ford und Volkswagen mit ihren Modellen Galaxy bzw. Sharan, die in einem Werk in Portugal auf der gleichen Plattform ihre Minivans montieren. Auch Teile für die Geländewagen von Porsche und VW werden in derselben Fabrik gebaut. Damit federn die Unternehmen das Risiko von Nachfrageschwankungen der einzelnen Modelle ab und reduzieren das Investitionsrisiko. Die gemeinsame Nutzung einer Fabrik durch mehrere Hersteller zur Produktion eines ähnlichen Nischenmodells hat noch eine weitere Motivation: Nur durch eine hinreichend hohe Produktionsstückzahl können für das Nischenmodell notwendige Skalenvorteile in der Produktion genutzt werden. Trotzdem bleibt das Modell mit einer relativ geringen Stückzahl – aus Sicht des einzelnen Herstellers – exklusiv genug, um im Nischensegment eine Preisprämie abschöpfen zu können.

Diese Beispiele belegen, dass Risiken mit entsprechenden finanziellen, aber auch sehr operativen Instrumenten beizukom-

1. Vom Risiko- zum Chancenmanagement

men ist und sich Chancen bieten. Da sich professionelles Risikomanagement immer mehr durchsetzt, ist die Zahl der Neuentwicklungen und Anwendungsbereiche groß. Der steigende Bedarf an Instrumenten für die Beeinflussung von Risiken lässt hier so schnell keinen Stillstand erwarten.

1.3.3 Professionelles Risikomanagement ist wesentlicher Bestandteil einer wertorientierten Unternehmensführung

Versteht man unter wertorientierter Steuerung ein Handeln des Managements, das den Wert des Unternehmens auf lange Sicht gesehen maximiert und damit zum Wohlstand aller am Unternehmen beteiligten und interessierten Gruppen – der Stakeholder – beiträgt, dann gehört ein professionelles Risikomanagement mit Sicherheit dazu.

Und wer sein Risikoportfolio so geschickt steuert, dass er sein Gesamtrisiko senkt, ggf. sogar ohne auf Erträge zu verzichten, schafft Spielräume für neue Geschäfte: Wer nicht wagt, der nicht gewinnt.

Beim Risikomanagement geht es nicht ausschließlich darum, Risiken auszumachen, um sie dann zu minimieren oder zu vermeiden. Vielmehr gehört zu richtig verstandenem Risikomanagement als zweiter wesentlicher Aspekt das Chancenmanagement. Denn das Eingehen vieler Risiken bietet durchaus auch Chancen; besonders, wenn die Risiken professionell und wirksam gesteuert werden, denn in der Regel ist ein Marktteilnehmer bereit, eine Prämie zu zahlen, wenn er ein Risiko abgibt. Die Übernahme von Risiken bietet daher die Chance auf zusätzliche Einnahmen.

Erfolgreiches Wirtschaften ist in den vergangenen Jahrzehnten deutlich riskanter geworden. Infolgedessen sinkt allgemein die Kontinuität der Unternehmensentwicklung. Für junge, aufstrebende Unternehmen bedeutet dies eine enorme Chance.

1.3 Risikomanagement ist eine strategische Managementaufgabe

Abb. 1.10: Die durchschnittliche Verweildauer im S & P-500-Aktienindex sinkt*

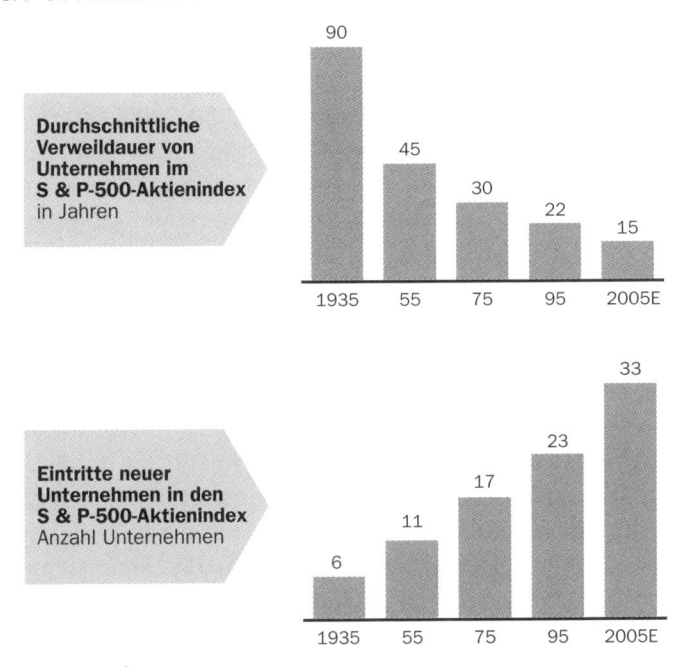

Durchschnittliche Verweildauer von Unternehmen im S & P-500-Aktienindex in Jahren

1935	55	75	95	2005E
90	45	30	22	15

Eintritte neuer Unternehmen in den S & P-500-Aktienindex Anzahl Unternehmen

1935	55	75	95	2005E
6	11	17	23	33

* Berechnung basiert auf durchschnittlicher Anzahl der Unternehmensaustritte aus dem S & P-500-Aktienindex über die jeweils letzten 7 Jahre
Quelle: Standard & Poor's (S & P)

Gelingt es, die Risiken in Schach zu halten, ist der Aufstieg in die Topliga leichter möglich als je zuvor, da die Plätze schneller frei werden. Anfang oder Mitte des vergangenen Jahrhunderts war es noch durchaus üblich, dass große Unternehmen lange von Krisen verschont blieben (Abbildung 1.10). Das ist auch daran ablesbar, dass z. B. in den USA damals viele Unternehmen über ausgesprochen lange Zeiträume im S & P-500-Aktienindex der 500 größten Unternehmen verblieben, nachdem sie dort einmal gelistet waren.

1. Vom Risiko- zum Chancenmanagement

In den vergangenen Jahrzehnten jedoch sind andere Tendenzen zu beobachten: Die Wahrscheinlichkeit der dauerhaften Zugehörigkeit eines Unternehmens zum S & P-500-Aktienindex ist deutlich gesunken. Derzeit verbleibt ein Unternehmen nach seiner erstmaligen Aufnahme durchschnittlich nur etwa fünfzehn Jahre im Index. Das ist gerade noch ein Sechstel der durchschnittlichen Verweildauer einer Firma, die in den 30er Jahren erstmals in den Index aufgenommen wurde. Im Umkehrschluss heißt das aber auch: Die Chance, dass in dem S & P-500-Aktienindex ein Platz frei wird, damit ein Unternehmen neu in den Index aufgenommen werden kann, hat sich auf das Sechsfache des Niveaus von 1935 erhöht.

Wer heute zu den Topunternehmen gehört, kann nicht mehr sicher sein, diese Position auch über lange Jahre zu halten, denn es ist deutlich schwerer geworden, die einmal erreichte Marktführerschaft in einem Sektor langfristig zu behaupten. Untersuchungen zeigen zudem, dass es auffallend wenigen börsennotierten Unternehmen gelingt, über einen langen Zeitraum in Sachen Performance mit dem Marktdurchschnitt mitzuhalten. Die Ergebnisse von „Angreifern" aus der eigenen Branche sind oft besser.

Mit diesem Risiko der schnellen Veränderungen sind wiederum Chancen verbunden: Ein Unternehmen, das seine Risiken besser versteht, identifiziert verlässlicher die wirklich guten Geschäfte als der Wettbewerb, der aus Unkenntnis auch die schlechten Risiken nimmt. Voraussetzung ist eine intensive Beschäftigung mit dem Thema Risiko – ebenso, wie sich Unternehmen beispielsweise um das Verständnis von Kundenbedürfnissen bemühen.

1.4 Chancen nutzen durch intelligentes Risikomanagement: in drei Schritten zum Erfolg

Die publik gewordenen Beispiele, Umfragen und Praxiserfahrungen belegen gleichermaßen: Die meisten deutschen Firmen sind noch weit entfernt von einem systematischen, unternehmensweiten Ansatz eines professionellen Risikomanagements. Um die möglichen Fehler im Umgang mit Risiken zu vermeiden, vorhandene Instrumente wirksam zu nutzen und im Sinne einer wertorientierten Unternehmensführung zum Wohle aller Stakeholder zu handeln, hat McKinsey ein praxisorientiertes Konzept (Abbildung 1.11) entwickelt, das in drei Schritten vom defensiven Risikomanagement zum offensiven Chancenmanagement führt:

■ *Schritt 1: Risiken identifizieren, messen und dokumentieren.* Zunächst müssen alle relevanten Risiken eines Unternehmens identifiziert und aussagefähig gemessen werden. Wenn das

Abb. 1.11: Chancen nutzen durch intelligentes Risikomanagement: in drei Schritten zum Erfolg

Schritt 1 (Kapitel 3)	Schritt 2 (Kapitel 4)	Schritt 3 (Kapitel 5)
Die Grundlagen für Entscheidungen: Wie lassen sich Risiken identifizieren, messen und dokumentieren?	Die Entscheidung: Risikonahmestrategien – Wie gehe ich mit den Risiken intelligent um?	Die Umsetzung der Entscheidung: Wie muss Risikomanagement organisatorisch verankert werden?

Quelle: McKinsey

1. Vom Risiko- zum Chancenmanagement

Unternehmen weiß, welche Auswirkungen sowohl einzelne Risiken als auch das gesamte Risikoportfolio unter Berücksichtigung von Wechselwirkungen haben können, wird klar, wo es Ressourcen einsetzen sollte und wo es gegensteuern muss.

■ *Schritt 2: Risikonahmestrategien – der intelligente Umgang mit Risiken.* Dann entwirft das Management Strategien zur Risikonahme. Es entscheidet, wie es mit den identifizierten Risiken umgeht. Es wägt dabei die Chancen ab, die das Unternehmen im Ausgleich für ein eingegangenes Risiko erwartet. Auf dieser Basis legen die Manager den Umgang mit dem Risiko fest, ob sie es gänzlich vermeiden, bewusst eingehen, durch Limits begrenzen, minimieren oder auf andere überwälzen wollen. Dabei muss die Risikotragfähigkeit des Unternehmens, gegeben u. a. durch Eigenkapitalausstattung und Finanzierungsstruktur, mit den betreffenden Risiken abgeglichen und möglicherweise angepasst werden.

■ *Schritt 3: Die organisatorische Verankerung des Risikomanagements.* Schließlich gilt es, die ganze Unternehmensstruktur und alle relevanten Unternehmensprozesse auf die neuen Anforderungen einzustellen sowie im Unternehmen eine „Risikokultur" zu schaffen. Risiko muss sich neben den klassischen Dimensionen Kosten und Erträge als weitere wichtige Kenngröße im strategischen und operativen Denken und Handeln von Mitarbeitern und Führungskräften wiederfinden – also in allen wesentlichen Prozessen und Strukturen des Unternehmens.

Der skizzierte Ansatz, Risiken in drei klaren Schritten intelligent und erfolgreich zu managen, ist die Antwort auf die größten Fehler, die Praktiker im Umgang mit Risiken machen. Die verfügbaren Instrumente werden so sinnvoll im Sinne einer wertorientierten Unternehmensführung genutzt.

2. „Wir brauchen mehr gesunden Menschenverstand": Dr. Thomas Fischer (Vorsitzender des Vorstandes, WestLB) im Interview

Dr. Thomas Fischer im Interview

Was muss ein guter Risikomanager mitbringen? „Da gibt es eine Analogie zum Boxsport: Ein guter Boxer muss schon einmal erlebt haben, wie weh das tut, wenn die Faust eines 80 Kilo schweren Gegners, gut in Bewegung gesetzt, am eigenen Kinn landet. Und ein guter Risikomanager muss auch schon einmal in der Realität durchlitten haben, wie es schmerzt, wenn ein Geschäft richtig danebengeht", sagt Dr. Thomas Fischer. Er kennt beide Seiten: Als Amateurboxer lernte der gebürtige Berliner, dass man nicht immer nur austeilen kann, und im Beteiligungsmanagement der Deutschen Bank erlebte er mit, wie es sich anfühlt, wenn aus Risiken Verluste werden.
Nach dem Börsencrash von 1987 baute Fischer bei der Deutschen Bank das Risikomanagement mit auf – Jobbeschreibung: „Wir sind das installierte schlechte Gewissen." Und als Chief Risk Manager im Vorstand der Deutschen Bank setzte der agile Berliner ab 1999 Standards für die Finanzbranche in Sachen Risikomanagement. Nach seinem Abschied aus dem Vorstand im Jahr 2002 hat Fischer unter anderem die Investmentbank Rothschild beraten. Ende 2003 wurde er zum Vorstandsvorsitzenden der WestLB berufen.
Mit Dr. Andreas Merbecks diskutiert er die Praxis des Risikomanagements. Er warnt vor „Pseudopräzision und Rationalitätsfallen" und hat auch einen Rat an alle, die sich mit dem Thema befassen: Sie brauchen „einen gehörigen Schuss Demut und eine Menge Common Sense".

Herr Dr. Fischer, erinnern Sie sich an die frühen Tage des Risikomanagements – wie begann die Entwicklung?
… mit der Aufarbeitung des Börsencrashs von 1987. Da ist uns klar geworden, dass die Globalisierung den Nebeneffekt des schnellen *spillover* von einer Volkswirtschaft in die andere hat. Und weil das internationale Finanzgewerbe der Virusüberträger Nummer eins ist, dachten wir, es wäre an der Zeit, entsprechen-

2. „Wir brauchen mehr gesunden Menschenverstand"

de Risiken systematisch einzuschätzen, zu normieren und zu standardisieren. Wir mussten das, was wir gemeinhin als „Risiko" bezeichneten, wissenschaftlich durchdringen, wir mussten Sprachregelungen finden, um die Risiken bei allen Bankgeschäften in allen Jurisdiktionen einheitlich und klar zu benennen.

Die gesamte Welt von RAROC[1], die dann entstanden ist, sollte die Diskussion über den Umgang mit Risiken von dem bis dato sehr persönlichen und intuitiven Touch befreien – Risiken musste man damals ahnen, dies war eine besondere Qualität der genialischen Bankierspersönlichkeit, die sich mystisch der Sache näherte. Inzwischen haben wir das Ganze so verwissenschaftlicht, dass jeder, der die mathematischen Eigenschaften von Risiken zu verstehen meint, gleich ausersehen scheint, Risiken auch sicher zu managen. Doch es ist bestimmt ein großer Fehler, allein den Spezialisten für Quantifizierung das Risikomanagement zu überlassen.

Warum stoßen die reinen Mathematiker hier an ihre Grenzen?
Weil das menschliche Verhalten sich eben nicht an wissenschaftliche Regeln hält. Das betrifft gerade auch den Kern des mathematischen Risikomanagements, die Eintrittswahrscheinlichkeit oder *loss distribution*. Die prognostizieren wir aus den relativen Häufigkeiten in der Vergangenheit und ergänzen diese um subjektiv vermutete Wahrscheinlichkeiten, wenn die Datenlage zu dünn ist. Doch bei solchen subjektiven Wahrscheinlichkeiten neigen wir dazu, immer unpräziser zu werden, je mehr auf dem Spiel steht. Wir sind sehr großzügig mit Einschätzungen, wenn es uns nichts kostet. Wenn es uns aber etwas kostet, werden wir zurückhaltend und risikoavers.

---

[1] Risk-adjusted Return on Capital: Kennzahl zur risikoadjustierten Ergebnismessung. Definition und Erklärung im Glossar.

Wir müssen erkennen, dass es bei den ganz entscheidenden Bewertungen ein hohes subjektives Element gibt. Denn die Ereignisse mit geringer Eintrittswahrscheinlichkeit, aber intensiver Auswirkung, über die wir hier reden, treten definitionsgemäß eben selten ein. Doch um mathematisch präzise zu prognostizieren, brauchen wir eine hohe Dichte relevanter Ereignisse.

Und die fehlt gerade in den gravierenden Fällen.
Wo die Quantifizierung mangels statistischer Dichte schwierig ist, wird der Risikomanager zurückgeworfen auf ein altes Problem: Was *glaubst* du, was passieren wird? Was wir *wissen*, ist, dass wir über 13 000 Beobachtungen brauchen, um aus einer Stichprobe eine aussagekräftige Häufigkeitsverteilung zu rekonstruieren. Solch eine Datenbasis gibt es für Marktrisiken, aber für große operationelle Risiken gibt es die nicht. Deshalb kommt hier das persönliche Urteil ins Spiel, man geht intuitiv vor. Ein Beispiel: Ich muss nicht 1 000-mal beobachtet haben, dass eine Autofahrt mit geschlossenen Augen und vier Promille im Blut auf der linken Spur der Autobahn nicht gut gehen kann. Aber dieses Urteil bilde ich mir nicht, weil das 13 000-mal schief gegangen ist, sondern weil ich mir eine „induktive Spirale" baue – das gehört auch zu den Kompetenzen eines guten Risikomanagers, und genau das kann der reine Mathematiker eben nicht. Diese Rückbesinnung auf den gesunden Menschenverstand brauchen wir. Und wer ist dafür der beste Lehrmeister? Der Zyklus. *What goes up must come down.*

Ein erfolgreicher Risikomanager ist also grundsätzlich skeptisch?
Seine Attitüde ist skeptisch. Während der Marketingmann und der Händler notorisch positiv denken, ahnt der Risikomanager immer, was schief gehen kann. Der beste Risikomanager ist einer, der Alpträume hat und diese in produktive Szenarios übersetzen kann. Das ist natürlich auch ein Problem: So einen

2. „Wir brauchen mehr gesunden Menschenverstand"

Schwarzmaler mag niemand, da hat man die fröhlichen Marketingleute und gewandten Händler viel lieber. Aber man braucht den professionellen Pessimisten, wenn man überleben will. Und damit der Risikomanager etwas bewirken kann, sollte er nicht nur skeptisch, er muss zudem unabhängig sein. Dazu muss er einen Platz direkt neben der Unternehmensspitze einnehmen.

Gibt es so etwas in Deutschland?
Leider ist es nach wie vor eine lebensfremde Forderung, einen Advocatus Diaboli mit Vetokraft zu installieren. Man muss sich selbst in die Rolle des CEO versetzen: Wer hätte denn gern einen Kollegen neben sich, der einen dauernd stoppt? Jemanden, der unterbindet, dass man Risiken eingeht und deswegen Geschäft vereitelt? Die böseste Bezeichnung für Risikomanager ist deshalb „Geschäftsverhinderer".

Bremst den Risikomanager dann das alte Kaufmannsargument, kein Risiko einzugehen, sei das größte Risiko?
Häufiger noch bremst er sich selbst. Denn der Risikomanager wird natürlich auch in Verbindung mit dem Gesamterfolg eines Unternehmens vergütet. Deshalb will er in Zeiten, in denen das Risiko gering ist, möglichst viel Geld verdienen – abgerechnet wird später. Dabei ist er derjenige, von dem man verlangen muss, dass er über den kurzfristigen Erfolg hinwegsieht; und das ist das größte Problem in einer Welt, in der wie in den USA alle drei Monate abgerechnet wird. Da hört er oft: „Jetzt übertreib mal das Risiko nicht, wir müssen nicht gleich alles zurückstellen, so schlimm wird das schon nicht kommen, und wenn du mitmachst, geht der Kurs rauf und dein Einkommen steigt. Wir können die Sache ja später korrigieren." Deshalb muss der Risikomanager auch dann gut verdienen, wenn er viel verhindert. Er muss dann gut verdienen, wenn seine Rolle von allen als lästig und unangenehm empfunden wird. Das hört sich alles ganz einfach an, aber es ist schwer zu realisieren.

Dr. Thomas Fischer im Interview

Hätten wir weniger Insolvenzen in Deutschland, wenn wir mehr richtig verstandenes Risikomanagement hätten?
So einfach ist es leider nicht. Denn der beste Schutz gegen die Folgeschäden großer Unfälle ist natürlich eine üppige Eigenkapitalausstattung. Wir sind deshalb so gefährdet, weil bei uns die Eigenkapitalausstattung viel zu niedrig ist. Ich kenne die Diskussion darüber, seit ich im Bankgewerbe tätig bin, und wir haben lächerlich wenige Fortschritte gemacht. In jeder Krise haben wir eine höhere Anzahl von Insolvenzen als andere Länder, weil unsere Unternehmen über weniger Eigenkapital verfügen. Wir wissen das, wir tun nichts dagegen und führen stattdessen groteske Diskussionen über noch höhere Steuerbelastungen.

Bei uns springen dafür doch die Banken mit Krediten ein.
Die Bedeutung des Bankkredits ist hier notwendigerweise viel höher als in anderen Volkswirtschaften. Es wird geradezu als eine wesentliche Aufgabe der Banken angesehen, durch umfangreiche Kredite die Liquidität der Unternehmen zu sichern. Und weil die Bedeutung der Bankkredite für die deutschen Unternehmen so hoch ist, sollte man vermuten, dass im Verhältnis zum Umsatz die Finanzierungskosten bei uns hoch sind, richtig?

Eigentlich müsste man davon ausgehen ...
Sie sind jedoch niedriger als in anderen Ländern: Bei uns betragen sie rund ein Prozent vom Umsatz, in den USA und Großbritannien sind sie aber doppelt so hoch, obwohl dort die durchschnittliche Eigenkapitalausstattung viel umfangreicher ist, der Bankkredit also weniger Bedeutung hat. Und warum ist das so? Weil dort die Risiken adäquat gepreist werden. Bei uns ist die Bereitstellung von Liquidität so etwas wie *utility*, also wie Wasser- und Energieversorgung, und wir vergessen dabei den unternehmensspezifischen Risikoaufschlag. Der Bankkredit ist

bei uns eine Lebensbedingung für Unternehmen, eine öffentliche Aufgabe für die Banken verbunden mit der Aufforderung „ihr dürft nicht so viel aufschlagen, ihr verdient sowieso schon viel zu viel". Dann erfolgt keine Risikodifferenzierung, und die Kredite sind zu billig. Und weil sie zu billig sind, haben wir immer wieder diese folgenreichen Unfälle.

Und es gibt keine Anreize, auf vermeintlich teures Eigenkapital umzusteigen ...
Das ist ein Teufelskreis, dabei sind wir hier am Kern unseres Problems. Doch das wird in der politischen Diskussion auf einem beklagenswert niedrigen Niveau nicht verstanden. Gerade die Gewerkschaften wollen einfach nicht kapieren, worum es geht, wenn man den Unternehmen erlaubt, möglichst viel Eigenkapital zu bilden. Das ist skandalös dumm. Wer nicht an den Sinn eines hohen Eigenkapitals glaubt, muss sich in anderen Ländern umsehen. Diejenigen, deren Unternehmen über ein höheres Risikokapital verfügen, müssen weniger Insolvenzen beklagen. Und weil sie weniger Insolvenzen verzeichnen, vernichten sie weniger Arbeitsplätze, haben eine niedrigere Arbeitslosenquote und als Folge niedrigere Haushaltsdefizite. Die sind nicht so in der Klemme wie wir.

Dann ist ja alles ganz einfach ...
Vielleicht auf den ersten Blick. Denn Sie sehen an diesem Beispiel die enge Verbindung von Bankkreditrisiken und makroökonomischen Fehlsteuerungen. Eines greift ins andere, und da kommt auch wieder das Risikomanagement ins Spiel: Denn als Eigenkapitalgeber brauchen Sie private Anleger, Retail Investors. Um die anzulocken, müssen Sie Transparenz bieten, damit die Ihnen glauben, dass es bei dieser Art von Investment zwar Risiken gibt, diese aber beherrschbar sind. Dazu müssen die Unternehmen viel mehr enthüllen als bislang üblich, auch über den angeblich mystisch begabten Unternehmer. Der wurde in

Dr. Thomas Fischer im Interview

unserer Wirtschaftswundergesellschaft oft genauso verklärt wie der Held im Western.

Heute ist aber kein Starkult, sondern Transparenz gefragt, und deshalb wollte die Finanzwirtschaft sich selbst ein Regelwerk geben, statt einem staatlich verordneten, lähmenden Satz von Regularien ausgeliefert zu sein.

Leider stecken die deutschen Banken in einer ganz unglücklichen Zwickmühle. Einerseits spricht alle Welt von einer Bankenkrise, fassungslos wird gefragt: Wieso gehen die eigentlich so viele Kreditrisiken ein? Ja, gute Frage. Andererseits – lesen Sie die Zeitungen! – beklagen alle die Kreditverknappung des deutschen Mittelstands und Bild fragt: „Muss das sein?" Die Banken in Deutschland sollen noch mehr Kredit gewähren, denn der Kredit muss ja das ersetzen, was an Eigenkapital fehlt: „Jetzt gebt mal gefälligst den gewünschten Kredit und guckt nicht so auf die Konditionen". Sagen Sie mir mal, wie soll ein deutscher Bankvorstand darauf reagieren? Wenn er seine Kredite selektiv und risikodifferenziert gepreist ausreicht, gibt's Protest.

Bankiers bestimmen den Preis ihrer Kredite doch nicht in Abstimmung mit der öffentlichen Meinung – die Konditionen regelt doch der Markt?
Unterschätzen Sie die öffentliche Meinung nicht: Wenn Sie erst als mittelstandsfeindliche Bank gelten, werden Sie dieses Stigma so schnell nicht mehr los. Ihr Problem lässt sich dabei leicht auf den Punkt bringen: Sie geben dem Mittelstand keine Kredite mehr und gleichzeitig werben Sie um die Geschäftsführer der mittelständischen Unternehmen im Private Banking; die sollen nämlich ihr Vermögen bei Ihnen anlegen. Wir haben diesen Balanceakt immer wieder gewagt, uns den Mund fusselig geredet und gesagt: „Passt auf, Freunde, ihr müsst verstehen, dass wir für mehr Risiko genau wie bei einer Versicherung eine angemessene Prämie brauchen". Geringes Risiko – weniger Prämie, hohes Risiko – mehr Prämie: Warum soll das im Bankgeschäft

nicht gelten? Dann kommt wieder der Einwand des geringen Eigenkapitals: Ohne die Banken gibt es keine Liquidität, und weil wir so viel Liquidität brauchen, darf sie nicht nach Risiko gepreist sein, weil sie dann zu teuer wird.

Und dann sind die Banken mal wieder an einer Pleite schuld ...
Richtig, doch anstatt dass die Politik dieses Problem angeht, verknüpfen wir die Steuerreform in Deutschland mit dem Thema Gerechtigkeit und nicht, wie dringend erforderlich, mit Machbarkeit. Jedem, der mal über die Landesgrenzen blickt, wird klar: Vom Gewinn muss mehr bei den Unternehmen verbleiben, damit es ihnen nicht immer gleich schlecht geht, wenn der Wind mal von vorne kommt. Das ist so simpel zu verstehen, der Zusammenhang ist in so vielen Ländern bewiesen – man muss nur einmal verreisen, dann sieht man es. Und trotzdem passiert bei uns nichts. Diese Diskrepanz zwischen technologischem Fortschritt einerseits und Mangel an Intelligenz in Bezug auf das Sozialwesen andererseits können Sie internationalen Gesprächspartnern nicht vermitteln.

In unserer Begeisterung für die angeblich gerechte Verteilung wirtschaftlichen Wohlstands fragen wir uns vielleicht zu selten, was uns die entsprechenden Schritte kosten?
Die Einsicht, dass manche politische Forderung unbarmherzige Konsequenzen hat, ist wenig verbreitet. Kaum jemand fragt einen Politiker, der bestimmte Vorstellungen in Sachen Gerechtigkeit hat: Wissen Sie, was uns das kostet? Egal, Hauptsache es geht hier gerecht zu. Den Preis für das *egalitarian behaviour* nennt niemand laut, wir kennen ihn jedoch durchaus.

Im Messen der Risiken liegt eben der Schlüssel zum Risikomanagement. Was bereitet dabei in der Praxis die meisten Schwierigkeiten?
Das Erkennen von verschatteten Risiken. Wenn die Münchener

Rück und die HypoVereinsbank sich aushelfen, weil sie beide einen unsicheren Aktionärskreis haben, und sich jeweils beim anderen mit 25 Prozent beteiligen, ist das eine feine Sache. Die Kurse steigen, beide werden aneinander reich. Aber worüber hätten beide Unternehmen irgendwann mal noch reden müssen?

Über ihr Konzentrationsrisiko ...
Exakt! Denn, was passiert, wenn die Preise wieder runtergehen? Ganz einfach: Wenn es der Bank schlecht geht, geht es der Münchener Rück auch schlecht, weil sie die Ergebnisse konsolidieren und einen Teil der Fehlbeträge bei sich mitverbuchen muss. Andere Banken haben Unternehmen hohe Kredite gewährt und statt Sicherheiten Aktien des Unternehmens genommen. Wenn dann mein Kredit in Gefahr ist, und ich auf die Sicherheit zurückgreifen will, ...

... sind die Aktien bereits abgestürzt ...
Wieso mokieren Sie sich darüber? Das ist oft genug passiert. Viele Risiken sind eben verkapselt, die müssen Sie erst einmal entdecken. Stellen Sie sich vor, ich bin der CEO und Sie sind der Chief Risk Officer. Ich berichte von einem Riesenerfolg: Wir haben jetzt auch noch die letzten beiden der sieben großen Mineralölgesellschaften als Kunden gewonnen. Alle haben ein Rating von Triple A, wir haben jeweils eine Milliarde für den Deal ausgeliehen, ein toller Erfolg.

Jetzt haben wir Konzentrationsrisiken, hängen vom Ölpreis, vom Dollar und auch in einem gewissen Maß von der konjunkturellen Entwicklung ab ...
Wir haben mindestens drei Konzentrationsrisiken, obwohl jeder einzelne Kreditnehmer Triple A ist. Man muss eben nicht nur die Einzelbonität betrachten, sondern auf das gesamte Portfolio schauen. Eigentlich müssten Sie jetzt einem Triple-A-Kunden

2. „Wir brauchen mehr gesunden Menschenverstand"

sagen: Dich wollen wir nicht. Und der Mann, der den Deal bringt, ...

... der versteht die Welt nicht mehr.
Aber sogar Triple-A-Unternehmen haben eine Ausfallwahrscheinlichkeit über zehn Jahre; die ist zwar gering, aber sie ist da. Und manchmal geht es dann ganz schnell. Beispiel Allianz: Wer hätte vor drei Jahren gedacht, wie schnell der Marktwert der Münchener Rück oder der Allianz sinken kann? 10 oder 20 Prozent Volatilität hat sicherlich jeder einkalkuliert. Aber hätten Sie geglaubt, dass der Kurs um 80 Prozent einbrechen könnte?

Wer das vor ein paar Jahren gesagt hätte, wäre als weltfremder Spinner ausgelacht worden. Es geht eben darum, die verschatteten Risiken zu erkennen, wenn man die erste Ebene der Risikoanalyse hinter sich hat. Um auf Ihr Stufenmodell zurückzukommen: Quantifizieren müssen Sie natürlich, aber in mehreren Stufen.

Was macht die Sache so schwierig?
Der schwierigste Teil ist das abschließende Urteil, weil nur die Preise der Standardprodukte im Markt beobachtbar sind. Sobald Risiken miteinander kombiniert werden, müssen Sie auch die Preise risikogerecht kombinieren ...

... und dafür fehlen die Erfahrungen, die verlässlichen Daten ...
Man braucht Modelle, die diese kombinierten Risiken, also deren Interaktion, abbilden, aber man weiß häufig eben nicht, wie die Risiken zusammenwirken. Deshalb vertrauen viele auf statistische Relationen. Wenn dann die Krise kommt und Liquidität fehlt, sind die Statistiken nichts mehr wert.

Dann hat man auf einen Diversifikationseffekt im Portfolio gesetzt, der nur in Standardsituationen das Gesamtrisiko dämpft.

Das hilft aber nichts, wenn der gesamte Markt zusammenbricht.
Selbst wenn Sie statistische Daten haben, Parameter, die eigentlich stimmen müssten: Dann haben Sie zwar den theoretisch richtigen Preis. Aber wenn es für die Produkte keine Liquidität mehr gibt, zahlt den keiner mehr.

Wie beurteilen Sie den Stand des Risikomanagements außerhalb des Finanzsektors?
Die Notwendigkeit dafür wächst, weil die Unternehmensergebnisse durch die Globalisierung immer volatiler werden. Globalisierung ist offenbar immer mit Standardisierung verbunden. Standardisierung löst immer Preisdruck aus, weicht Marktmacht auf. Deshalb sind die einzelnen Unternehmen den Bewegungen der Weltmärkte stärker ausgesetzt, sie importieren Volatilität und damit Risiko. Daher sollten Unternehmen es sich zur Pflicht machen, über ihre Risiken nachzudenken, sie zu systematisieren.

Und wie ist die Realität in den Unternehmen?
Bei den meisten läuft es eher rituell ab. Da fragt der Aufsichtsrat: Bist du dir deiner Risiken bewusst? Ja, antwortet der Manager, ich bin mir meiner Risiken bewusst. Gut, dann können wir das auch abhaken. Wo ich selbst als Aufsichtsrat tätig bin, versuche ich, das Risikomanagement zur Disziplin zu machen. Es ist nötig, weil wir gesehen haben, welche Schwankungen wir nach einer Stabilitätsphase insgesamt haben, die Volatilität lebt, und auch gesunde Unternehmen können ganz schnell in Krisen geraten. Ich habe das Gefühl, wir haben insgesamt die Demut verlernt. Wir leben in Zyklen, und es ist ganz wichtig, dass wir nicht vergessen, wie schnell es schief gehen kann. Deshalb sollten wir Risikomanagement zu einer Disziplin der unternehmerischen Kultur machen. Ich sehe ein, dass es lästig ist. Über Marketing, über den Ankauf von Firmen, über den Aufbau neuer Tochtergesellschaften redet man viel lieber. Über Risiken redet

2. „Wir brauchen mehr gesunden Menschenverstand"

man nicht so gern, die Beschäftigung damit muss dummerweise vielen verordnet werden. Deshalb wundert es mich nicht, dass der Gesetzgeber antreten muss.

Was müssen denn die Risikomanager bei Nicht-Finanzdienstleistern mitbringen?
Das Gleiche wie die einer Bank. Weil das Risikomanagement geschäftsnah angesiedelt werden muss, hängt die Akzeptanz oder die Glaubwürdigkeit davon ab, ob derjenige, mit dem Sie als Risikomanager über Gefahren reden, das Gefühl hat, dass Sie etwas von seinem Bereich verstehen. Die Manager müssen das Gefühl haben, dass Sie mal im Geschäft waren, dass Sie ein Kampfgefährte sind, nur mit einer anderen Funktion. Wenn das nicht so ist, dann sind Sie einfach nur ein bestellter Schlaumeier, ein *smart ass*. Dieser Eindruck entsteht häufig dann, wenn die Risikomanager aus dem Financial Controlling kommen. Ob die etwas besser wissen oder nicht, ist gar nicht die Frage – die sind so weit weg vom Geschäft; selbst wenn sie mal richtig liegen, fehlt ihnen die Akzeptanz. Die Gratwanderung zwischen geschäftsnah und gleichwohl unabhängig ist eine große Kunst. Der Risikomanager ist Beifahrer, nicht Polizist. Letzteres wäre ganz falsch, denn dann bildet sich Solidarität, um dem Ordnungshüter mal eins auszuwischen. Der Beifahrer hingegen sitzt mit mir in einem Auto und wenn der sagt: „Geschwindigkeit reduzieren", dann will er einen Unfall verhindern – für uns beide.

Was ist die realistische Erwartung an die Risikomanager?
Die Einstellung, das Risikomanagement hätte schon versagt, wenn ein Unfall passiert, ist falsch. Sie werden Unfälle haben, aber der einzelne Unfall wird Sie nicht mehr existenziell bedrohen. Und die Zahl der Unfälle sollte keine bösen Überraschungen bescheren. Dann sind Sie schon gut dran, viel mehr ist nicht drin. Aber wenn Sie das wirklich gut machen, dann sind

Sie besser als der Wettbewerb und dann wird man Sie auch dafür prämieren, in welcher Form auch immer.

Gibt es Unternehmen, die Risikomanagement besonders gut beherrschen?
Lange galt JPMorgan als Benchmark, aber jetzt haben auch die ihre Delle, weil sie ein zu hohes Konzentrationsrisiko eingegangen sind. Das ist wie beim Golf, auch da wird niemand auf lange Zeit ein Abonnement auf den Meistertitel haben. Beim Risikomanagement können Sie zudem nie wirklich gewinnen, Sie können nur relativ wenig verlieren. Sich dessen bewusst zu sein, meine ich mit Bescheidenheit, mit Demut. Und ich glaube, diejenigen Firmen sind am besten aufgestellt, die niemals unterstellen, dass sie Weltmeister oder unschlagbar sind ...

Demut als wichtige Ingredienz erfolgreichen Risikomanagements?
Richtig, denn in dem Moment, in dem Sie unterstellen, Sie hätten die beste Firma der Welt, fangen Sie an zu verlieren. Wenn Sie nicht immer skeptisch bleiben, verstehen Sie die Wurzel Ihres Erfolgs nicht. Entweder waren Sie erfolgreich, weil Sie Glück hatten – dann müssen Sie das auch klar erkennen. Oder Sie waren erfolgreich, weil Sie in widrigen Umständen nie aufgehört haben, skeptisch zu bleiben. In beiden Fällen hängt Ihr Erfolg damit zusammen, dass Sie wissen, dass ganz schnell ein Misserfolg eintreten kann.

Risikomanagement zwingt Unternehmen also, die Gründe für Erfolg und Misserfolg gründlicher zu analysieren?
Viele Unternehmen haben Misserfolge, weil sie nicht begriffen haben, warum sie vorher Erfolg hatten. Das sind sehr häufig die Unternehmen, die einfach Glück hatten, jedoch glaubten, es handle sich um Genie. Die Verwechslung von Genie und Glück ist leider sehr weit verbreitet, ich würde es eine Krankheit nennen.

2. „Wir brauchen mehr gesunden Menschenverstand"

Risikomanagement als Medizin?
Es ist kein Allheilmittel. Aber es hilft, weil es eine sehr rationale Durchdringung des ganzen Ereignisfelds erfordert. Es zwingt das Management, den gesamten Wirkungszusammenhang seines Geschäfts besser zu verstehen und mit Wahrscheinlichkeiten zu versehen. Ob die falsch oder richtig sind, ist dabei gar nicht die wichtigste Frage. Es ist schon viel gewonnen, wenn Sie nicht mehr unterstellen, dass schon alles gut gehen wird. Wenn Sie die Möglichkeit des Scheiterns immer besser einschätzen können, sehen Sie deutlicher, wo Ihre Chancen liegen.

Herr Dr. Fischer, vielen Dank für das Gespräch.

3. Die Grundlagen für Entscheidungen: Risiken identifizieren, messen und dokumentieren

Welche Risiken sind für ein Unternehmen wirklich relevant? Um dies herauszufinden, müssen Manager gleichzeitig strukturiert und kreativ vorgehen. Mathematische Modelle helfen bei der exakten Quantifizierung, regelmäßige Dokumentationen sorgen für Transparenz und erhöhen die Wachsamkeit.

Was „kostet" ein Krieg? Menschenleben, Leid – und manch entferntes, unbeteiligtes Unternehmen die Existenz. Und weil sie schon den Waffengang nicht verhindern konnten, stellten sich vor diesem tragischen Hintergrund die Risikomanager von DaimlerChrysler im Frühjahr 2003 ihrer Verantwortung und bereiteten den Konzern verantwortungsvoll auf den Irak-Krieg vor. Was passiert schlimmstenfalls, wenn in Nahost die Waffen sprechen, fragten sich die Risikospezialisten in der Möhringer Konzernzentrale. Welche Risiken können eintreten und wie wirken sie sich auf DaimlerChrysler aus? Das Team um den Finanzvorstand – Mathematiker, Naturwissenschaftler, Volks- und Betriebswirte – kalkulierte als ökonomischen *worst case* einen Zusammenbruch der Finanzmärkte für mehrere Wochen ein. Der Vorstand handelte entsprechend und sicherte dem Konzern vor Kriegsausbruch rund 50 Milliarden Euro Liquidität.

Alltagsarbeit für Risikomanager: Sie identifizieren Risiken für ihr Unternehmen, bewerten sie – und schaffen so die Grundlage für Aktionen, die dazu beitragen, drohende Risiken zu entschärfen. Denn es ist klar: Jede Form unternehmerischer Tätigkeit ist mit Risiken verbunden. Weniger eindeutig ist jedoch, worin die Risiken genau bestehen, und in welchem Ausmaß sie sich auf das Unternehmen auswirken können.

3.1 Die Risikoidentifizierung erfordert ein strukturiertes, aber auch kreatives Vorgehen

Schon die Identifizierung der Risiken ist eine anspruchsvolle Herausforderung. Einige sind klar zu erkennen und sogar mess-

3. Die Grundlagen für Entscheidungen

bar, viele andere dagegen lassen sich nur schwer, manche sogar fast gar nicht erfassen, geschweige denn quantitativ genau beschreiben. Doch obwohl zum Beispiel die Bedrohung durch Aktien-, Zins- und Wechselkursschwankungen oder mittlerweile auch durch Forderungsausfälle relativ klar erfassbar ist, werden Unternehmen doch immer wieder von ihren Folgen überrascht.

Andere Gefahren, beispielsweise die Auswirkungen einer negativen Pressekampagne gegen ein Unternehmen, lassen sich kaum absehen. So können Presseberichte oder Äußerungen von Verbraucherschützern öffentliche Diskussionen mit erheblichen negativen Folgen für die Reputation, den Umsatz und damit den Erfolg des betroffenen Unternehmens entfachen. Schwer kalkulierbar sind auch die Folgen von Rückrufaktionen, egal in welcher Branche. Sie verursachen eben nicht nur Kosten durch die Aktion selbst, sondern verunsichern die Konsumenten und haben dadurch unter Umständen oft schwer prognostizierbare, aber dennoch gravierende Auswirkungen auf die zukünftige Absatz- und Erfolgssituation.

Wenn es zum Beispiel um ihre Gesundheit geht, sind Verbraucher besonders sensibel, und die Folgen entsprechender Irritationen können kaum kalkuliert werden. Steht die gesundheitliche Unbedenklichkeit von Lebensmitteln oder Medikamenten infrage, können drastische Nachfrageeinbrüche folgen, die nicht nur das unmittelbar betroffene Produkt oder Unternehmen, sondern ganze Branchen schädigen. So ist etwa das Auftreten neuer Krankheiten wie BSE so gut wie nicht vorhersehbar, kann aber einzelne Wirtschaftsbereiche immens beeinflussen. Nicht nur die Fleischindustrie war von der BSE-Krise betroffen, auch Molkereien erlitten Einbußen, weil Verbraucher verunsichert waren, ob BSE auch über Produkte aus Kuhmilch übertragen wird.

Solch vielfältige Effekte und Wechselwirkungen sachgerecht zu erkennen – auch die „verschatteten Risiken", wie sie Dr. Thomas Fischer im Interview nennt (siehe Kapitel 2) – , ist eine wesentliche Herausforderung für Risikomanager.

In der Praxis orientieren sich Manager bei der Identifizierung der Risiken mitunter jedoch zu sehr am Offensichtlichen oder unmittelbar Machbaren, nicht aber an dem, was für das Unternehmen tatsächlich wichtig und notwendig ist. Typischerweise rechtfertigen sie sich dann, man habe sich an etablierte Verfahren gewöhnt, die verfügbare Software verspreche eine komfortable Handhabung, und um andere Risiken zu identifizieren gebe es keine geeigneten Lösungen.

In solchen Fällen droht Gefahr. Viele relevante Risiken sind eben nicht offensichtlich, sie sind durch etablierte Standards nicht identifizierbar, sie bleiben vielleicht sogar lange verborgen, bis sie sich plötzlich vehement bemerkbar machen. An andere Risiken hat man sich einfach gewöhnt und hält es für unnötig, sich vor ihnen zu schützen.

Ein oberflächliches Risikomanagement kann nicht die Lösung sein, es wird selbst zu einem Risiko, denn es lässt zu viele Fährnisse unberücksichtigt. Erst ein systematischer, strukturierter Prozess spürt wirklich alle Risiken auf, die den Unternehmenserfolg signifikant beeinträchtigen oder zunichte machen können. Dabei ist es wichtig, zunächst die wesentlichen *Risikoarten* zu erfassen und dann je nach Relevanz für das Unternehmen detaillierter aufzuschlüsseln. Wer so strukturiert vorgeht, bekommt einen umfassenden und weitgehend überschneidungsfreien Überblick über Gefahrenpotenziale.

Zudem bleibt genug Raum für Kreativität beim Nachdenken über mögliche Risiken, weil neue Impulse zur Aufdeckung weiterer, bisher vielleicht unberücksichtigter Risiken kommen. So entdeckt man bei der Risikoidentifizierung auch ungewöhnliche Risiken, die nicht auf den ersten Blick als Bedrohung für ein Unternehmen erkennbar sind. Dazu gehören etwa Risiken für das Markenimage und die Reputation des Unternehmens, oder auch indirekte Wirkungen von Risiken.

3. Die Grundlagen für Entscheidungen

In Szenarios lassen sich verschiedene Auswirkungen auf das Unternehmen durchspielen. Denn oft bleibt es nicht bei den Primäreffekten, etwa im Gefolge von Naturkatastrophen oder Unfällen. Sekundär- und Tertiäreffekte eines tragischen Ereignisses können viel weit reichender als die Primäreffekte sein und müssen daher mit Kreativität erfasst werden.

Die Risiken, die Unternehmen alles in allem drohen können, sind also alles andere als leicht überschaubar. Dennoch müssen sie möglichst vollständig identifiziert und bewertet werden. Dabei hilft zunächst eine gängige Systematik wesentlicher Risikoarten. Darüber hinaus ist es zweckmäßig, den Betrachtungshorizont um die Dimensionen „Sekundär- und Tertiäreffekte" sowie „Ausmaß der Risiken" zu erweitern.

Abb. 3.1: Systematische Unterteilung in vier Risikoarten

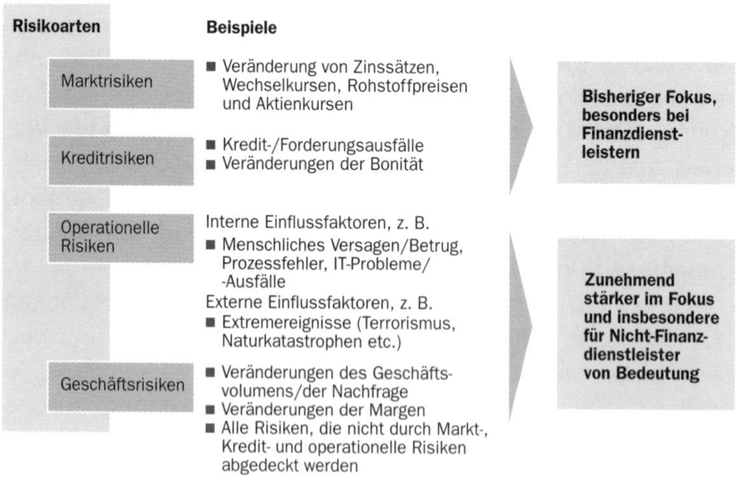

Risikoarten	Beispiele	
Marktrisiken	■ Veränderung von Zinssätzen, Wechselkursen, Rohstoffpreisen und Aktienkursen	Bisheriger Fokus, besonders bei Finanzdienstleistern
Kreditrisiken	■ Kredit-/Forderungsausfälle ■ Veränderungen der Bonität	
Operationelle Risiken	Interne Einflussfaktoren, z. B. ■ Menschliches Versagen/Betrug, Prozessfehler, IT-Probleme/-Ausfälle Externe Einflussfaktoren, z. B. ■ Extremereignisse (Terrorismus, Naturkatastrophen etc.)	Zunehmend stärker im Fokus und insbesondere für Nicht-Finanzdienstleister von Bedeutung
Geschäftsrisiken	■ Veränderungen des Geschäftsvolumens/der Nachfrage ■ Veränderungen der Margen ■ Alle Risiken, die nicht durch Markt-, Kredit- und operationelle Risiken abgedeckt werden	

Quelle: McKinsey

3.1.1 Risiken lassen sich in vier wesentliche Risikoarten unterteilen

Die verschiedenen Risiken, denen Unternehmen ausgesetzt sind, können im Wesentlichen einer Systematik aus vier übergeordneten Risikoarten zugeordnet werden: Marktrisiken, Kreditrisiken, operationelle Risiken und Geschäftsrisiken (Abbildung 3.1). Allerdings: Viele Risiken sind komplex und ihre Eigenschaften variieren oft in Abhängigkeit vom Blickwinkel des Betrachters. Obwohl es deshalb hin und wieder an Trennschärfe fehlt und die Kategorisierung nicht immer eindeutig ist, hilft sie dennoch, die betrachteten Risiken besser zu verstehen.

Marktrisiken

Jahrelang erfreute die Branche ihre Kunden mit besten Nachrichten: Dann kam die Börsenkrise und die deutschen Lebensversicherungen verloren in atemberaubendem Tempo sehr viel Geld. Allein 2002, so errechnete McKinsey in einer Untersuchung, betrug der Wertverlust der Aktiendepots der Versicherungen, in denen sie die Beiträge der Versicherten angelegt hatten, zwischen 40 und 50 Milliarden Euro, aus stillen Reserven wurden stille Lasten, die garantierten Ablaufleistungen von Lebensversicherungen wurden zurückgenommen.

2003 musste die Mannheimer Lebensversicherung sogar aufgeben und unter dem Dach der Protektor, einer kollektiven Auffanggesellschaft der Branche, Schutz suchen. „Die Versicherer sind wie Surfer auf der Aktienwelle geritten und haben nicht gemerkt, dass sie schon am Strand sitzen", stellt die McKinsey-Studie fest. Nun steckten die Versicherungen in der tiefsten Krise seit dem Krieg. Wie konnte das einer Branche passieren, die seit Jahrhunderten anderer Leute Risiken getragen hat? Die Antwort: Weil die meisten Unternehmen opportunistisch die Risikoeinschätzung Dritter – in diesem Fall von Ana-

3. Die Grundlagen für Entscheidungen

lysten und anderen Experten – übernahmen, die postulierten, der Aktienmarkt kenne seit Auftauchen der New Economy nur eine Richtung: bergauf. Wer braucht da Absicherungen – etwa Derivate – gegen die gewaltigen Klumpenrisiken in den Depots? Wer vorsichtig ist, verliert Rendite, hatte es jahrelang geheißen. Jetzt lag die Quittung auf dem Tisch – schuld war ein typisches Marktrisiko.

> Unter Marktrisiken wird hier die Gefahr einer möglichen Veränderung der Vermögenslage eines Unternehmens auf Grund einer Abweichung der Marktpreise z. B. für Aktien, Währungen, Rohstoffe und Zinsen von ihren erwarteten Werten verstanden.

Schwankungen z. B. von Zinssätzen, Wechselkursen, Rohstoffpreisen und Aktienkursen verursachen Marktrisiken. Mit ihnen müssen sich fast alle Unternehmen auseinander setzen. Beinahe jedes Unternehmen kann beispielsweise bei der Finanzierung einer Investition dem Risiko ausgesetzt sein, dass Zinserhöhungen zur Erhöhung von Kreditkonditionen führen und damit die Finanzierungskosten der Investition in die Höhe treiben. *Wechselkursrisiken* sind besonders für international tätige Unternehmen relevant. Jedoch können auch national agierende Unternehmen grundsätzlich von diesem Risiko betroffen sein, da viele Rohstoffpreise in Fremdwährungen (etwa in US-Dollar) quotiert werden. Beteiligungen an börsennotierten Unternehmen schließlich sind dem *Aktienkursrisiko* ausgesetzt.

Für Unternehmen, die nicht zum Finanzsektor gehören, spielt beispielsweise das Risiko der Veränderung von Rohstoffpreisen eine mitunter beachtliche Rolle. Die Rohstoffe des einen Unternehmens sind zudem die Produkte eines anderen Unternehmens, sodass das Marktpreisrisiko für Rohstoffe bei vielen Unternehmen zumindest indirekt eine Rolle spielt.

Zusätzlich zu den Marktrisiken aus offenen Positionen treten Marktrisiken bei abgesicherten Positionen auf: So genannte Basisrisiken entstehen hier, wenn sich die Beziehungen zwischen den Positionen in einem Hedge verändern, gegenläufige Preisentwicklungen sich demnach anders verhalten als geplant und sich nicht mehr, wie erwartet und erwünscht, ganz oder teilweise aufheben.

Kreditrisiken

Der Mann baute die prächtigsten Einkaufscenter und Bürohäuser Deutschlands, bereitwillig finanziert von den Großbanken: Was der Bauunternehmer Jürgen Schneider anfasste, wurde – so glaubten seine Finanziers – zu Beton-Gold. Da kam kaum einer auf die Idee, die Pläne genau zu prüfen oder einfach einmal in den Neubauten nachzumessen, wie viele Quadratmeter tatsächlich entstanden waren – der Name Schneider bürgte im Baugeschäft für Erfolg. Die Quittung kam dennoch: 1994 stürzte das Immobilienimperium wie ein Kartenhaus zusammen und hinterließ fast 4 Milliarden Euro Schulden. Jahre später mussten sich die über 2 000 Gläubiger, darunter mehrheitlich Nicht-Banken wie Handwerker und Materialzulieferer, mit einer mageren Quote von acht Prozent auf ihre Forderungen begnügen.

> Unter Kreditrisiken wird hier die Gefahr möglicher Wertverluste von Forderungen eines Unternehmens verstanden
> – auf Grund unerwarteter vollständiger, partieller oder temporärer Zahlungsunfähigkeit oder -unwilligkeit eines Schuldners (Ausfall- bzw. Kreditausfallrisiko),
> – auf Grund einer mit einer unerwarteten Bonitätsverschlechterung des Schuldners einhergehenden Marktwertminderung der Forderung (Bonitätsrisiko),

3. Die Grundlagen für Entscheidungen

> – auf Grund einer unerwarteten Reduktion der Werthaltigkeit von Sicherheiten oder Garantien (Besicherungsrisiko),
> – oder auf Grund einer unerwarteten generellen Neubewertung der bestehenden und unveränderten Ausfall-, Bonitäts- und Besicherungsrisiken am Markt (Spread-Risiko).

Das *Ausfallrisiko* kann in vielfältiger Form auftreten: Im klassischen Kreditgeschäft der Banken, bei Anleihen im Bestand und auch bei den meisten Forderungsbeständen besteht eine Zahlungsverpflichtung des Schuldners in Höhe des Nominalwertes der Forderung zuzüglich Zinsen, die mit einem Ausfallrisiko behaftet ist. Daneben existieren Ausfallrisiken bei Banken z. B. auch im Zahlungsverkehr (Settlement-Risiken) und im Wertpapierhandel kann der Handelspartner ausfallen (Counterparty-Risiken). Bei Geschäften mit Derivaten besteht das Ausfallrisiko darin, dass ein eventueller Ausfall des Handelspartners zum Verlust führt, wenn ein positiver Marktwert einer Position nicht realisiert werden kann oder eine ausgefallene Position zum (ungünstigeren) dann gültigen Marktpreis wiederhergestellt werden muss (Wiedereindeckungsrisiko).

Bei Unternehmen außerhalb des Finanzdienstleistungssektors bestehen Kreditrisiken insbesondere bei Forderungsbeständen aus Lieferungen und Leistungen. Das bekamen beispielsweise Ausrüster der Telekommunikationsbranche zu Beginn des neuen Jahrtausends zu spüren. Da gingen einst aufstrebende Start-up-Unternehmen in die Insolvenz, die Forderungen ihrer Lieferanten – etwa der Telekommunikationsausrüster – wurden wertlos.

Derartige Risiken sind schwer zu greifen für Unternehmen, die mit der Einschätzung von Kreditnehmern wenig Erfahrung und meist keine adäquaten Bonitätsbewertungsmodelle haben.

3.1 Die Risikoidentifizierung erfordert ein strukturiertes, aber auch kreatives Vorgehen

Banken dagegen verfügen schon länger über Routine in der Überprüfung von Kreditnehmern. Durch Analyse von Kundendaten – von eher statischen Größen wie Branche über Jahresabschlüsse bis hin zu dynamischen Größen wie dem Transaktionsverhalten im Zahlungsverkehr aus der bestehenden Kontoverbindung – kann eine Hausbank wesentlich schneller erkennen, wenn sich die Bonität ihrer Kunden verändert. Der Bedarf für derartige Informationen besteht indessen auch bei anderen Unternehmen. Daraus ergab sich eine Chance: Dienstleister, die Bonitätsinformationen über Unternehmen anbieten, erzielen allein in Deutschland dreistellige Millionenumsätze.

Kreditrisiko muss nicht gleich in Form des Ausfalls einer Forderung oder eines Kredites auftreten; bereits eine Veränderung der Einschätzung dieses Ausfallrisikos oder der Bonität des Schuldners führt zu Veränderungen von Vermögenspositionen. Vom *Spread-Risiko* spricht man, wenn sich die Renditeaufschläge (*spreads*), die je Bonitätsstufe gegenüber ausfallrisikolosen Anlagen bestehen, auch ohne Veränderung der Bonität, ausgedrückt in der Ratingstufe, verändern. Das Spread-Risiko wird zuweilen auch als Marktrisiko interpretiert, da es sich um eine Marktbewertung einer bestimmen Schuldnerbonität handelt. Auch daran wird deutlich, dass die Abgrenzung der Risikokategorien nicht immer leicht fällt.

Ändert sich die Einschätzung der Kreditwürdigkeit auf individueller Basis, wird dies als *Bonitätsrisiko* bezeichnet. Auch wenn im Grunde scheinbar noch nichts passiert ist, d. h. kein tatsächlicher Ausfall zu verschmerzen ist, sind Banken und andere Unternehmen in subtilerer Weise von diesem Kreditrisiko betroffen. Bonitätsrisiken treffen sie härter als der Ausfall einzelner Forderungen, sofern es sich bei den Herabstufungen der Bonität von Kreditnehmern um eine größere Anzahl handelt. Wird etwa das Instrument des Forderungsverkaufs (Factoring) genutzt, können die Erlöse aus dem Forderungsverkauf durch Eintritt des Bonitätsrisikos und den damit einhergehenden Abschlag auf den Nominal-

3. Die Grundlagen für Entscheidungen

wert der Forderungen empfindlich geschmälert werden, selbst wenn de facto kein Schuldner ausgefallen ist.

Ausfallrisiken entstehen aber nicht nur aus der Unsicherheit über die Situation des individuellen Kreditnehmers und seiner Sicherheiten, sondern bei grenzüberschreitenden Aktivitäten auch aus der Unsicherheit über hoheitliche Maßnahmen (Länder- bzw. Transferrisiko).

Zuweilen haben selbst hoheitliche Entscheidungen im eigenen Lande Auswirkungen auf Kreditrisiken, hier am Beispiel des Besicherungsrisikos: So brachte der Beschluss des Bundestages, die Regierung von Bonn nach Berlin zu verlegen, für Banken mit ausgereichten Immobilienkrediten im Raum Bonn zumindest eine potenzielle Veränderung des Werts ihrer Kreditsicherheiten, rechneten doch die meisten Experten in der Folge mit sinkenden Immobilienpreisen in der Exhauptstadt. Generell besteht ein Teil des Kreditrisikos in der Unsicherheit über den Wert von Sicherheiten. Im Ernstfall kann es vorkommen, dass bei Verwertung dieser Sicherheiten nur ein niedrigerer Betrag als ursprünglich erwartet zu realisieren ist. Dieses Risiko wird als *Besicherungsrisiko* bezeichnet.

Am Beispiel des Besicherungsrisikos zeigt sich auch, wie eng die Risikoarten miteinander verwoben sind: Ein etwa zur Besicherung eines Kredites herangezogenes Aktiendepot unterliegt seinerseits dem Marktrisiko schwankender Aktienkurse. Und bei einer Autofinanzierung, bei der das Fahrzeug als Sicherheit dient, könnte das Versäumnis, eine Vollkaskoversicherung abzuschließen, als operationelles Risiko aufgefasst werden.

Operationelle Risiken

Joseph Jett war ein Star an der Wall Street. Als Chefhändler für US-Staatsanleihen verdiente er für seinen Arbeitgeber ein Vermögen und wurde selbst reich dabei: 1993/94 betrug sein

3.1 Die Risikoidentifizierung erfordert ein strukturiertes, aber auch kreatives Vorgehen

Gehalt plus Bonus mehr als elf Millionen Dollar. Doch Jetts Findigkeit und sein Gespür für Chancen, die er vorher so Gewinn bringend eingesetzt hatte, stürzten seinen Arbeitgeber in die tiefste Krise der Firmenhistorie. Alles begann – schlimm genug – mit einer Fehlspekulation, die Joseph Jett mit hundert Millionen Dollar ins Minus brachte. Statt das Geld am Markt zurückzuverdienen, richtete der Broker seine Findigkeit gegen die eigene Firma. Der smarte Mr. Jett entdeckte prompt eine Lücke in der internen Rechnungslegung und fälschte in der Folge zwei Jahre lang Belege für fiktive Profite von rund 350 Millionen Euro. Als der Schwindel endlich aufflog, landete Joseph Jett vor Gericht, der Chef Michael Carpenter auf der Strasse und die Bond-Trader mussten eine neue berufliche Heimat bei Konkurrenten finden. Laxe Kontrollen, also der unprofessionelle Umgang mit operationellen Risiken, hatten das Brokerhaus an den Rand des Abgrunds gebracht.

> Operationelle Risiken werden hier als die Gefahr möglicher Vermögensverluste für ein Unternehmen auf Grund unerwarteter mangelhafter Abläufe im internen Leistungsbereich (zum Beispiel mangelnde Qualifikation oder Sorgfalt von Mitarbeitern, Fehlfunktion von Systemen oder Betrug) oder unerwarteter externer Beeinträchtigungen der internen Abläufe (zum Beispiel Terroranschläge oder Naturkatastrophen) verstanden.

Operationelle Risiken sind ein Thema für alle Unternehmen. Denn letztlich ist es für alle Unternehmen schwer, sich gegen Ausfälle von Computer- oder Produktionsanlagen, Fehlentscheidungen auch kompetenter Mitarbeiter oder Pannen wie eine fehlerhafte Rechnungslegung zu wappnen.

In welchem Ausmaß Unwetter und Terrorismus die Wirtschaft schädigen können, zeigte sich bei der Flutkatastrophe in

3. Die Grundlagen für Entscheidungen

Deutschland im Sommer 2002 oder bei den Terroranschlägen vom 11. September 2001. Oft ist dabei zwischen dem ursächlichen Risiko und den Wirkungen zu unterscheiden: Der Terroranschlag des 11. September fiel zunächst für die betroffenen Unternehmen in die Kategorie „operationelles Risiko". Mittelbar verstärkte er dann aber zum einen Marktrisiken, weil er beispielsweise Aktienkursschwankungen auslöste, oder zum anderen auch Kreditrisiken, weil die Störungen der Wirtschaft die Bonität einiger Unternehmen schwächte. So litten insbesondere die Reiseveranstalter und Luftfahrtgesellschaften unter massiven Umsatzeinbrüchen.

Aber auch Imageschäden können als operationelle Risiken verstanden werden. Diese können sehr unterschiedliche Ursachen haben. So kann das Image eines Unternehmens – ob zu Recht oder zu Unrecht – durch öffentlichkeitswirksame Kampagnen von Verbraucher- oder Umweltschützern beeinträchtigt werden, was zu erheblichen Umsatz- und Ergebnisverlusten führen kann. Immer wieder werden Supermärkte oder Lebensmittelhersteller mit der Drohung, Lebensmittel zu vergiften, erpresst. Besorgte Verbraucher verzichten dann in aller Regel auf den Konsum der potenziell betroffenen Lebensmittel oder den Besuch der betroffenen Handelskette.

Dass die Vorschläge von Basel II zu den operationellen Risiken Reputationsrisiken nicht beinhalten, demonstriert ein weiteres Mal Abgrenzungsschwierigkeiten bei der Risikokategorisierung.

Nicht zuletzt verändern neue gesetzliche Vorschriften die Rahmenbedingungen für Unternehmen und können damit ein operationelles Risiko darstellen.

Viele operationelle Risiken sind schwer zu identifizieren und noch schwerer zu quantifizieren. Schäden, die etwa durch Computerviren oder menschliche Fehler drohen, können alle möglichen Bereiche eines Unternehmens betreffen.

Beispielsweise bringen auch die modernen Produktionsme-

3.1 Die Risikoidentifizierung erfordert ein strukturiertes, aber auch kreatives Vorgehen

thoden neue Gefahren, etwa die Just-in-time-Beschaffung zur Optimierung der Logistikprozesse. Automobilhersteller beispielsweise verlangen im Rahmen des Just-in-time-Konzepts bei der Produktion termingerechte Anlieferungen von Autoteilen durch ihre Lieferanten und reduzieren so ihre Lagerbestandskosten. Doch die Entscheidung für „just in time" kann wegen der damit verbundenen Risiken teuer werden: Denn das System ist anfällig, verspätete Lieferungen können die gesamte Produktion lahm legen, wenn Reserven fehlen und so schnell kein anderer Lieferant einspringen kann.

Wie verwundbar die knappe Lagerhaltung macht, zeigte sich z. B. beim Streik der IG Metall im Sommer 2003. In den neuen Ländern legten 10 000 Metaller die Arbeit nieder. Dass darunter die 1000 Belegschaftsmitglieder der Zahnradfabrik Friedrichshafen (ZF) in Brandenburg waren, führte wegen der engen Vernetzung bald auch zu Folgen im Westen: ZF baut in Brandenburg die Getriebe für die BMW-3er-Serie. Als quer durch die Branche Produktionsstopps drohten, machten die Betriebsräte der Autokonzerne mobil, die IG Metall gab nach. Der Branchenstillstand wurde in letzter Minute verhindert.

Die Bandbreite der möglichen operationellen Risiken ist groß (Abbildung 3.2) und die Vielfalt der denkbaren Ereignisse ist schier unüberschaubar. Wer diese Vielfalt durchdringen will, muss sich zunächst als Anhaltspunkt ein Bild von den operationellen Problemen und Schäden des Unternehmens in der Vergangenheit machen. Im nächsten Schritt betrachtet er bekannte operationelle Risiken, die in gleichen und in anderen Industriezweigen eingetreten sind. Die Analyse der Vergangenheit zeigt aber nur ein unvollständiges Bild. Immer wieder entstehen neue operationelle Risiken, sei es durch technologische Entwicklungen oder durch Veränderungen von Prozessen. Jede Prozessveränderung sollte deshalb auch kreativ und kritisch auf mögliche neue operationelle Risiken überprüft werden. Und wie Dr. Fischer anmerkte, oft ist Intuition gefragt.

3. Die Grundlagen für Entscheidungen

Abb. 3.2: Operationelle Risiken lassen sich nach internen und externen Einflussfaktoren kategorisieren

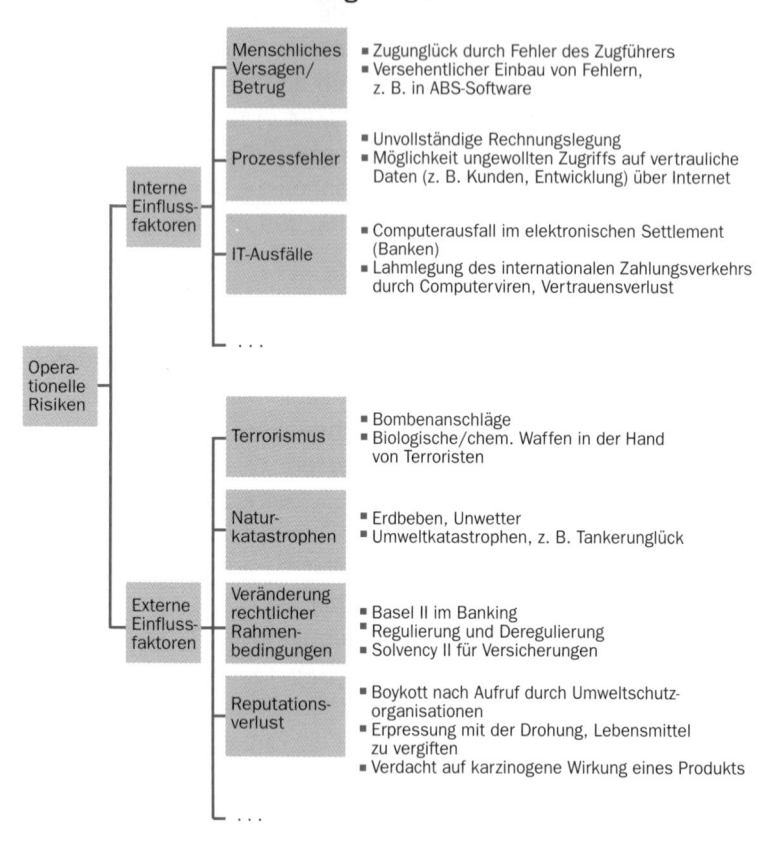

Operationelle Risiken
- Interne Einflussfaktoren
  - Menschliches Versagen/ Betrug
    - Zugunglück durch Fehler des Zugführers
    - Versehentlicher Einbau von Fehlern, z. B. in ABS-Software
  - Prozessfehler
    - Unvollständige Rechnungslegung
    - Möglichkeit ungewollten Zugriffs auf vertrauliche Daten (z. B. Kunden, Entwicklung) über Internet
  - IT-Ausfälle
    - Computerausfall im elektronischen Settlement (Banken)
    - Lahmlegung des internationalen Zahlungsverkehrs durch Computerviren, Vertrauensverlust
  - ...
- Externe Einflussfaktoren
  - Terrorismus
    - Bombenanschläge
    - Biologische/chem. Waffen in der Hand von Terroristen
  - Naturkatastrophen
    - Erdbeben, Unwetter
    - Umweltkatastrophen, z. B. Tankerunglück
  - Veränderung rechtlicher Rahmenbedingungen
    - Basel II im Banking
    - Regulierung und Deregulierung
    - Solvency II für Versicherungen
  - Reputationsverlust
    - Boykott nach Aufruf durch Umweltschutzorganisationen
    - Erpressung mit der Drohung, Lebensmittel zu vergiften
    - Verdacht auf karzinogene Wirkung eines Produkts
  - ...

Quelle: McKinsey

3.1 Die Risikoidentifizierung erfordert
ein strukturiertes, aber auch kreatives Vorgehen

Geschäftsrisiken

Autokäufer haben immer individuellere und sich schneller ändernde Präferenzen, gleichzeitig wollen die Hersteller möglichst viele Nischen besetzen. Der aktuelle Trend, immer mehr Baureihen mit kürzeren Lebenszyklen auf den Markt zu bringen (Abbildung 3.3), erhöht unter sonst gleichen Umständen die Planungsunsicherheit und damit die Ungenauigkeit der Absatzprognosen. Denn während bereits die gesamte Nachfrage nicht als sicher gelten kann, ist es noch schwieriger, das Interesse an jedem einzelnen Modell zuverlässig vorherzusagen, und selbst wenn dies gelänge, bliebe die mit den branchenweiten Schwankungen verbundene Fixkostenproblematik.

Risiken, wie die hier am Beispiel der Autoindustrie gezeigten, werden als Geschäftsrisiken bezeichnet.

Abb. 3.3: Die Automobilunternehmen bringen zunehmend mehr Baureihen mit immer kürzeren Lebenszyklen auf den Markt

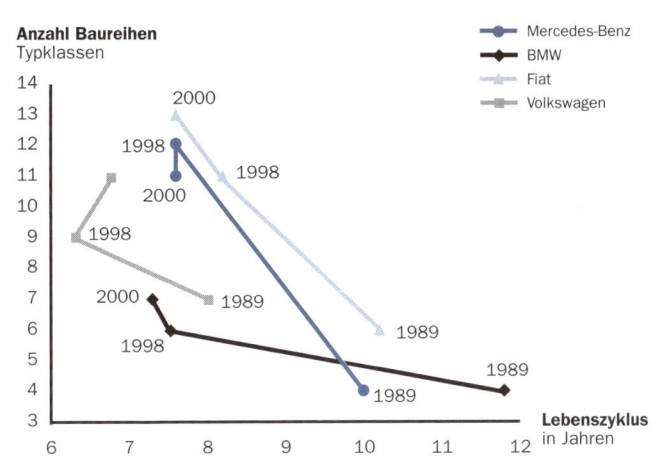

Quelle: Schwacke 1998, 2000

3. Die Grundlagen für Entscheidungen

> Unter Geschäftsrisiken wird hier die Gefahr möglicher Vermögensverluste für ein Unternehmen verstanden, die vor allem durch unerwartete Schwankungen der Absatzmenge oder der Absatzpreise bzw. -margen auf Grund veränderter Kundennachfrage oder -präferenzen entstehen.

Geschäftsrisiken sind in gewisser Weise die Risiken, die nach der Berücksichtigung von Markt-, Kredit- und operationellen Risiken verbleiben. Sie können zu beachtlichen Umsatz- und Gewinnschwankungen führen. Indessen gelten sie oft als allgemeines unternehmerisches Risiko, das als solches hinzunehmen ist. Dies ist allerdings ein Irrglaube, der auf der Unterschätzung der Möglichkeiten professionellen Risikomanagements beruht. Auch Geschäftsrisiken können und müssen identifiziert und idealerweise quantifiziert werden, damit ihnen dann mit entsprechenden Strategien begegnet werden kann.

Eines der größten Geschäftsrisiken liegt in unerwartet hohen Nachfrageschwankungen. Davon sind bestimmte Industriesektoren besonders stark betroffen (Abbildung 3.4), die Unterschiede sind im Branchenvergleich beachtlich. Von den vier Branchen Maschinenbau, Kommunikationstechnologie, Chemieindustrie und Automobilindustrie musste zu Beginn der 90er Jahre die Automobilindustrie in Europa die stärksten Umsatzschwankungen hinnehmen. Zu Beginn des neuen Jahrtausends traf es Hersteller und Anbieter von kommunikationstechnologischen Produkten und Leistungen. Auf jährliche Wachstumsraten von bis zu 35 Prozent folgte ein zwei Jahre währender Einbruch mit einer rückläufigen Umsatzentwicklung von jeweils rund zehn Prozent.

Vor allem in Branchen mit hohem Fixkostenanteil wirken sich solche Schwankungen direkt – und mit entsprechender Hebelwirkung – auf das Ergebnis aus. Auf Grund der wechselnden Nachfrage hält beispielsweise die Automobilindustrie im Durch-

Abb. 3.4: Unterschiedliche Branchen haben stark abweichende Schwankungsbreiten in der Umsatzentwicklung in Europa
in Prozent

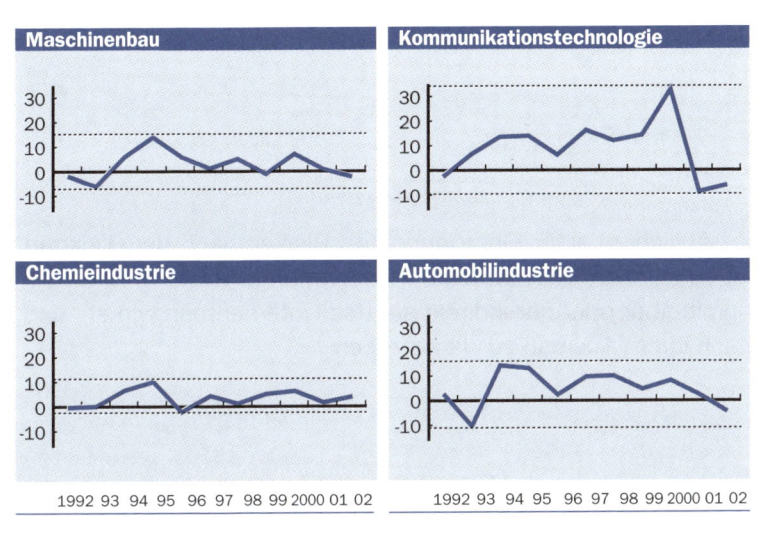

Maschinenbau	Kommunikationstechnologie
Chemieindustrie	Automobilindustrie

1992 93 94 95 96 97 98 99 2000 01 02

Quelle: World Industry Monitor

schnitt schätzungsweise 20 Prozent Produktionsüberkapazität vor, um Nachfragespitzen abfedern zu können. Das bindet erhebliches Kapital: Der Mittelbedarf in dieser Branche würde sich weltweit um einen Milliardenbetrag in Euro reduzieren, wenn z. B. durch Möglichkeiten des Kapazitätsausgleichs über verschiedene Modellreihen oder sogar Hersteller solche Überkapazitäten abgebaut werden könnten.

Auch bei Geschäftsrisiken gibt es Wechselwirkungen mit anderen Risiken: Bei kürzeren Modellzyklen und mehr Baureihen gewinnen in der Autoindustrie auch operationelle Risiken größere Bedeutung, etwa die Anlaufzeiten für die Produktion eines Modells. Verzögert sich die geplante Anlaufzeit zur vollen Kapa-

3. Die Grundlagen für Entscheidungen

zitätsauslastung um nur einen Monat, so ist damit typischerweise ein Verlust des Deckungsbeitrags von rund fünf Prozent der technischen Jahreskapazität verbunden. Bei etablierten Marken kann dies einen dreistelligen Millionenbetrag in Euro ausmachen.

3.1.2 Wirkungsweise und Ausmaß von Risiken als weitere Aspekte der Risikoidentifikation

Zusätzlich zu einer Einordnung von Risiken nach der Risikoart ist es hilfreich, Risiken nach ihrer Wirkungsweise, d. h. ob sie unmittelbar oder nur indirekt auf das Unternehmen wirken, und nach ihrem Ausmaß zu klassifizieren.

3.1.2.1 Sekundär- und Tertiäreffekte tragischer Ereignisse ziehen weite Kreise
Nachträglich sprach Michael Capellas, damals Chef des Computerbauers Compaq, von einem „fast perfekten Unwetter", das sich im September 2001 zusammengebraut hatte. Die PC-Nachfrage hatte sich schon abgekühlt, als der Terroranschlag vom 11. September weltweit die Kauflust noch weiter dämpfte. Doch dann baute sich schnell eine Kaskade von weiteren Problemen auf: Durch Ausfälle und verschärfte Kontrollen geriet das gesamte Transportsystem in den USA aus den Fugen, ab September kam es zu gravierenden Verzögerungen der PC-Auslieferungen.

Zeitgleich fegte ein verheerender Taifun über Taiwan, wo die wichtigsten Zulieferer für die Compaq-Computer arbeiten. Straßen waren zerstört, Flughäfen geschlossen und Firmen gingen in Konkurs. Die alarmierten Manager stellten fest: Im Unternehmen gab es keine Hedging-Maßnahmen gegen die Folgen von Naturkatastrophen und Lieferausfällen dieser Art. Das „fast perfekte Unwetter" kam teuer: Bestandserhöhung wegen der Lieferunfähigkeit, Umsatzausfälle, Betriebsverlust und abgebaute Arbeitsplätze als Reaktion.

Wie weit die Folgen eines singulären Ereignisses reichen können, haben die Terroranschläge vom 11. September 2001 gezeigt. Wenn man sie bei aller menschlichen Tragik unter wirtschaftlichen Gesichtspunkten analysiert (Abbildung 3.5), betrafen Primäreffekte zunächst und direkt viele Menschen und Sachgegenstände, wie das World Trade Center sowie benachbarte Gebäude und die gekaperten Flugzeuge.

Aber die Entwicklungen unmittelbar nach dem Anschlag und sogar Monate später zeigen: Die Auswirkungen gingen weit über diese unmittelbaren Primäreffekte hinaus. Sekundäreffekte ließen den Kreis der Betroffenen wachsen. Viele Firmen litten in der Folge unter Produktionsausfällen, weil etwa die Transportsysteme gestört waren.

Abb. 3.5: Die Terroranschläge vom 11. September 2001 hatten Sekundär- und Tertiäreffekte

11. September 2001

Primäreffekte – Auswahl
- Tod von Menschen
- Schäden an bzw. Zerstörung von Gebäuden
- Verlust von Flugzeugen

Sekundäreffekte – Auswahl
- Schaden für Versicherungen
- Einstellung Luftverkehr
- Produktionsausfälle
- Ausfälle Werbeeinnahmen bei Fernsehsendern
- Wertveränderung Bürohochhäuser

Tertiäreffekte – Auswahl
- Genereller Nachfrageverlust (Konsumentenvertrauen)
- Massive Reduzierung Gewinnerwartungen der Unternehmen
- Einbruch von Geschäftsfeldern (Flugverkehr, Touristik, Flugzeugbau)
- Verteuerung Versicherungen, insbesondere für Großereignisse

Quelle: McKinsey

3. Die Grundlagen für Entscheidungen

Tertiäreffekte schließlich machten sich auf der ganzen Welt bemerkbar. Sie führten zu einem generellen Nachfragerückgang seitens der Verbraucher und damit zu Umsatzeinbrüchen vieler Unternehmen. Ganze Branchen wie Tourismus und speziell Flugverkehr erlitten erhebliche Einbußen. So wird die weltweite Wirtschaftsflaute des Jahres 2002/2003 auch den Auswirkungen des 11. September zugeschrieben. In unserer vernetzten Welt mit zahlreichen interdependenten Größen verbreiten sich Risiken mit einer erschreckenden Geschwindigkeit. Und von den Risikomanagement-Fähigkeiten der Unternehmen, aber auch der Politiker, hängt es ab, ob sich die Gefahren zunehmend verstärken und zu einer verheerenden Flutwelle aufbauen oder ob sie eingedämmt werden können.

Gerade Sekundär- und Tertiäreffekte zeigen: Risikoquelle und Risikowirkung gehören oft zu verschiedenen Risikoarten. Grundlage für die Einordnung ist stets die Perspektive des einzelnen betroffenen Unternehmens – denn nur an der Stelle, wo Risiken wirklich schlagend werden, lassen sie sich quantifizieren. Beispiel 11. September: Da wurde ein ursprünglich operationelles Risiko (etwa die Unterbrechung der Handelsaktivitäten der in Manhattan ansässigen Banken) mittelbar zum Marktrisiko, beispielsweise für Versicherungen (wegen der Verluste in ihren Kapitalanlagen) oder zum Geschäftsrisiko, vor allem für Fluggesellschaften, deren Umsätze einbrachen.

3.1.2.2 Das Ausmaß von Risiken –
vier Grundmuster
Wer die Risiken identifiziert, die sein Unternehmen eingeht, hat nur den ersten Schritt getan. Jetzt gilt es, das Ausmaß der Bedrohung in einem ersten Raster zu erfassen. Grundsätzlich lassen sich vier Ausprägungen unterscheiden: *Extremfälle*, *Schwankungen im Rahmen von Konjunkturzyklen*, *kurzfristige Volatilitäten* und *erwartete Werte bzw. Verluste*. Letztere werden wissenschaftlich präzise nicht als Risiken im eigentlichen Sinne

3.1 Die Risikoidentifizierung erfordert
ein strukturiertes, aber auch kreatives Vorgehen

bezeichnet. Sie sollen auf Grund ihrer praktischen Relevanz dennoch ebenfalls diskutiert werden.

Extremfälle

Extremfälle, ob Kriege, Naturkatastrophen, Terroranschläge oder auch das Zusammentreffen mehrerer Negativentwicklungen können für jedes Unternehmen massive, unmittelbar existenzgefährdende Folgen haben. Die Extremfälle können unternehmensspezifisch auftreten, wie eine Fabrikexplosion, ein Tankerunglück, Schadenersatzforderungen etwa aus Asbestverseuchung, ein großer Betrugsfall. Oder sie können allgemeiner Art sein, wie die Aktienmarkt-Crashs von 1929 oder 1987. Solche Fälle können sowohl zu kurzfristigen Ausschlägen führen als auch über lange Zeiträume anhalten. So erholte sich der US-Aktienmarkt vom Kurssturz nach dem 11. September 2001 recht rasch. Die so genannte New Economy jedoch fand nach dem Platzen der Spekulationsblase bis heute nicht wieder zur alten Stärke zurück.

Schwankungen im Rahmen von Konjunkturzyklen

Die Wirtschaft ist von Konjunkturzyklen geprägt, die in der Regel über mittelfristige Zeiträume andauern. Diese Zyklen verlaufen nicht für alle Branchen gleich. Mit Konjunkturzyklen sind Risiken für die Unternehmen verbunden, etwa weil zyklisch verlaufende Rohstoffpreise teilweise erheblich auf die Herstellungskosten durchschlagen oder Nachfrageeinbrüche den Umsatz mindern und so Überkapazitäten entstehen. Das Risiko aus Konjunkturzyklen besteht neben der reinen Überlebensfrage im Wesentlichen darin, dass Entscheidungsträger sich ebenfalls zyklisch und damit oft zum Schaden des Unternehmens verhalten. So beobachtet man in zyklischen Branchen immer wieder, dass die meisten Unternehmenskäufe in Boomzeiten zu

3. Die Grundlagen für Entscheidungen

Höchstpreisen durchgeführt werden. Im Boom wird auch mit Vorliebe in neue Anlagen investiert, deren Kapazitäten erst Jahre später im bereits wieder beginnenden Abschwung auf den Markt kommen und den Preisdruck im Abschwung zusätzlich verstärken. Abbildung 3.6 zeigt am Beispiel der chemischen Grundstoffindustrie, dass die Hoch- und Tiefpunkte der Investitionsrate ganz nah an den entsprechenden Extrempunkten der Gesamtkapitalrendite liegen. Dies ist ein deutlicher Indikator für ein prozyklisches Investitionsverhalten.

Kurzfristige Volatilitäten

Über Extremfälle und Konjunkturzyklen hinaus unterliegen viele Einflussgrößen auf den Unternehmenserfolg kurzfristigen Schwankungen von vergleichsweise geringem Ausmaß. Rohstoffpreise, bestimmte Produktpreise, Absatzentwicklung, Wäh-

---

Abb. 3.6: Prozyklisches Verhalten durch Investitionen in Produktionskapazitäten während Boomphasen

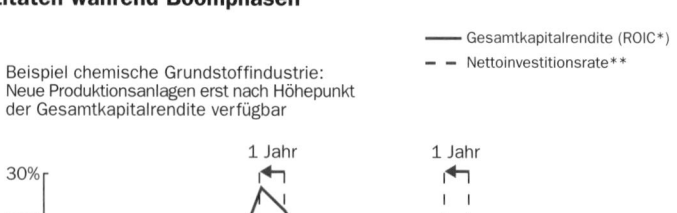

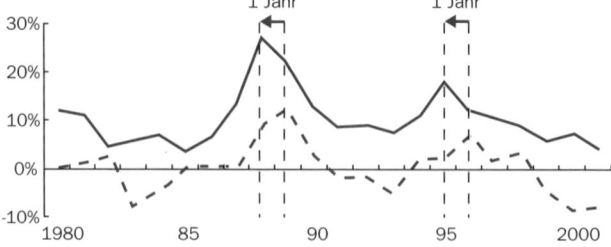

Beispiel chemische Grundstoffindustrie:
Neue Produktionsanlagen erst nach Höhepunkt der Gesamtkapitalrendite verfügbar

— Gesamtkapitalrendite (ROIC*)
– – Nettoinvestitionsrate**

* Return on Invested Capital = Gesamtkapitalrendite
** Nettoveränderung des um Inflation adjustierten Anlagevermögens
Quelle: McKinsey Chemicals Performance Database

rungen, Aktienwerte und Zinssätze verändern sich kurzfristig. Das Risiko besteht auch darin, dass zwar im Einzelfall, bei einem einzelnen Geschäft, vielleicht nur geringe Verluste auftreten, dies aber in vielen Fällen passiert. Mit den Risiken aus kurzfristigen Volatilitäten müssen sich die Unternehmen ständig auseinander setzen, wenn sie im Wettbewerb einen Vorsprung erringen wollen.

Erwartete Werte

Eigentlich wird unter dem Begriff Risiko nur die zufällige, unerwartete Schwankung einer Größe um ihren Erwartungswert verstanden. Im praktischen Geschäftsleben wird aber oft auch das Niveau, also der Erwartungswert, um den diese Größe schwankt, als Risiko im weiteren Sinn bezeichnet. Dieses Risiko im weiteren Sinne kann etwa die erwartete Häufigkeit an Fehlern bei Produktionsprozessen oder auch die Höhe der erwarteten Kreditausfälle sein. Diese landläufige Interpretation des Risikos ist verständlich, weil eine Unterschätzung der erwarteten Verluste oder Kosten zu einer systematischen Rentabilitätsschwäche führt. Aus diesem Grund müssen diese „erwarteten" Risiken auch identifiziert und in die Preiskalkulation integriert werden. Werden beispielsweise die zu erwartenden Kreditausfälle bei der Festlegung des Kreditzinses unterschätzt, führt dies zu einer Rentabilitätsschwäche des Kreditgeschäfts. Zu erwartende Kreditausfälle werden falsch eingeschätzt, wenn sie etwa nicht über einen Konjunkturzyklus hinweg betrachtet.

Ein Blick auf die Entwicklung des Ölpreises in den Jahren 1988 bis 2002 veranschaulicht die drei genannten Ausprägungen von Risiken und wirft die Frage nach dem Erwartungswert des Ölpreises auf (Abbildung 3.7).

3. Die Grundlagen für Entscheidungen

Abb. 3.7: Beim Risikoausmaß gibt es drei Grundmuster und oft einen unbekannten Erwartungswert – Beispiel Rohöl

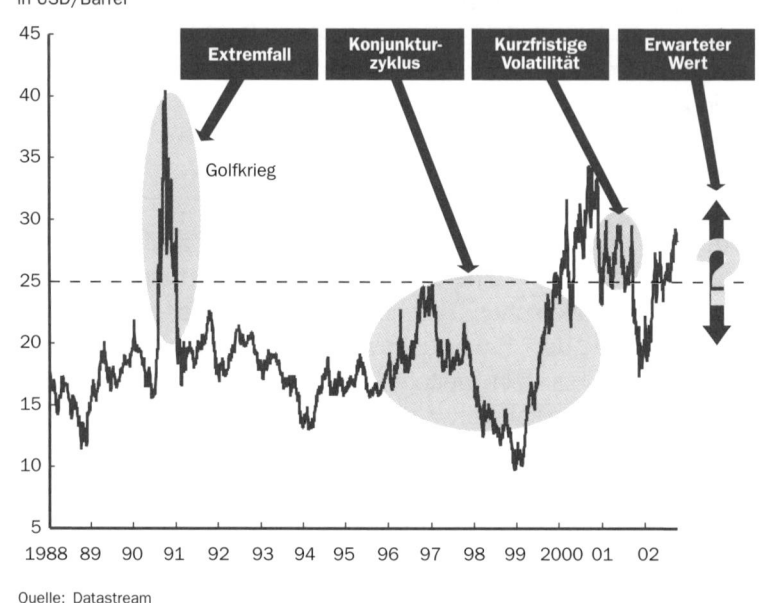

Monatspreis Brent 1
in USD/Barrel

[Diagramm mit Beschriftungen: Extremfall (Golfkrieg), Konjunkturzyklus, Kurzfristige Volatilität, Erwarteter Wert; Zeitraum 1988–02]

Quelle: Datastream

Extremfälle: Kurzfristige extreme Preisausschläge hängen mit gravierenden Ereignissen zusammen. So ließ der Golfkrieg Anfang der 90er Jahre den Ölpreis innerhalb kurzer Zeit auf das Zweieinhalbfache des Ausgangsniveaus ansteigen. Nach Kriegsende fiel der Preis dann wieder auf das vorherige Niveau zurück.

Konjunkturzyklen: Sie betreffen die gesamte wirtschaftliche Entwicklung und wirken sich auch auf Rohstoffpreise aus. Ein Konjunkturzyklus ist bei der Rohöl-Preisentwicklung beispielsweise Mitte bis Ende der 90er Jahre zu erkennen, als es zwar keine dramatischen Ereignisse (Extremfälle) gab, der Preis jedoch in beachtlicher Bandbreite zwischen 10 und 25 US-Dollar je Barrel schwankte. Zuweilen haben Veränderungen wichtiger Rohstoffpreise ihrerseits Auswirkungen auf den Konjunkturzyklus.

Kurzfristige Volatilität: Diese Preisänderungen gehören zu den täglichen Schwankungen des Ölmarktes. Sie entstehen durch viele Einzelfaktoren wie zum Beispiel durch Spekulationen über Veränderungen des Ölangebots durch die OPEC-Länder. Diese Schwankungen sind mehr oder weniger stark ausgeprägt, bleiben jedoch auf ein gewisses Niveau beschränkt.

Erwartete Werte: Am Beispiel des Ölpreises lässt sich auch die Problematik des Erwartungswerts verdeutlichen: Wo ist bei den diversen Schwankungen eigentlich das „normale" Niveau? Ist zu erwarten, dass sich beim Ölpreis gegenüber dem aktuellen Preis keine Veränderung ergibt? Oder gibt es einen „Normalpreis"? Welchen Betrachtungshorizont zieht man zur Bewertung des „Normalpreises" heran?

In der Praxis wird bei Renditen aus marktpreisrisikobehafteten Positionen oft (vereinfachend und vor allem für kürzere Zeiträume) angenommen, sie sei Null. Für längere Zeitperioden wird eine erwartete Rendite (etwa bei Aktienpositionen) als Referenzgröße verwendet. Aber wie sieht es bei anderen Risikoarten aus? Fallen nicht immer wieder Kredite aus? Dies ist – genauso wie Produktionsfehler – im Grunde nichts Unerwartetes und muss daher in die Preis/Konditionen-Kalkulation integriert werden.

3.2 Wer Risiken messen will, braucht geeignete Modelle

Am Anfang stand das Glücksspiel. Würfel und Karten haben die Menschen seit der Antike in den Bann gezogen. Aber erst in der Renaissance lieferten ernste Denker die Theorie zum spannenden Spiel: In der Mitte des 17. Jahrhunderts hatten Blaise Pascal und Pierre de Fermat erstmals die Gewinnchancen beim populären Würfelspiel Balla berechnet. Einige Jahre danach, im Jahr 1662, beschreibt der Theologe Antoine Arnaud – ein Freund Blaise Pascals – ein Glücksspiel, bei dem zehn Personen je eine Münze setzen, jeder in der Hoffnung, gleich um neun Münzen reicher zu werden. Arnaud schreibt, dass es „neun Grade der Wahrscheinlichkeit gibt, eine Münze zu verlieren, gegen die eine, neun Münzen zu gewinnen", wie Peter L. Bernstein in seinem lesenswerten Buch *Wider die Götter: Die Geschichte von Risiko und Riskmanagement von der Antike bis heute* zitiert. Ein unscheinbarer Satz, aber ein Durchbruch: Zum ersten Mal wird in einer Veröffentlichung explizit die Wahrscheinlichkeit des Eintritts eines Ereignisses gemessen. Eine wesentliche Grundlage für die Entwicklung des Risikomanagements ist gelegt.

Bevor das Management eines Unternehmens entscheidet, wie es mit Risiken umgehen will, muss Klarheit über die Lage herrschen: Welche Risiken bedrohen das Unternehmen, wie hoch sind ihre jeweiligen Eintrittswahrscheinlichkeiten, welche Wechselwirkungen (Korrelationen) bestehen zwischen den einzelnen Risiken und wie gravierend sind die Folgen bei Eintritt des Risikos? Obwohl niemals alle möglichen Risiken in einem Unternehmen exakt messbar sind, sollte das Management versuchen, möglichst viele der für das Unternehmen bedeutenden Risiken zu quantifizieren. Denn nur dann können Erträge und Risiken ins Verhältnis gesetzt und mit den Möglichkeiten abgeglichen werden, die zur Abfederung der Risiken verfügbar sind.

Erst danach sollte das Management seine Prioritäten setzen und Entscheidungen treffen.

Bei diesem Prozess stoßen Manager auf zwei Arten von Risiken:

- *Messbare Risiken:* Risiken, für deren Messung die erforderlichen Modelle und Daten einschließlich der nötigen Sachkenntnis verfügbar sind.

- *Nicht messbare Risiken:* Risiken, für deren Quantifizierung einer der erforderlichen Faktoren, also eine Datenhistorie oder entsprechende Modelle fehlen.

Die Grenze zwischen messbaren und nicht messbaren Risiken ist in der Vergangenheit immer weiter verschoben worden. So gehörten einst nur einige Marktrisiken zur Kategorie der messbaren Risiken, während es für Kreditrisiken nur grobe und für operationelle sowie Geschäftsrisiken lange gar keine Ansätze gab. Inzwischen existieren nicht nur für die meisten Marktrisiken, sondern auch für Kreditrisiken allgemein akzeptierte Risikomodelle.

Auch für die weniger greifbaren operationellen und für die Geschäftsrisiken stehen mittlerweile Modelle für die Messung zur Verfügung, die ständig weiterentwickelt werden. Die entsprechende Datenhistorie ist indessen nach wie vor oft schwierig aufzubauen, auch angesichts der vergleichsweise geringen Anzahl von Datenpunkten.

3.2.1. Bei der Risikomessung ist der Weg das Ziel

Der Erfolg von Risikomanagement hängt nicht davon ab, ob es gelingt, jedes Risiko bis auf die letzte Kommastelle exakt zu berechnen. Das Unternehmen erhält Aufschluss darüber, welche

3. Die Grundlagen für Entscheidungen

strategische Bedeutung ein bestimmtes Risiko für das Überleben und den Geschäftserfolg hat, auch wenn die Quantifizierung einen Rest Unschärfe behält, unter anderem wegen der dargestellten Datenproblematik.

Im Rahmen der Quantifizierung setzen sich die Entscheidungsträger in Unternehmen deutlich intensiver mit potenziellen Risikoquellen auseinander und erkennen so das darin enthaltene Bedrohungs- und Chancenpotenzial. Bereits aus den ersten Schritten der Risikoberechnung, also der Überlegung, welche Positionen welchem Risiko ausgesetzt sind und welche Wertveränderung erfolgt, wenn ein Risiko eintritt, lassen sich wertvolle Erkenntnisse ziehen: So können etwa kostspielige Verfahren wie teures Überversichern und die Absicherung über das notwendige Maß hinaus künftig vermieden werden. Die durch die Quantifizierung gewonnenen Erkenntnisse bewirken darüber hinaus häufig direkte Veränderungen im Unternehmen, da das Management seine Aufmerksamkeit auf die strategisch bedeutendsten Risiken konzentrieren kann.

Das Beispiel eines Energieerzeugers zeigt, dass für das Unternehmen eine Vielzahl von Risiken identifiziert und gemessen wurde, allerdings nur eine kleine Anzahl Risiken signifikante Bedeutung hat (Abbildung 3.8). Um diese muss sich das Management vordringlich kümmern. Als Risikomaß kam in diesem Beispiel das im Folgenden vorgestellte Value-at-Risk-Konzept zum Einsatz. Die Werte wurden zur Vereinfachung indexiert, so dass der größte Wert für eine Zelle 100 beträgt.

Wer seine Risiken konsequent misst, bekommt oft fast nebenbei einen frischen Blick auf Chancen, die sich ihm eröffnen. So hat ein Pharmaunternehmen als Folge der Beschäftigung mit der Messung von Risiken sein Forschungs- und Entwicklungsportfolio als eine Kaufoption (auf zukünftige Gewinn bringende Produkte) betrachtet. Dadurch erwies es sich als sinnvoll, zur Bewertung von F&E-Aktivitäten Realoptionsmodelle zu verwenden. Und da die Volatilität einen wesentlichen Ein-

3.2 Wer Risiken messen will, braucht geeignete Modelle

Abb. 3.8: Die Risikoquantifizierung zeigt die bedeutendsten Risiken – Beispiel eines Energieerzeugers

Risikokennzahl
Index

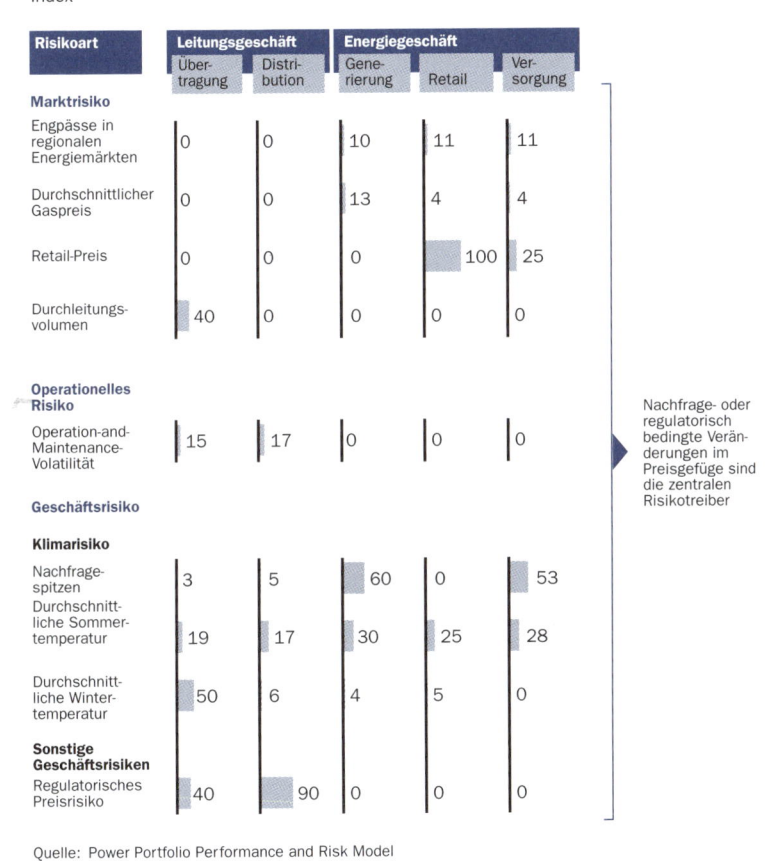

Risikoart	Leitungsgeschäft		Energiegeschäft		
	Übertragung	Distribution	Generierung	Retail	Versorgung
Marktrisiko					
Engpässe in regionalen Energiemärkten	0	0	10	11	11
Durchschnittlicher Gaspreis	0	0	13	4	4
Retail-Preis	0	0	0	100	25
Durchleitungsvolumen	40	0	0	0	0
Operationelles Risiko					
Operation-and-Maintenance-Volatilität	15	17	0	0	0
Geschäftsrisiko					
Klimarisiko					
Nachfragespitzen	3	5	60	0	53
Durchschnittliche Sommertemperatur	19	17	30	25	28
Durchschnittliche Wintertemperatur	50	6	4	5	0
Sonstige Geschäftsrisiken					
Regulatorisches Preisrisiko	40	90	0	0	0

Nachfrage- oder regulatorisch bedingte Veränderungen im Preisgefüge sind die zentralen Risikotreiber

Quelle: Power Portfolio Performance and Risk Model

3. Die Grundlagen für Entscheidungen

flussfaktor auf den Wert von Optionen darstellt, kann die Risikomessung in diesen Fällen zur verbesserten Bewertung dieser Aktivitäten und Investitionen beitragen.

Die Chance, per Risikoquantifizierung einen Verhandlungspartner zum Abschluss zu bewegen, nutzte ein großes europäisches Petrochemieunternehmen. Es hatte eine neue Technologie zur Umwandlung von Methan in Ethylen entwickelt. Dies wird als Grundprodukt zur Herstellung von Kunststoffen benötigt. Zur Umsetzung dieser Technologie musste das Unternehmen Investitionen in Höhe von mehreren Hundert Millionen Euro tätigen und langfristige Gasabnahmeverträge abschließen.

Über mehrere Monate hatte das Unternehmen erfolglos über die Ausgestaltung dieser Gasverträge verhandelt, die entscheidend für die Umsetzung der neuen Technologie waren. Basis der Verhandlungen waren die erwarteten zukünftigen Gaspreise. Allerdings wurden Risiken, die in der neuen Technologie und in den schwankenden Absatzpreisen für Ethylen liegen, nicht berücksichtigt. Die Preisverhandlung erwies sich als schwierig, da dem Abnehmer die Preise zu hoch erschienen. Die Kernfrage in den Verhandlungen lautete daher: Was ist ein fairer Preis für beide Parteien unter Berücksichtigung der ungleichen Verteilung der mit dem Kontrakt verbundenen Risiken?

Die Lösung war die Berechnung eines risikoadjustierten Ergebnisses auf das eingesetzte ökonomische Eigenkapital unter Verwendung einer Monte-Carlo-Simulation. Die Vorgehensweise und das Ergebnis dieser Berechnung führten zur vertraglichen Einigung beider Parteien und damit zur Realisierung von Geschäftschancen und Ergebnispotenzialen.

3.2.2 Einige Risiken sind (noch) nicht messbar

Nicht alle Risiken können exakt oder mit statistischen Methoden quantifiziert werden. Hierzu gehören z. B. das Risiko, dass der Wert einer eingeführten Marke beispielsweise durch einen Unfall Schaden nimmt oder allgemein Reputationsrisiken. Hier müssen teilweise intuitiv abgeleitete Szenarien und plausible Annahmen die möglichen Risiken konkretisieren.

Eine Reihe vorab kaum verlässlich quantifizierbarer Risiken wie Terroranschläge, die Flutkatastrophe in Deutschland oder die Hitzewelle in Europa haben neben vielen anderen Unternehmen vor allem die Versicherungsunternehmen unerwartet hart getroffen. Diese Unwetter oder Unglücksfälle haben immense Kosten verursacht, sodass die gesamte Branche erheblich darunter zu leiden hat. Erst- und Rückversicherer versuchen mit neuen Methoden, diese und ähnliche Risiken zu modellieren, um ihre Auswirkungen zukünftig besser einschätzen zu können.

Zusätzlich ist es mitunter möglich, schwer messbare Risiken qualitativ zu umreißen, etwa durch Umfragen, Diskussionen oder Experteneinschätzungen. So werden die Bedeutung dieser Risiken und der entstehende Handlungsbedarf zumindest klarer.

Trotzdem bleibt es schwirig, bestimmte Risiken wie etwa das Reputationsrisiko in Zahlen zu fassen. Ein Lebensmittelhersteller beispielsweise weiß nicht im Voraus, wie hoch der Umsatzeinbruch wäre, falls er Opfer einer Erpressung werden sollte und mit der Vergiftung seiner Produkte bedroht wird. Er kann jedoch bei einem berechtigten oder unberechtigten Reputationsproblem weitaus schneller, besonnener und damit wirkungsvoller reagieren, wenn das Management mögliche Krisen vorab mit Szenariotechniken simuliert und für eine solche Situation einen Notfallplan entwickelt hat.

3. Die Grundlagen für Entscheidungen

3.2.3 „Hightech"-Mathematik steigert die Messbarkeit

Experten haben in den vergangenen Jahren mithilfe zunehmend ausgefeilter, meist mathematischer, statistischer und auch spieltheoretischer Methoden Verfahren entwickelt, die immer mehr Risiken anhand eines vergleichbaren Maßstabs messen und oft sogar zu einer Kennzahl für das Gesamtrisiko pro Unternehmensbereich oder für das Gesamtunternehmen aggregieren können.

Inzwischen gelingt es sogar, Wahrscheinlichkeit und Ausmaß von Terroranschlägen oder Naturkatastrophen zunehmend besser zu quantifizieren. Bislang gerieten selbst erfahrene Rückversicherer immer wieder unter Druck, wenn Hurricans, Flutkatastrophen oder Terror unerwartet massive Zerstörungen verursachten und beträchtliche Zahlungen fällig wurden.

Versicherungen arbeiten deshalb mit spezialisierten Risikoplanern zusammen. Eines dieser Planungsunternehmen bietet beispielsweise Modelle zur Berechnung des Risikos von Katastrophen – etwa Hurricans, Erdbeben und Sturmfluten – für 40 Länder der Erde an. Die Experten berechnen ebenfalls die Wahrscheinlichkeit des Eintritts bestimmter Wetterlagen – von Hitzeperioden bis zu weißen Weihnachten – die für manche Geschäfte Chancen- oder Schadenspotenzial bergen. Inzwischen können sich diese Unternehmen gegen die berechneten Risiken durch Versicherungspolicen oder gehandelte Derivate absichern. Bei ihren computergestützten Modellen gehen die Risikoplaner neue Wege, um Wahrscheinlichkeiten zu berechnen.

Ihre Risikomodelle für Naturkatastrophen berücksichtigen umfangreiche wissenschaftliche Daten aus Geologie und Meteorologie, um die Wahrscheinlichkeit von Erdbeben, Unwettern und anderen Naturkatastrophen zu berechnen. Hinzu kommen Schätzungen über die möglichen Zerstörungen, die sie je nach Ausprägung anrichten, etwa die Zahl der beschädigten Häuser und die Kosten für den Wiederaufbau. Schwieriger ist dann im

3.2 Wer Risiken messen will, braucht geeignete Modelle

zweiten Schritt die Berechnung der Häufigkeit, mit der sich Naturkatastrophen z. B. in einem bestimmten Jahr ereignen. Aufgrund nur vereinzelt vorhandener historischer Daten bleiben die Prognosen ungenau. So kann man die Wahrscheinlichkeit eines Erdbebens in einer gefährdeten Region zwar für einen bestimmten längeren Zeitraum vorhersagen, dies aber auf ein bestimmtes Jahr einzugrenzen, ist nach wie vor sehr schwierig.

Um für Versicherungen das Risiko von Terroranschlägen zu quantifizieren, haben Risikoplaner unlängst neue Modelle vorgestellt. In die Berechnungen fließen Ergebnisse aus der Zusammenarbeit mit verschiedenen Terror- und Waffenexperten ein, um so mögliche Ziele von Anschlägen oder das Ausmaß der Zerstörungen und damit die Höhe der entstehenden Kosten abschätzen zu können.

Bei der Analyse werden auch Erkenntnisse aus der Spieltheorie eingesetzt, um die potenziellen Denkmuster von Terroristen bei den Berechnungen nachzuvollziehen und bei der Analyse zu berücksichtigen. Wie bei Naturkatastrophen sind bei Terroranschlägen die jeweiligen Auswirkungen besser zu fassen als deren Häufigkeit pro Jahr zu prognostizieren.

Glücklicherweise sind nicht alle Risikoquantifizierungen im Unternehmensalltag derart schwierig und komplex. Es geht auch einfacher: Eine zwar recht grobe, aber in aller Regel trotzdem erkenntnisreiche Methode ist die ordinale, also durch eine Rangfolge bestimmte Einschätzung der Bedeutung von Risiken. Mit der so genannten Probability Severity Matrix werden die Eintrittswahrscheinlichkeit von Risiken und die damit verbundenen Schäden grob geschätzt, sodass ein grober Überblick über die Gefahren entsteht. Anhand dieser Matrix, die auch als „Risikolandkarte" bezeichnet wird, können die Risiken in eine Rangfolge gebracht werden. Es ist klar, dass Risiken mit hoher Eintrittswahrscheinlichkeit und sehr negativen Auswirkungen auf das Unternehmen die meiste Aufmerksamkeit des Managements erhalten sollten.

3. Die Grundlagen für Entscheidungen

Auch kardinale, also zahlenmäßig quantifizierte Einschätzungen einzelner Risiken sind bereits seit geraumer Zeit verbreitet:

- Für die Bewertung der Auswirkungen von Zinsentwicklung werden beispielsweise zur ersten Näherung der Basis Point Value (BPV) oder Zins-Szenarios herangezogen.

- Das Aktienkursrisiko wird oft durch das so genannte Beta, welches das systematische Risiko einer Investition misst, quantifiziert.

- Für die Risiken aus einem Immobilienportfolio werden Szenarios der Mietzinsentwicklung definiert.

- Beim Kreditrisiko von Forderungsbeständen werden Wahrscheinlichkeiten für Ausfälle oder Bonitätsverschlechterungen der Forderungen und deren Schwankung berechnet.

Um die Ergebnisse dieser Modelle und Kennzahlen richtig interpretieren zu können, sind viel Know-how und Erfahrung nötig, denn sie beruhen oft auf individuell-intuitiv bestimmten Szenarios. Auch ist es oft nicht möglich, individuelle Risikomessergebnisse miteinander zu vergleichen, weil sie nicht auf konsistenten Annahmen beruhen. Zudem müssen bei der Aggregation auf Gesamtunternehmensebene zwischen den einzelnen Risiken Portfolioeffekte (Diversifikationseffekte) berücksichtigt werden. Daher bedarf es für die Berechnung der verschiedenen Einzelrisiken und auch für die Aggregation des Gesamtrisikos ausgereifter Modelle.

Zu den Verfahren, die sich dabei in den letzten Jahren als Marktstandard durchsetzen konnten, gehören das bereits erwähnte Value-at-Risk-(VaR)-Konzept, das häufig bei Banken und Finanzdienstleistern eingesetzt wird, und das Cash-Flow-at-Risk-(CFaR)- oder Earnings-at-Risk-(EaR)-Konzept, das für

3.2 Wer Risiken messen will, braucht geeignete Modelle

die Anwendung in Dienstleistungs-, Handels- und Industrieunternehmen entwickelt wurde. Bei diesen Konzepten steht das Ziel im Vordergrund, eine Risikomessgröße zu erhalten, die möglichst universell einsetzbar, objektiv, nachvollziehbar und interpretierbar, idealerweise gut in der Praxis anwendbar und leicht umsetzbar ist und die einen Vergleich mit von eintretenden Risiken betroffenen Ergebnis- oder Kapitalgrößen erlaubt.

Die damit vordergründig reflektierte Verbindung zur wertorientierten Unternehmenssteuerung ist durchaus gewollt, indessen aus konzeptioneller Sicht nicht einfach. Denn eine Beziehung zwischen Beta-Faktoren, auf denen das Konzept der Wertorientierung aufbaut, und Value at Risk bzw. Cash Flow at Risk ist problematisch, da dazu z. B. Annahmen über die Wahrscheinlichkeitsverteilung der Risikofaktoren oder die Relevanz von systematischen und unsystematischen Risiken getroffen werden müssen.

Im Bereich von Aktienrisiken hat sich das Beta als gängige Kennzahl für das systematische Risiko einer Aktieninvestition, gerade auch in Verbindung mit einer wertorientierten Steuerung, etabliert. Dieses Maß erfasst (nur) die systematische Risikokomponente, d. h. den Teil des Aktienrisikos, der durch das allgemeine Marktrisiko, dem alle Investitionen zu einem gewissen Grad unterliegen, hervorgerufen wird. Darüber hinaus ist mit Investitionen und mit Aktien bzw. jedem Unternehmen ein individuelles Risiko verbunden, das unabhängig vom allgemeinen Marktrisiko ist. Eine Beschränkung auf das systematische Risiko ist in diesem Zusammenhang für einen Kapitalmarktinvestor, der in seinem gut diversifizierten Portfolio nur geringe Anteile an einzelnen Unternehmen hält, hinreichend, da sich die zufälligen individuellen Risikokomponenten in der Gesamtbetrachtung des Portfolios neutralisieren (sollten). Aus der Perspektive des Risikomanagers in einem einzelnen Unternehmen, die auch in diesem Buch eingenommen wird, können die unternehmensspezifischen, unsystematischen Risiken jedoch sehr wohl rele-

3. Die Grundlagen für Entscheidungen

vant sein: Ergebnis- und Vermögensverluste oder Insolvenzen sind in der Praxis aus Sicht des Unternehmens gleich schmerzhaft, egal ob sie durch systematische oder unsystematische Risiken entstehen.

Zu diesem Zweck lässt sich die Value-at-Risk-Methodik heranziehen. Zusätzlich zeigten Ergebnisse der wirtschaftswissenschaftlichen Forschung beispielsweise im Bereich der Konkurskosten bereits in den 70er Jahren, dass selbst für einen Kapitalmarktinvestor unter bestimmten Umständen unternehmensspezifische Risiken von Relevanz sind[1]. Auch lässt sich in der Praxis ein Beta für Einzelinvestitionen oft nur schwer oder gar nicht bestimmen.

Sicherlich ließen sich an dieser Stelle noch eine Reihe weiterer Konzepte zur Risikomessung nennen und vor allem hinsichtlich ihrer theoretischen Vor- und Nachteile gegenüber dem Value-at-Risk- und dem Cash-Flow-at-Risk-Ansatz diskutieren. Zielsetzung dieses Buches ist es jedoch, in der Unternehmensrealität angewandte und sich als Marktstandard herauskristallisierende Konzepte vorzustellen, zumal darin etliche Gedanken aus der Theorie der Risikomessung in sich vereint sind. „Risikofrei" sind sie jedoch nicht. Auf Schwächen der Konzepte und Ansätze zu deren Behebung wird daher in Kapitel 3.2.4.3 eingegangen.

---

[1] Nevins D. Baxter: „Leverage, Risk of Ruin and the Cost of Capital" im *Journal of Finance*, Vol. 22, 1967, S. 395 – 404, Joseph E. Stiglitz: „Some Aspects of the Pure Theory of Corporate Finance: Bankruptcies and Takeovers" im *Bell Journal of Economics and Management Science*, Vol. 3, 1972, S. 458–482 und Alan Kraus und Robert H. Litzenberger: „A State-Preference Model of Optimal Financial Leverage" im *Journal of Finance*, Vol. 28, 1973, S. 911–922.

3.2.4 Das Value-at-Risk-Konzept hat sich (nicht nur) bei Finanzdienstleistern durchgesetzt

Zwei amerikanische Banken, JPMorgan und Bankers Trust, entwickelten in den 80er Jahren das Value-at-Risk-Konzept aus Modellen, die sie zur Messung von Marktrisiken in ihrem Eigenhandel mit z.B. Aktien, Zinsen oder Währungen einsetzten.

Bankers Trust hatte schon Anfang der 80er Jahre zur internen Steuerung risikoadjustierte Ergebnismessungen unter der Bezeichnung RAROC (Risk-adjusted Return on Capital) entwickelt. Grundidee ist die Verbindung von Ergebnis und Risiko zu einer einzigen Größe. Zudem erlaubt das System die Risikomessung auch unter Berücksichtigung von Volatilitätsprognosen.

JPMorgan, mittlerweile abgelöst durch die RiskMetrics Group, machte 1994 im Internet das so genannte RiskMetrics-Verfahren als ein Value-at-Risk-Konzept öffentlich verfügbar. RiskMetrics lässt sich zur Messung der Risiken einer Vielzahl von Finanzinstrumenten einsetzen. Beruhend auf der Varianz-Kovarianz-Methode und Monte-Carlo-Simulationen quantifiziert dieses Verfahren das Value at Risk eines Portfolios von Finanzinstrumenten. Mit der Veröffentlichung setzte JPMorgan einen Industriestandard und positionierte sich als führende Bank im Risikomanagement.

Inzwischen findet das Value-at-Risk-Konzept nicht nur bei Finanzinstituten weltweit Anerkennung. Verschiedene Gremien fordern einhellig den Aufbau von Systemen zur Risikomessung auf der Basis des Value-at-Risk-Konzepts. Die Group of Thirty (G30), eine Gruppe führender Bankpraktiker und Wirtschaftswissenschaftler der Industrienationen, konkretisiert die Anforderungen, die an die Risikomessung gestellt werden, in 20 Empfehlungen an Marktteilnehmer, aber auch an Aufsichtsbehörden. Explizit fordern die Experten hier die Verwendung von Value at Risk als Risikomaß, da es gegenwärtig und in der näheren Zu-

3. Die Grundlagen für Entscheidungen

kunft das am besten geeignete Konzept für Risikomessung, Analyse, Berichterstattung und Kontrolle darstelle.

Nationale Bankaufsichtsbehörden akzeptieren im Bereich der Marktrisikomessung bankinterne Modelle zur Bestimmung der Eigenkapitalanforderungen in der Regel auf Basis des Value-at-Risk-Konzepts. Mit der Zulassung dieser internen Risikomessmodelle der Banken zeigt sich, dass sich Value at Risk auch bei den Aufsichtsbehörden als Referenzmodell für eine moderne Risikoquantifizierung etabliert hat.

Mithilfe des Value-at-Risk-Konzepts lassen sich Risiken in vielen Dimensionen gut messen. Herzstück des Konzeptes ist die Verbindung von Sensitivitätsanalysen mit einer Wahrscheinlichkeitsverteilung.

> Value at Risk ist, vereinfacht formuliert, die in Währungseinheiten ausgedrückte maximale (ungünstige) Abweichung des tatsächlichen Werts einer Position von ihrem erwarteten Wert innerhalb eines definierten Zeitraums und innerhalb eines festzulegenden Sicherheits- oder Konfidenzniveaus.

3.2.4.1 Messung von Einzelrisiken mit Value at Risk
Anhand von Abbildung 3.9 lassen sich die grundlegenden Schritte zur Bestimmung eines Value-at-Risk-Werts am Beispiel einer Aktie nachvollziehen: Zunächst wird die Kursentwicklung der Aktie über einen festzulegenden Zeitraum erhoben. Im zweiten Schritt werden aus dem Kursverlauf die prozentualen, z. B. täglichen oder monatlichen, Kursveränderungen (Renditen) für den festgelegten Schätzzeitraum bestimmt. Diese lassen im dritten Schritt die Bestimmung einer Wahrscheinlichkeitsverteilung für die tägliche oder monatliche bzw. jährliche Wertentwicklung zu, charakterisiert durch Erwartungswert und Stan-

3.2 Wer Risiken messen will, braucht geeignete Modelle

Abb. 3.9: Value at Risk misst den maximalen Verlust innerhalb des Konfidenzintervalls

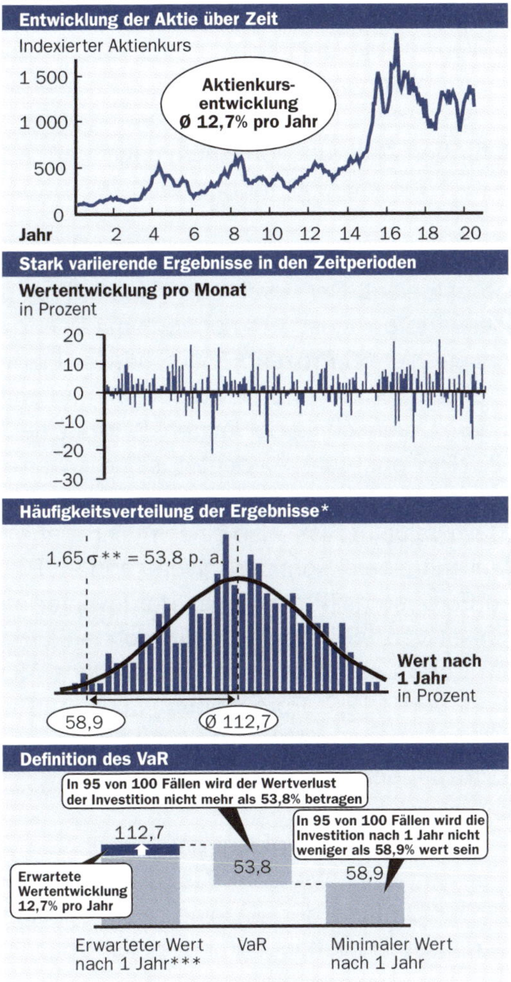

Entwicklung der Aktie über Zeit
Indexierter Aktienkurs

Aktienkursentwicklung Ø 12,7% pro Jahr

Stark variierende Ergebnisse in den Zeitperioden
Wertentwicklung pro Monat in Prozent

Häufigkeitsverteilung der Ergebnisse*

$1,65\,\sigma^{**} = 53,8$ p. a.

Wert nach 1 Jahr in Prozent

58,9   Ø 112,7

Definition des VaR

In 95 von 100 Fällen wird der Wertverlust der Investition nicht mehr als 53,8% betragen

In 95 von 100 Fällen wird die Investition nach 1 Jahr nicht weniger als 58,9% wert sein

112,7   53,8   58,9

Erwartete Wertentwicklung 12,7% pro Jahr

Erwarteter Wert nach 1 Jahr***   VaR   Minimaler Wert nach 1 Jahr

* Annahme: Unabhängigkeit der Monatsrenditen über Zeit
** 1,65 Standardabweichungen (als statistisches Volatilitätsmaß) entsprechen einem Konfidenzniveau von 95% bei unterstellter Normalverteilung
*** Inklusive erwartete Wertentwicklung von 12,7% in diesem Jahr
Quelle: McKinsey, Datastream

dardabweichung, die mithilfe bestimmter Annahmen in beliebige Zeiträume, z. B. für ein Jahr, überführt werden kann. Nach Festlegung des angestrebten Sicherheitsniveaus lässt sich der Value-at-Risk-Wert für die Beispielaktie aus Tabellen ablesen. Der vierte Teil der Abbildung 3.9 zeigt den Zusammenhang zwischen den Größen „erwarteter Wert der Aktie nach einem Jahr", „Value at Risk für den Zeitraum von einem Jahr" und „Mindestwert der Aktie nach einem Jahr" für das festgelegte Konfidenzniveau.

In Abbildung 3.9 wurde das Konfidenzniveau beispielsweise mit 95 Prozent festgelegt. Der durch das Value at Risk gemessene maximal erwartete Verlust wird nur noch mit einer geringen Wahrscheinlichkeit (hier 50 Prozent) überschritten. Ein Investor hat zum Beispiel eine Aktie für 100 Euro gekauft und erwartet – basierend auf dem Durchschnitt der letzten Jahre – eine Jahresrendite von 12,7 Prozent – dies bedeutet, seine erwartete Vermögensposition nach Ablauf eines Jahres ist 112,7 Euro. Berechnet er nun ein Value at Risk, also einen maximalen Wertverlust, für ein Jahr mit einem Konfidenzniveau von 95 Prozent in Höhe von 53,8 Euro, so heißt dies, dass der Investor mit einer Wahrscheinlichkeit von 95 Prozent damit rechnen kann, dass seine Aktie am Ende des Jahres noch mindestens 58,9 Euro (erwarteter Wert von 112,7 Euro minus Value at Risk von 53,8 Euro) wert ist. Ein größerer Verlust als 53,8 Euro wird nur in weniger als 5 Prozent der Fälle auftreten.

Die Beispielrechnung zeigt vereinfacht das Prinzip von Value at Risk. So weit, so gut. Doch wie geht das genau? Was sind die Stolpersteine? Der Umfang der einzelnen Risiken, denen ein Unternehmen ausgesetzt ist, hängt grundsätzlich von folgenden Faktoren ab:

■ von der *Risikoposition*, resultierend aus Vermögensposition oder Verbindlichkeit, deren Wert Schwankungen ausgesetzt ist,

3.2 Wer Risiken messen will, braucht geeignete Modelle

- vom *Risikofaktor*, denn der Wert der Risikoposition ist wiederum abhängig davon, welche Größe überhaupt den Wert der Risikoposition beeinflusst,

- von der *Bewertungsfunktion*, die beschreibt, welchen Einfluss ein bestimmter Wert des Risikofaktors auf die Risikoposition hat,

- sowie von der *Volatilität*: Sie beschreibt komprimiert die *Wahrscheinlichkeitsverteilung,* mit der Schwankungen des Risikofaktors zu erwarten sind.

Dies lässt sich an einem Beispiel verdeutlichen: Weil Markt- und Kreditrisiken mit Value at Risk vergleichsweise gut messbar sind, setzen auch Unternehmen außerhalb des Finanzsektors gern diese Methode ein. In dem folgenden fiktiven Fall geht es um einen deutschen Maschinenbauer, der den größten Teil seiner Produkte außerhalb des Euroraums absetzt und dessen Bestand an Fremdwährungsforderungen aus Umsätzen mit diesen Kunden besteht. Der folgende Abschnitt beschreibt nun beispielhaft, wie das Risiko aus den Fremdwährungsforderungen Schritt für Schritt bestimmt werden kann und dient gleichzeitig auch als Muster für das Vorgehen bei der Bewertung anderer Risiken.

Die Risikoposition

Der Bestand an Fremdwährungsforderungen unterliegt auf Grund von Wechselkursschwankungen einem Marktrisiko. Diese kompensieren sich im Beispiel nicht mit anderen Zahlungsströmen, da Verbindlichkeiten und Aufwendungen für die Herstellung der Produkte in Euro bestehen. Der Bestand an Fremdwährungsforderungen stellt somit die betrachtete *Risikoposition* dar. Zusätzlich existiert natürlich ein Kreditrisiko bezüglich der Forderungen an Kunden, welches an dieser Stelle nicht weiter betrachtet werden soll.

3. Die Grundlagen für Entscheidungen

In der Praxis ergeben sich immer wieder Fragen nach der „richtigen" Bewertung von Risikopositionen: Zur Auswahl stehen Nominalwerte, Marktwerte, Barwerte, Netto- oder Bruttoforderungen, Blankoanteile bei Krediten etc. Handelt es sich um den Nominalwert der Fremdwährungsforderungen in Fremdwährung, um den zum gegenwärtigen Wechselkurs umgerechneten Nominalwert oder um den zum Forward-Kurs umgerechneten, abgezinsten Wert der Forderungen? Grundsätzlich bewerten Praktiker die Risikopositionen möglichst zu aktuellen Marktwerten (Mark to Market). Stehen diese nicht zur Verfügung, ermitteln Bewertungsmodelle, etwa Barwert- oder Optionspreismodelle, möglichst marktnahe Werte (Mark to Model). Zur Reduzierung der Komplexität und zur möglichst exakten Zuordnung von Risikofaktoren auf ihre zugehörigen Volumengrößen werden die Risikopositionen in der Regel in ihre Cashflow-Komponenten zerlegt (Mapping). Das bedeutet in diesem Beispiel im Prinzip eine simple Liste der erwarteten einzelnen Zahlungen in Fremdwährungseinheiten und der erwarteten Zahlungszeitpunkte. In der Praxis wird die Risikoposition durch Saldierung von z. B. US-Dollar-Forderungen und US-Dollar-Verbindlichkeiten zu bestimmten Zeitpunkten, z. B. heute, Ende des Monats, Ende des Jahres etc. gebildet.

Der Risikofaktor

Ein *Risikofaktor*, der auf den Wert der Fremdwährungsforderungen des Maschinenbauers einwirkt, ist der Wechselkurs, der zum erwarteten Umtausch- bzw. Fälligkeitszeitpunkt der erhaltenen Zahlung gilt. Dieser zukünftige Wechselkurs ist unsicher. Schwankungen des Wechselkurses, dargestellt als Renditen der Wechselkursposition, z. B. pro Tag, pro Monat, haben, da die Aufwendungen des Maschinenbauers hauptsächlich in Euro entstehen, auf seine Rentabilität wesentliche und durch das Unternehmen unmittelbar nicht beeinflussbare Auswirkungen.

Die Bewertungsfunktion

Bewertungsmodelle stellen den Zusammenhang zwischen dem Wert der betrachteten Position und der konkreten Ausprägung der Risikofaktoren her. Die *Bewertungsfunktion* ist für das Beispiel der Fremdwährungsforderung des Maschinenbauers relativ einfach: Die Wertveränderung der Forderung ergibt sich unmittelbar aus der Multiplikation des Werts der Forderung (*Risikoposition*) mit der Veränderung des Wechselkurses (*Risikofaktor*). In anderen Fällen ist die Bewertungsfunktion deutlich komplexer, z. B. bei Optionen (nichtlineare Bewertungsfunktion) oder bei Reputationsrisiken, wo die Bewertungsfunktion unklar ist.

Die Wahrscheinlichkeitsverteilung und die Volatilität

Zwar ergibt sich aus makroökonomischen Daten wie Zinssätzen und Preisindizes ein bestimmter Erwartungswert für den zukünftigen Wechselkurs. Aber der tatsächliche Wechselkurs weicht regelmäßig von diesem Erwartungswert ab. Wie lassen sich nun die Eintrittswahrscheinlichkeiten für bestimmte Wechselkursszenarios quantifizieren? Praktiker wenden hauptsächlich drei Verfahren zur Bestimmung der Wahrscheinlichkeitsverteilung für Risiken an, die sie miteinander kombinieren:

- die Extrapolation der Risiken auf Basis historischer Ex-post-Beobachtungen,

- die Ableitung als Ex-ante-Größen aus beobachtbaren Marktdaten, etwa über implizite Volatilitäten in Optionspreisen,

- sowie die subjektive Einschätzung der zukünftigen Risiken auf Basis von Annahmen und Schätzungen.

3. Die Grundlagen für Entscheidungen

Können statistische Aussagen über die *Wahrscheinlichkeitsverteilung* der Risikofaktorveränderungen getroffen werden, so lässt sich gewöhnlich auch die Volatilität, die Standardabweichung der Risikofaktorveränderungen, bestimmen. In unserem Fall ist das die Volatilität der Wechselkursänderungen. Diese wird bei Marktrisiken gewöhnlich aus historischen Marktpreisdaten geschätzt. Zu bestimmen ist, welcher Zeitraum der historischen Wechselkursvolatilitäten repräsentativ ist und einer Risikomessung zu Grunde gelegt werden kann, da sich die Volatilitäten über die Zeit auch verändern. Eine häufiger gewählte Methode ist, kürzer zurückliegende Beobachtungen stärker als zeitlich weiter zurückliegende zu gewichten. Ist nun die Volatilität des Wechselkurses entsprechend bestimmt, so lässt sich unter Kenntnis der Wahrscheinlichkeitsverteilung – im Falle von Marktrisiken wird meist vereinfachend die (Log-)Normalverteilung unterstellt – eine Aussage darüber machen, welche Werte des Wechselkurses mit vorgegebenen Wahrscheinlichkeiten über einen bestimmten Zeitraum nicht unter- oder überschritten werden.

Bis zur endgültigen Bestimmung des Value at Risk selbst bleiben noch einige Schritte:

Zunächst muss der Betrachtungszeitraum für die Risikomessung festgelegt werden. Dieser kann sich sowohl am Planungshorizont orientieren als auch an der Reaktionsfähigkeit des Unternehmens, die Positionen nach einer entsprechenden Entscheidung zu liquidieren oder durch Eingehen einer Gegenposition am Markt auszugleichen und das darin enthaltene Risiko zu neutralisieren.

Hat der Risikomanager des Maschinenbauers nun eine Entscheidung über den Zeithorizont der Risikobetrachtung und darüber hinaus über das Konfidenzniveau getroffen und verfügt er über eine geeignete Volatilitätsschätzung für die Wechselkurse, so kann er analog zum Aktienkursbeispiel in Abbildung 3.9 jeweils auch für seine Fremdwährungsforderungen das Value at Risk bestimmen.

3.2.4.2. Aggregation von Risiken mit Value at Risk

Hat das Unternehmen nun die Risiken im Forderungsbestand gemessen, muss es auch die anderen Risikopositionen und Risikofaktoren, denen es ausgesetzt ist, berücksichtigen und aggregieren. So sind unter Umständen die Verträge mit den Lieferanten Erfüllungs- oder Preisrisiken ausgesetzt, der Wertpapierbestand des Unternehmens unterliegt dem Zins- und Aktienkursrisiko, das Unternehmen ist abhängig von schwankenden Rohstoffpreisen, bei Herstellung und Transport der Maschinen muss das operationelle Risiko einkalkuliert werden und für das Gesamtunternehmen besteht ein Technologie- sowie ein Reputationsrisiko, um nur einige Beispiele zu nennen. Diese Risiken stehen häufig in einer Wechselbeziehung. So haben steigende Rohstoffpreise oft sinkende Aktienkurse zur Folge; diese beiden Risiken wirken also bei dem Maschinenbauer kumulativ. Die Zusammenhänge zwischen den einzelnen Risiken werden bei der Aggregation durch die Berücksichtigung von Korrelationen zwischen den Risikofaktoren berücksichtigt, deren Quantifizierung mindestens so herausfordernd ist wie die der Volatilität.

Denn für Risikomanager ergibt eins plus eins nicht unbedingt zwei: Kombinieren sie zwei individuell risikobehaftete Positionen miteinander in einem Portfolio, so ergibt sich das Gesamtrisiko des Portfolios nur dann als Addition der beiden Einzelrisiken, wenn der Korrelationskoeffizient – das Maß für die Abhängigkeit der Veränderung zweier Variablen – genau eins ist, sich die beiden Risiken also gleichläufig verhalten. Bei einem Korrelationskoeffizienten kleiner eins ergeben sich durch Zusammenführung zweier risikobehafteter Positionen auf Portfolioebene gegenüber der einfachen Addition der Einzelrisiken risikomindernde Diversifikationseffekte. Eine Korrelation zwischen null und eins bedeutet, dass sich zwei Risikofaktoren nur teilweise parallel bewegen, eine negative Korrelation ist Ausdruck einer entgegengesetzten Bewegung, ein Risiko hebt das andere teilweise oder gar ganz (Korrelation minus eins) auf.

3. Die Grundlagen für Entscheidungen

Die Risikoaggregation lässt sich am Beispiel der Insolvenzquoten verschiedener Branchen in Deutschland veranschaulichen. Diese Insolvenzquoten schwanken im Zeitverlauf, aber dies geschieht nicht für alle betrachteten Industriezweige im Gleichklang. Die Insolvenzquoten bewegen sich nicht immer zur gleichen Zeit in die gleiche Richtung, obwohl die Zusammenhänge durch die allgemeine Konjunkturabhängigkeit vergleichsweise eng sind.

Die Korrelationsmatrix zeigt durch den jeweiligen Korrelationskoeffizienten, inwieweit die Insolvenzquoten zweier Bran-

Abb. 3.10: Korrelationen in den Insolvenzquoten zwischen Branchen

KORRELATIONSMATRIX	Branche	Verarbeitendes Gewerbe	Baugewerbe	Handel und Instandhaltung	Verkehr und Nachrichten	Kredit- und Versicherungswesen	Land- und Forstwirtschaft, Fischerei	Energie, Wasser, Bergbau
Branche		1	2	3	4	5	6	7
Verarbeitendes Gewerbe	1	1,00	0,86	0,94	0,89	0,73	0,71	0,67
Baugewerbe	2		1,00	0,97	0,91	0,94	0,94	0,90
Handel und Instandhaltung	3			1,00	0,94	0,86	0,87	0,84
Verkehr und Nachrichten	4				1,00	0,84	0,74	0,76
Kredit- und Versicherungswesen	5					1,00	0,90	0,85
Land- und Forstwirtschaft, Fischerei	6						1,00	0,86
Energie, Wasser, Bergbau	7							1,00

Quelle: Berechnungen basieren auf Werten des Statistischen Bundesamts für 1991 bis 2000

3.2 Wer Risiken messen will, braucht geeignete Modelle

chen ähnliche oder voneinander unabhängige Entwicklungen aufweisen (Abbildung 3.10). Die Risikoreduzierung im Gesamtkreditportfolio (Diversifikationsvorteil) ist umso größer, je kleiner die Korrelation zwischen den Branchen ist. Ähnliche Effekte wie zwischen Industriezweigen sind auch zwischen Regionen oder Ländern zu beobachten.

Daneben sind Risikokonzentrationen oder Großrisiken – so genannte Klumpenrisiken – zu betrachten. Eine Bank diversifiziert nicht nur durch Kredite an verschiedene Industriezweige, sondern auch, indem anstelle eines großen viele kleine Kredite vergeben werden. Es ist eben ein Unterschied, ob ein einzelner Großkredit von einer Milliarde Euro aussteht oder 100 000 Kredite an verschiedene Kreditnehmer mit durchschnittlich je 10 000 Euro, auch wenn jeder Kreditnehmer dieselbe Bonität aufweist und damit individuell dieselbe erwartete Ausfallwahrscheinlichkeit hat. Schon gesetzlich ist daher bei Banken eine Höchstgrenze für das Volumen von Einzelkrediten in Abhängigkeit des verfügbaren Eigenkapitals festgelegt.

Abbildung 3.11 illustriert den Effekt von Diversifikation auf Branchen-, Regionen- und Größenkonzentrationen: Ein hinsichtlich Gesamtvolumen und Bonitätseinstufung gleiches Forderungsportfolio einer Bank hat bei entsprechender Berücksichtigung von Diversifikationseffekten ein im Beispielfall um rund ein Viertel geringeres Risiko.

Ein Gegenbeispiel lieferten einige Banken, als sie in den 90er Jahren reihenweise Immobilien-Großprojekte in den neuen Bundesländern finanzierten: Hohe Einzelrisiken, alle in Immobilien und in der gleichen Region – im deutschen Osten – machten Milliarden-Abschreibungen notwendig, als die Konjunktur einbrach.

Eine teils noch dramatischere Situation zeigt sich bei anderen Unternehmen, zum Beispiel wenn sie sich auf einen einzigen großen Lieferanten, einen einzigen großen Kunden oder auf ein einzelnes Produkt konzentrieren. Fällt der alleinige Lieferant aus, zum Beispiel durch einen Streik, einen Unfall oder nur, weil er

3. Die Grundlagen für Entscheidungen

Abb. 3.11: Risikoreduktion durch Diversifikation möglich – Beispiel einer Bank
in Prozent des Value at Risk*

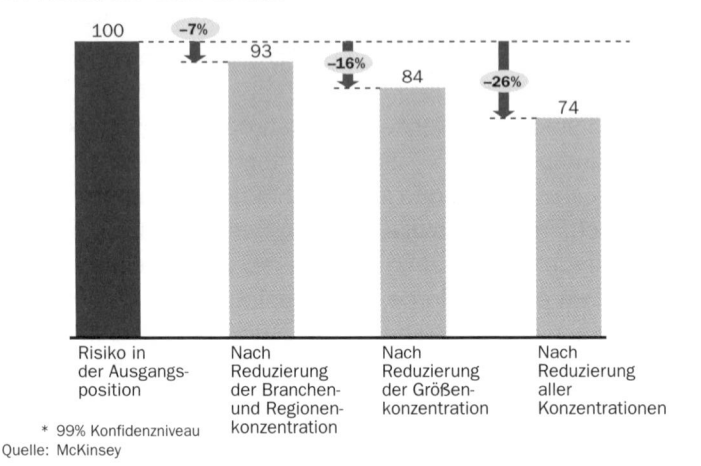

100	93	84	74
−7%	−16%	−26%	

Risiko in der Ausgangsposition | Nach Reduzierung der Branchen- und Regionenkonzentration | Nach Reduzierung der Größenkonzentration | Nach Reduzierung aller Konzentrationen

* 99% Konfidenzniveau
Quelle: McKinsey

die Lieferungen unterbricht, um höhere Preise durchzusetzen, oder verliert das Unternehmen den Kunden, oder gibt es auf einmal ein Produkt, das besser oder billiger ist, oder eines, das den aktuellen Geschmack der Kunden besser trifft, so können Unternehmen durch Risikokonzentrationen in existenzbedrohende Schwierigkeiten geraten.

3.2.4.3 Bei der Value-at-Risk-Berechnung kann es zu Umsetzungsschwierigkeiten kommen
Value at Risk hat sich in der Praxis bei Finanzinstituten durchgesetzt und etabliert sich in zunehmendem Maße auch bei Unternehmen anderer Branchen als das am weitesten verbreitete Verfahren zur Risikomessung. Dennoch ist es nicht frei von Problemen, die an dieser Stelle erwähnt werden sollen. Es bedarf daher der Einsicht (siehe Kapitel 2, Interview mit Dr. Fischer), dass nicht alles eindeutig zu quantifizieren ist. Gleichzei-

3.2 Wer Risiken messen will, braucht geeignete Modelle

tig ist die Risikoquantifizierung zu ergänzen, etwa um Stresstests und Worst-Case-Szenarios.

Die Quantifizierung von Risiken ist nur dann relativ einfach, wenn es ausreichende Datenmengen gibt, etwa in Form einer lückenlosen Datenhistorie. Dies ist jedoch nur bei wenigen Risikofaktoren der Fall. Um fehlende Daten zu kompensieren, werden gelegentlich unternehmensinterne Daten mit Wettbewerberdaten gepoolt – zuweilen über neutrale Dritte. Teilweise sammeln auch Verbände diese Daten und tauschen diese dann unter den teilnehmenden Unternehmen aus.

Das Value-at-Risk-Konzept wurde ursprünglich für die Messung von Marktpreisrisiken entwickelt. Hier ließen sich vergleichsweise unproblematisch vereinfachende Annahmen treffen, und es standen die zur Parametrisierung erforderlichen Daten zur Verfügung. Indessen existiert auch bei Marktpreisrisiken – wie etwa das Desaster bei LTCM zeigt – die Gefahr der möglichen Unterschätzung des Risikos extremer Ausschläge. Bei LTCM wurde das Ausmaß der Korrelation unterschiedlicher Märkte untereinander in Krisenphasen unterschätzt. Zusätzlich besteht unter der Normalverteilungsannahme die Gefahr der Unterschätzung der Häufigkeit extremer Ausschläge in einzelnen Märkte, was als Fat-Tail-Problematik bekannt ist.

Bei der Übertragung des Value-at-Risk-Konzepts auf Kreditrisiken gelten einige andere Besonderheiten. Bankkredite, aber insbesondere auch Forderungen von Unternehmen gegenüber ihren Kunden, etwa aus Lieferungen und Leistungen, sind im Gegensatz zu Marktrisiken unterliegenden Positionen weitaus weniger standardisiert. Nominalwerte, Laufzeiten, Tilgungsmodalitäten differieren individuell, diese Forderungen werden kaum auf effizienten Märkten gehandelt. Eine schnelle Liquidation der Positionen ist damit so gut wie unmöglich.

Der Horizont für die Risikoberechnung orientiert sich daher häufig an der Restlaufzeit der jeweiligen Position. Mangels empirischer Daten über Marktbewertungen dieser Risiken existie-

3. Die Grundlagen für Entscheidungen

ren wenig Anhaltspunkte für die Marktwert-, Volatilitäts- und Korrelationsabschätzung. Daher erweist sich die Bestimmung der zur Berechnung eines Kredit-Value-at-Risk notwendigen Einflussgrößen als schwierig. Die Risikomessung für Kreditportfolios muss darüber hinaus berücksichtigen, dass die Annahme der Normalverteilung für Wertveränderungen bedeutend problematischer ist als für Marktrisiken. Wertveränderungen von Kreditportfolios sind nicht normalverteilt. Dafür gibt es im Wesentlichen drei Gründe:

■ Erstens sind die Ausfallraten als Risikofaktoren des Kreditgeschäfts selbst bereits nicht normalverteilt, sondern folgen beispielsweise den Konjunkturzyklen.

■ Zweitens sind Gewinne auf die vertraglich fixierten Zahlungen begrenzt, die Wahrscheinlichkeiten für die vertragsgemäße Rückzahlung von Zins und Tilgung sind zwar relativ hoch, die Wahrscheinlichkeit für den Ausfall eines Kredits damit relativ gering, der Verlust ist in diesem Fall jedoch wiederum relativ hoch (asymmetrisches Chance-Risiko-Profil des Kreditgeschäfts).

■ Drittens sind die einzelnen Kredite im Hinblick auf ihre Größe sehr heterogen, so dass der Ausfall eines Großkredits erhebliche Auswirkungen auf die Verteilung der Portfoliowertveränderungen hat. Gerade dies ist jedoch für die Risikobewertung relevant.

McKinsey hat für die Quantifizierung von Kreditrisiken, etwa von Kreditportfolios von Banken oder dem Forderungsbestand von Unternehmen, das CreditPortfolioView-Modell entwickelt (Abbildung 3.12). Dieses einfach zu handhabende Modell kann Kreditrisiken nicht nur von handelbaren Anleihen und Bonds, sondern insbesondere auch aus illiquiden oder nicht handelbaren Krediten sowie von sonstigen Forderungsportfolios wie Kreditkarten- oder Leasingforderungen messen.

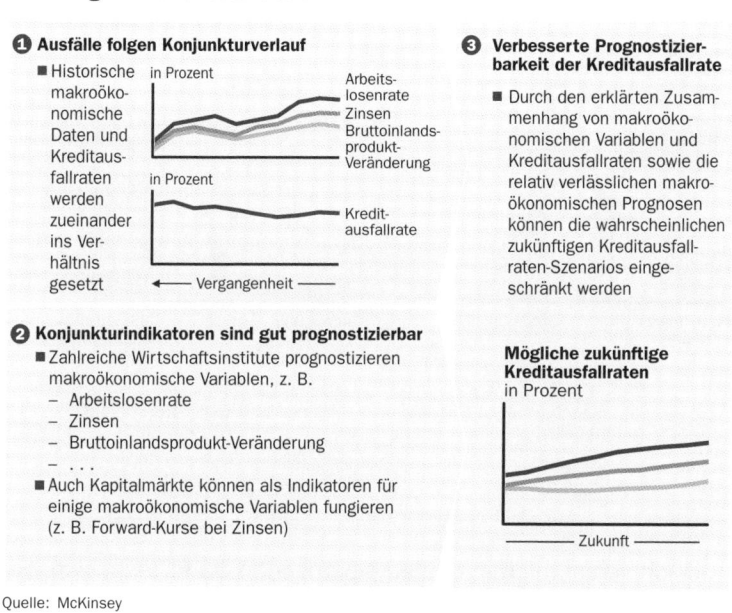

Abb. 3.12: CreditPortfolioView (CPV) simuliert zukünftige Kreditausfallraten

❶ Ausfälle folgen Konjunkturverlauf
- Historische makroökonomische Daten und Kreditausfallraten werden zueinander ins Verhältnis gesetzt

Kurven: Arbeitslosenrate, Zinsen, Bruttoinlandsprodukt-Veränderung, Kreditausfallrate (Vergangenheit, in Prozent)

❷ Konjunkturindikatoren sind gut prognostizierbar
- Zahlreiche Wirtschaftsinstitute prognostizieren makroökonomische Variablen, z. B.
  - Arbeitslosenrate
  - Zinsen
  - Bruttoinlandsprodukt-Veränderung
  - ...
- Auch Kapitalmärkte können als Indikatoren für einige makroökonomische Variablen fungieren (z. B. Forward-Kurse bei Zinsen)

❸ Verbesserte Prognostizierbarkeit der Kreditausfallrate
- Durch den erklärten Zusammenhang von makroökonomischen Variablen und Kreditausfallraten sowie die relativ verlässlichen makroökonomischen Prognosen können die wahrscheinlichen zukünftigen Kreditausfallraten-Szenarios eingeschränkt werden

Mögliche zukünftige Kreditausfallraten in Prozent (Zukunft)

Quelle: McKinsey

CreditPortfolioView modelliert dazu den Einfluss von Kreditausfällen und Bonitätsveränderungen auf den Wert eines Kreditportfolios. Dafür nutzt es viele Datenquellen, von den Aktienmärkten über makroökonomische Faktoren, wie Bruttosozialprodukt oder Arbeitslosigkeit, bis hin zu historischen Daten über Kreditausfälle. Das Modell basiert nicht nur (wie die meisten Standardansätze) auf historischen Kreditausfallraten, Ratingentwicklungen und Korrelationen, sondern kann auch prognostizierte makroökonomische Entwicklungen und ihre potenziellen Auswirkungen auf den Forderungsbestand zur Quantifizierung heranziehen. Gerade durch makroökonomische Prognosen können Szenarios über künftige Kreditausfallraten – z. B. konkret für das kommende Jahr – aufgestellt werden.

3. Die Grundlagen für Entscheidungen

Abb. 3.13: Value-at-Risk-Modelle können die tatsächliche Überschreitung nicht immer realistisch voraussehen – Beispiel einer Bank

Erwartete und tatsächliche Anzahl der Tage mit
Verlusten über dem kalkulierten Value at Risk
in Tagen

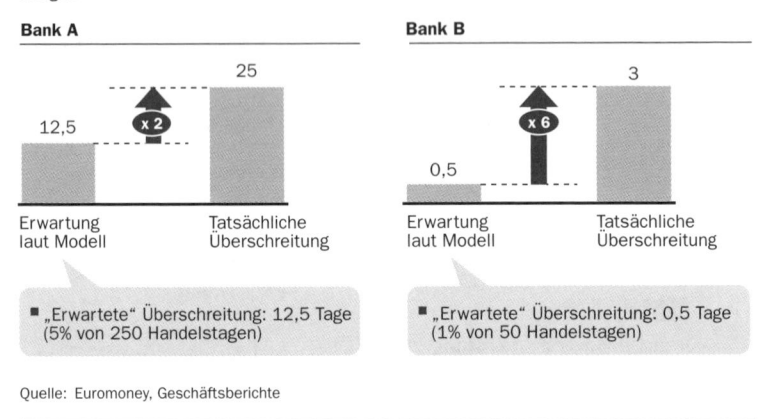

Bank A		Bank B	
Erwartung laut Modell: 12,5	Tatsächliche Überschreitung: 25 (x2)	Erwartung laut Modell: 0,5	Tatsächliche Überschreitung: 3 (x6)

- „Erwartete" Überschreitung: 12,5 Tage (5% von 250 Handelstagen)
- „Erwartete" Überschreitung: 0,5 Tage (1% von 50 Handelstagen)

Quelle: Euromoney, Geschäftsberichte

Doch selbst mit den besten historischen Daten lässt sich die Zukunft nicht mit Sicherheit vorhersagen. Denn keiner garantiert die Repräsentativität der Daten für die Zukunft.

Gerade die für Marktrisiken oft unterstellte Normalverteilung von risikoträchtigen Ereignissen führt dazu, dass die tatsächliche Wahrscheinlichkeit extremer Risikofaktorveränderungen (Fat Tails) systematisch unterschätzt wird. So hätten Krisensituationen wie der Börsencrash von 1987, die Probleme im europäischen Währungssystem 1992 oder die Krise am Rentenmarkt im Frühjahr 1994 unter der Annahme der Normalverteilung statistisch nur alle hundert Jahre einmal auftreten dürfen.

Abbildung 3.13 stellt eine Ende der 90er Jahre bei einigen Banken zu beobachtende Situation dar: Die durch die Value-at-Risk-Messung erwarteten Verluste hätten innerhalb des gewählten Konfidenzniveaus wesentlich seltener auftreten dürfen, als es schließlich in der Realität der Fall war.

3.2 Wer Risiken messen will, braucht geeignete Modelle

Extreme Risikofaktorveränderungen hatten hier die Value-at-Risk-Berechnung obsolet gemacht. Fazit: Man braucht also, wie erwähnt, ergänzende Analysen und Stresstests, die in Szenarios extreme Entwicklungen durchspielen. Anders als bei gewohnten Prognoseverfahren geht man dabei nicht von wahrscheinlichen Entwicklungen aus, sondern fragt, was passiert, wenn außergewöhnliche Ausschläge auftreten. Vor allem für besondere Stress-Szenarios wie Terroranschläge oder Kriege sind Wahrscheinlichkeiten in aller Regel nicht mehr sinnvoll und zuverlässig quantifizierbar. Hier steht die Modellierung der Auswirkungen im Rahmen von Worst-Case-Szenarios im Vordergrund.

Die Modellierung und das Durchspielen von Worst-Case-Szenarios ist darüber hinaus ein sinnvoller Ansatz, um einer anderen gängigen Kritik am Value-at-Risk-Ansatz zu begegnen: Durch die Festlegung eines Konfidenzniveaus werden alle Ereignisse ausgeblendet, die mit einer Wahrscheinlichkeit unterhalb der Konfidenzwahrscheinlichkeit eintreten. Solche möglicherweise extrem negativen Ausschläge, die nur mit einer sehr geringen Wahrscheinlichkeit eintreten, können für die Entscheider im Unternehmen dennoch von großer Bedeutung sein, so dass eine Nicht-Berücksichtigung gefährlich ist. Durch die explizite Modellierung dieser Extremereignisse in Form von Worst-Case-Szenarios kann man sich mit deren Auswirkungen und möglichen Gegenmaßnahmen vertraut machen, obwohl eine Standard-Value-at-Risk-Analyse sie ausblendet.

Als weiterer Lösungsansatz dieser Problematik wurde der Conditional Value at Risk entwickelt. Eine Ausprägung des Conditional Value at Risk misst den erwarteten Verlust für den Fall, dass der Value at Risk überschritten wird. Das Konzept scheint sich langsam in einigen Bereichen von Versicherungsunternehmen zu etablieren, hat aber derzeit noch nicht den Grad der praktischen Nutzung des Value-at-Risk-Konzepts erreicht.

Diese ergänzenden Betrachtungen verdeutlichen die hohe Relevanz von Value at Risk bei Geschäftsentscheidungen, aber auch dessen Beschränkungen. Es setzt sich jedoch in der Praxis bei Finanzinstituten und – mit Modifikationen – in zunehmendem Maße auch bei Unternehmen anderer Branchen als das am weitesten verbreitete Verfahren zur Risikomessung durch, da es trotz aller Ungenauigkeiten die strukturierte Auseinandersetzung mit den Unternehmensrisiken sowie mit potenziellen Management-Maßnahmen fördert. Gerade deswegen sollte man auch mit den damit unbestreitbar verbundenen Problemen vertraut sein.

3.2.5 Cash Flow at Risk als angemessenes Konzept für Nicht-Finanzdienstleister

Ein dem Value at Risk ähnliches Konzept ist der Cash Flow at Risk (CFaR). Dieses Konzept geht auf die Situation gerade des produzierenden Gewerbes besser ein. Value at Risk untersucht vor allem Risiken aus auflösbaren Positionen wie Wertpapierportfolios und Krediten. Die Anlageobjekte der Industrie dagegen, Fabriken, Patente und Maschinenparks, sind kaum oder nur sehr verlustreich zu liquidieren. Sie sind langfristige Investitionsobjekte, die über Jahre Einnahmen, also Cashflows, erzielen sollen. Cash Flow at Risk definiert deshalb die Schwankungen der zu erwartenden Zahlungsströme aus diesen Anlagen als Risiken.

> Unter dem CFaR ist – vereinfacht formuliert – die maximale Abweichung des Nettocashflows von seinem Erwartungswert innerhalb eines definierten Zeitraums und innerhalb eines festzulegenden Sicherheits- oder Konfidenzniveaus zu verstehen.

Der CFaR auf Portfolioebene erfasst dabei gleichzeitig den Einfluss mehrerer existierender Risiken in einem Unternehmen.

3.2 Wer Risiken messen will, braucht geeignete Modelle

Die einzelnen Schritte, die für die Analyse im Rahmen des CFaR-Verfahrens notwendig sind, entsprechen weitgehend denen der Value-at-Risk-Berechnung. Einige Eigenheiten sind jedoch zu berücksichtigen. Abbildung 3.14 zeigt schematisch ein Beispiel:

Abb. 3.14: Cash Flow at Risk zeigt den Einfluss der Risiken auf die künftigen Zahlungsströme

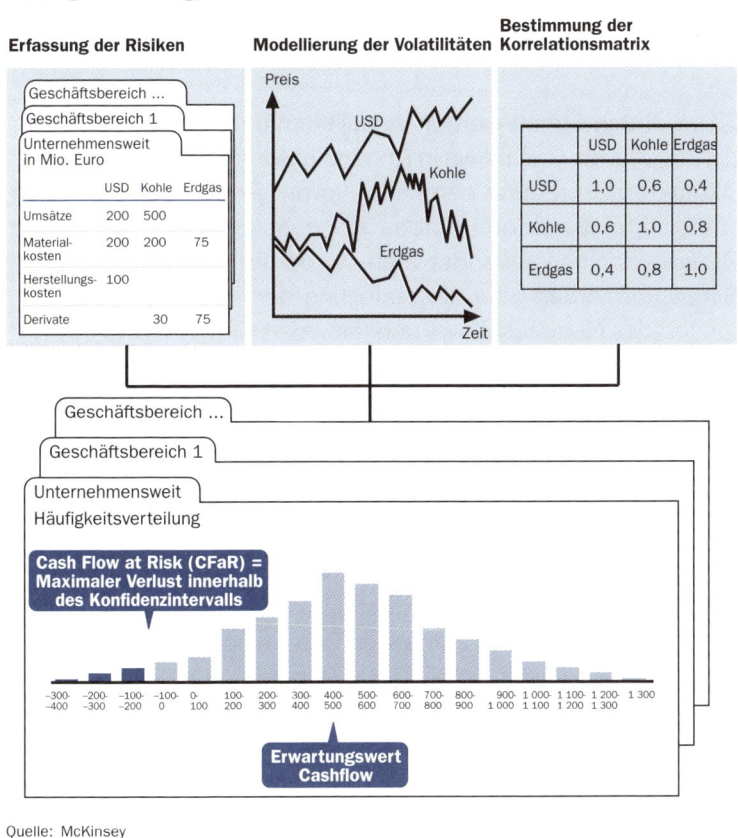

Erfassung der Risiken

Geschäftsbereich ...
Geschäftsbereich 1
Unternehmensweit
in Mio. Euro

	USD	Kohle	Erdgas
Umsätze	200	500	
Materialkosten	200	200	75
Herstellungskosten	100		
Derivate		30	75

Modellierung der Volatilitäten

Bestimmung der Korrelationsmatrix

	USD	Kohle	Erdgas
USD	1,0	0,6	0,4
Kohle	0,6	1,0	0,8
Erdgas	0,4	0,8	1,0

Geschäftsbereich ...
Geschäftsbereich 1
Unternehmensweit
Häufigkeitsverteilung

Cash Flow at Risk (CFaR) = Maximaler Verlust innerhalb des Konfidenzintervalls

Erwartungswert Cashflow

Quelle: McKinsey

3. Die Grundlagen für Entscheidungen

■ Im ersten Schritt werden auch hier die Risikopositionen erfasst. Alle risikobehafteten Cashflows erfasst (idealerweise pro Zeitpunkt) das so genannte Cashflow-Statement.

■ Im zweiten Schritt wird bestimmt, welche Risiken die Cashflows beeinflussen. Oft braucht jeder Geschäftsbereich ein separates Modell, um die individuellen Risikofaktoren abzubilden. Das können bei einem Stromerzeuger die Preise für Gas oder Kohle sein, die auf die Kosten oder die Cash-outs wirken, aber auch die Strompreise, die beim Verkauf erzielt werden und für die Cash-ins, also die Umsätze, relevant sind.

■ Im dritten Schritt werden Volatilitäten und Korrelationen modelliert und die Cashflows in Abhängigkeit von der jeweiligen Risikofaktorausprägung berechnet. In der Praxis geschieht dies immer öfter durch den Aufbau stochastischer Modelle für die Risikofaktoren. Verwendet man wiederum eine Monte-Carlo-Simulation, erhält man die Verteilung der möglichen Veränderungen des Nettocashflows und kann den CFaR mithilfe des angestrebten Sicherheitsniveaus bestimmen. Im Beispiel in Abbildung 3.14 ergibt sich, dass in fünf von hundert Fällen ein negativer Cashflow von mehr als hundert Millionen Euro jährlich zu erwarten ist.

Abseits der exakten Risikozahlen des in Abbildung 3.14 vorgestellten CFaR-Modells ergibt sich noch ein wichtiger Vorteil: Wenn man innerhalb des Modells die Parameter gezielt verändert, kristallisieren sich die wichtigsten Treiber des Risikos heraus, zeigen sich die relevantesten Determinanten für den Cashflow. So ergeben sich automatisch Prioritäten für das Risikomanagement.

Das CFaR-Maß wird vor allem von Unternehmen außerhalb des Finanzdienstleistungssektors angewandt. Vorreiter ist die Energiebranche – aus gutem Grund: Extrem hohe Fixkostenblöcke drängen das Management, frühzeitig zu simulieren, was die

3.2 Wer Risiken messen will, braucht geeignete Modelle

Abb. 3.15: EnergyPortfolioView (EPV™) ist ein weiteres Beispiel für Risikomessung

Input	EnergyPortfolioView (EPV™)	Output
Aufgliederung des Energieportfolios in einzelne Risikokomponenten	Stochastische Preis- und Stromlastprozesse modellieren	Risikoorientierte Bewertung
Modellpreis und erwartete nachgefragte Last	Bewertung der Risikokomponenten durchführen	Gesamtrisiko
	Risikokennzahlen und Risikokapitalbedarf ermitteln	Sensitivitäten
		Stresstests

Quelle: McKinsey

Zukunft bringt. Denn jede Kostenanpassung braucht eine lange Vorlaufzeit.

McKinsey hat für die Branche das Simulationsprogramm EnergyPortfolioView (EPV) entwickelt. Es dient der Quantifizierung von Commodity-Preisrisiken. Diesen Risiken sind Energieversorger auf Grund ihrer Brennstoff- und Strompositionen in besonderem Maße ausgesetzt, was die Frage nahe legt: Was passiert, wenn die Preise sich bewegen?

Abbildung 3.15 zeigt, wie EPV im Prinzip funktioniert: Aus den Marktdaten (zum Beispiel den Forward-Kursen von Brennstoffpreisen) und den Schwankungsbreiten der relevanten Marktdaten ergibt sich für das Portfolio von Energiekontrakten und Assets (wie zum Beispiel Kraftwerken) ein Gesamtrisiko.

Um das Gesamtrisiko zu quantifizieren, muss das Portfolio zunächst in die einzelnen Risikokomponenten zerlegt werden, also zum Beispiel in die enthaltenen Finanzinstrumente wie Forwards oder Optionen. Anschließend erfolgt die Modellierung des zeitlichen Verlaufs der relevanten Marktpreise. Auf dieser Basis werden nicht nur die einzelnen Finanzinstrumente marktgerecht bewertet; entscheidend ist, dass zudem unter Berücksichtigung der Korrelationen zwischen den Risikofaktoren die denkbaren Wertschwankungen des Portfolios und damit das Gesamtrisiko des Unternehmens bestimmt werden.

Möglicherweise lässt sich auch recht einfach starten: Die seit vielen Jahren existierende stochastische Break-even-Analyse beinhaltet im Grunde etliches dessen, was mit dem CFaR angestrebt wird. Bei einer solchen stochastischen Break-even-Analyse wird untersucht, mit welcher Wahrscheinlichkeit bei gegebenen Fixkosten und einem stochastischen Deckungsbeitrag der Breakeven für eine Investition erreicht werden kann bzw. wie diese Wahrscheinlichkeit erhöht werden kann. Mit einem solchen Vorgehen lässt sich ein erstes Gefühl für Risiken entwickeln.

3.3 Die Risikodokumentation: So entsteht Transparenz im Unternehmen

Die Zusammenführung der Erkenntnisse aus der Identifizierung und Messung der Risiken in einem zusammenfassenden und entscheidungsorientierten Report bildet den Abschluss und damit das Ergebnis dieser Phase des Risikomanagements. Ein solcher Report bietet den verantwortlichen Managern einen klaren Überblick über alle wesentlichen Risiken, denen das Unternehmen ausgesetzt ist und für die sie verantwortlich sind. Diese Risikoberichte sollten deshalb ein wesentlicher Bestandteil eines entscheidungsunterstützenden Informationssystems eines Unternehmens sein.

Quer durch die Branchen und Industriesektoren haben Risikoarten unterschiedlich große Bedeutung. Macht bei typischen Universalbanken beispielsweise das Kreditrisiko fast zwei Drittel

3.3 Die Risikodokumentation: So entsteht Transparenz im Unternehmen

Abb. 3.16: Die Risikoarten haben je nach Industriesektor unterschiedliche Gewichte
in Prozent (Zirkaangaben) GROBSCHÄTZUNG

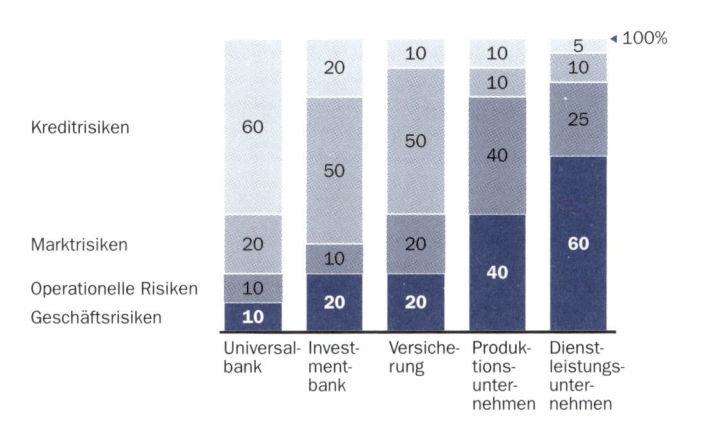

	Universalbank	Investmentbank	Versicherung	Produktionsunternehmen	Dienstleistungsunternehmen
Kreditrisiken	60	50	50	40	25
Marktrisiken	20	20	20	10	10
Operationelle Risiken	10	10	20	40	60
Geschäftsrisiken	10	20	10	10	5

Quelle: McKinsey

des gesamten Risikoportfolios aus, haben bei Dienstleistern oft Geschäftsrisiken eine vergleichbar hohe Bedeutung (Abbildung 3.16). Bei Versicherern und Investmentbanken stehen typischerweise die Marktrisiken im Vordergrund.

Die Ergebnisse der Risikomessung können für die Berichterstattung in verschiedenen Formaten aufbereitet werden.

Die „Risikolandkarte" oder „Probability Severity" Matrix gibt einen vereinfachten Überblick über die verschiedenen bestehenden Risiken und ordnet sie zugleich sowohl nach der Häufigkeit ihres Auftretens als auch nach dem Ausmaß ihrer Auswirkungen in ein Koordinatensystem ein (Abbildung 3.17).

Die höchste Gefahr erwächst aus den Risiken, die sowohl häufig auftreten als auch von großer Tragweite für das Unternehmen sind. Wie die Risikolandkarte leicht erkennen lässt, sind das im Beispielfall Währungs- und Rohstoffpreisschwankungen.

3. Die Grundlagen für Entscheidungen

Abb. 3.17: Risikolandkarte: Beispielhafter Industriebetrieb hat größte Risiken in Währungsschwankungen

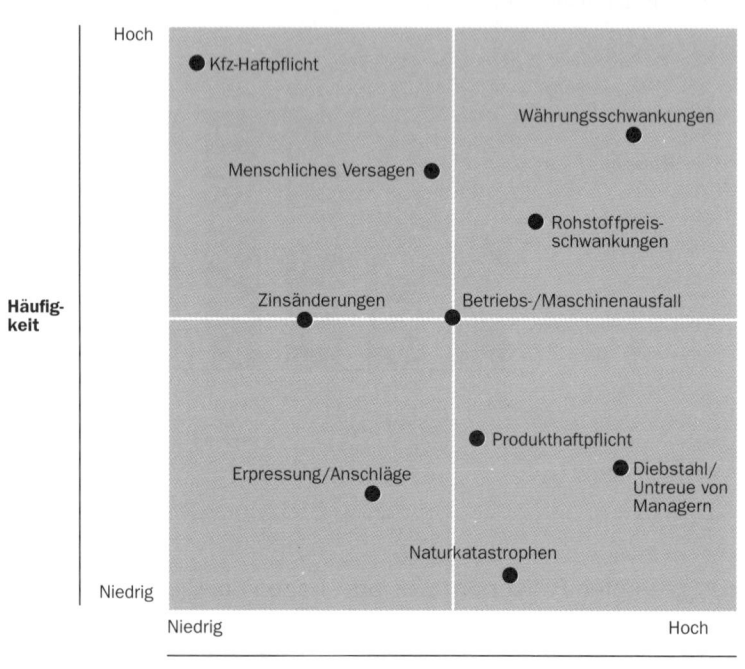

[Risikolandkarte mit Achsen Häufigkeit (Niedrig/Hoch) und Auswirkung (Niedrig/Hoch):

- Kfz-Haftpflicht: Häufigkeit Hoch, Auswirkung Niedrig
- Währungsschwankungen: Häufigkeit Hoch, Auswirkung Hoch
- Menschliches Versagen: Häufigkeit Hoch, Auswirkung mittel
- Rohstoffpreisschwankungen: Häufigkeit Hoch, Auswirkung Hoch
- Zinsänderungen: mittig links
- Betriebs-/Maschinenausfall: mittig rechts
- Produkthaftpflicht: Häufigkeit Niedrig, Auswirkung Hoch
- Erpressung/Anschläge: Häufigkeit Niedrig, Auswirkung Niedrig
- Diebstahl/Untreue von Managern: Häufigkeit Niedrig, Auswirkung Hoch
- Naturkatastrophen: Häufigkeit Niedrig, Auswirkung Hoch]

Quelle: McKinsey

Im vorliegenden Beispiel war die Unternehmensleitung überrascht von der Bedeutung der Währungsrisiken, zumal man doch finanzielle Hedging-Instrumente wie Devisentermingeschäfte für offene Fremdwährungspositionen intensiv zur Risikoreduzierung einsetzte. Die Risikomessung förderte jedoch die Erkenntnis zu Tage, dass die Währungsposition des Gesamtunternehmens bei weitem nicht risikolos war, da sich währungsinduzierte Wettbewerbsvorteile ausländischer Konkurrenten für das Unternehmen spürbar in Marktanteilsverlusten und

3.3 Die Risikodokumentation: So entsteht Transparenz im Unternehmen

Abb. 3.18: Ganzheitlicher Risikobericht schafft Transparenz – Beispiel in Mio. EUR

■ Risikokonzentrationen

Geschäftsbereiche (Ressorts, Bereiche)	GB 1	GB 2	GB 3	GB 4	...	Diversifikationseffekte	Gesamtrisiko pro Risikoart
Marktrisiken	**1 000**	**1 500**	300	...	...	...	...
Kreditrisiken	600	300	400	...	...	...	...
Operationelle Risiken	500	200	**1 200**	...	...	...	...
Geschäftsrisiken	...	...	...	...	...	...	...
Diversifikationseffekte							
Gesamtrisiko pro GB						800	10 000

(Risikoarten – Zeilenbeschriftung links)

Quelle: McKinsey

---

daraus resultierenden Ergebniseinbußen bemerkbar machen könnten.

Ein weiteres Instrument für die Darstellung von Risiken ist ein detaillierter quantitativer Risikobericht (Abbildung 3.18). Die Risiken sind ebenfalls in Form einer Matrix dargestellt, hier jedoch nach Risikoarten und Geschäftsbereichen untergliedert. Auf einen Blick wird deutlich, welcher Bereich am stärksten von einzelnen Risikoarten betroffen ist und welchen Risikoarten das Unternehmen primär ausgesetzt ist.

Zusätzlich sind weitere Effekte ablesbar, welche die Bewertung der Risiken erleichtern. Dazu gehören die Diversifikationseffekte, die sich zwischen den Geschäftsbereichen und zwischen den Risikoarten sowie auf der Gesamtunternehmensebene ergeben.

Die Identifizierung, Messung und Dokumentation der Risiken eines Unternehmens ist ein wichtiger erster Schritt zum besseren Verständnis und erfolgreichen Management von Risiken.

3. Die Grundlagen für Entscheidungen

Von ebenso großer Bedeutung wie die gemessene Risikohöhe ist die Strategie für den Umgang mit dem Risiko. Dies behandelt das folgende Kapitel.

Wie gut werden in Ihrem Unternehmen Risiken identifiziert, gemessen und dokumentiert? Welche Techniken und Modelle kommen zum Einsatz? Die folgende Checkliste gibt einen Überblick über Schwächen und Stärken.

3.3 Die Risikodokumentation: So entsteht Transparenz im Unternehmen

Abb. 3.19: Diagnose der Ist-Situation – Risikoidentifizierung, Risikomessung und transparente Risikodokumentation

Kriterien	Ausprägungen			
	Nicht vorhanden	Frühes Stadium	Mittleres Stadium	Fortgeschrittenes Stadium
Risikoidentifizierung anhand der wesentlichen Risikoarten	Risiken werden nicht erfasst	Keine (systematische, regelmäßige) Erfassung von Risiken, sondern eher zufällig	Fokus auf bekannten Risiken ohne Erfassung neuer Risiken	Regelmäßige, systematische Erfassung aller Risiken
Berücksichtigung von Sekundär- und Tertiäreffekten	Keine Berücksichtigung von Sekundär- und Tertiäreffekten	Keine explizite/bewusste Berücksichtigung dieser Effekte	Teilweise, aber nicht vollständige Berücksichtigung	Umfassende und vollständige Berücksichtigung durch regelmäßige Workshops
Berücksichtigung der Grundmuster des Risikoausmaßes (Extremfälle, Konjunkturzyklus, kurzfristige Schwankungen)	Keine Berücksichtigung der Grundmuster des Risikoausmaßes	Explizite Berücksichtigung von nur einem der drei Grundmuster	Berücksichtigung von mehr als einem Grundmuster	Umfassende Berücksichtigung von allen Grundmustern des Risikoausmaßes
Modelle zur Durchführung der Risikomessung je Risikoart	Risiken werden nicht quantifiziert	Nur einige Risiken werden gemessen; viele werden geschätzt (inkl. Markt- und Kreditrisiken)	Nur die vermeintlich wichtigsten Risiken werden erfasst. Alle anderen werden nicht quantifiziert • Schwer messbare Risiken werden geschätzt	Je nach Risikoart werden entweder statistische Methoden (z. B. VaR oder CFaR) verwendet oder für schwer quantifizierbare Risikoszenarios abgeschätzt
Risikoaggregation auf Portfolioebene und zum Gesamtrisiko	Portfolioanalyse wird nicht durchgeführt	Portfolioanalyse umfasst nur einige/wenige Risiken	Portfolioanalyse ist recht umfassend, wird aber nur gelegentlich durchgeführt (ca. alle 6 Monate)	Alle Risiken werden regelmäßig aus Portfoliosicht nach Klumpenrisiko und Diversifikationseffekten analysiert
Einsatz von Stresstests neben VaR bzw. CFaR	Worst-Case-Szenarios werden nicht definiert	Einige Worst-Case-Szenarios werden definiert	Worst-Case-Szenarios werden definiert und abgeschätzt	Worst-Case-Szenarios werden definiert, die Eintrittswahrscheinlichkeit und Auswirkungen werden beschrieben
Art und Umfang der Risikodokumentation	Keine regelmäßigen Risikoreports	Für wichtige Risiken werden gelegentlich Reports generiert • Keine/kaum detaillierte Aufteilung verfügbar	Für wichtige Risiken werden wöchentlich/monatlich Reports veröffentlicht • Detaillierte Aufteilung teilweise verfügbar	Für kritische Risiken werden teilweise täglich/wöchentlich Reports generiert • Detaillierte Aufteilung verfügbar

Quelle: McKinsey

4. Die Entscheidung: Risikonahmestrategien – der intelligente Umgang mit Risiken

Kein Geschäft ohne Risiko – erst im Umgang damit beweist sich die Qualität des Managements: Intelligente Strategien der Risikonahme schützen nicht nur defensiv vor Verlusten, sie eröffnen sogar neue Chancen. Doch welche Strategie sich ein Unternehmen erlauben kann, hängt auch von seiner Kapitalausstattung ab.

Früher war die Welt der Strommanager einfach: Kosten plus Marge gleich Preis – wofür hat man schließlich ein Monopol? Risiko blieb den Stromversorgern eher ein Fremdwort. Ihre Technik hatten sie mit deutscher Gründlichkeit im Griff, und alle anderen Risiken übernahmen die Kunden.

Doch seit der Liberalisierung der Strommärkte 1998 ist die Idylle nachhaltig gestört – und die Energieunternehmen müssen sich zunehmend in Sachen Risikomanagement kundig machen. Kraftwerke und Stromleitungen bedeuten Milliardeninvestitionen, entsprechend hoch sind die Risiken der Unternehmen. Denn der Strompreis wird heute jeden Tag an der Strombörse in Leipzig festgestellt. So ist jedes Kraftwerk beispielsweise ständig *long* in Strom – es stellt eine Option dar, ständig Strom zu erzeugen. Dagegen stehen die festen Lieferverpflichtungen des Unternehmens. Um die verbleibende Lücke geht es: Die Energieunternehmen müssen entscheiden, ob sie überhaupt offene Positionen wollen, und wenn ja, wie viele und wie lange. Kurz: Sie brauchen eine Risikonahmestrategie.

Inzwischen haben viele große Energieerzeuger ein zentrales Risikomanagement installiert, das meist direkt unter dem Vorstand angesiedelt ist. Das dokumentiert die strategische Bedeutung des Themas für die Unternehmen. Mit Methoden wie Cash Flow at Risk analysieren die Spezialisten die Risiken und entwerfen die Strategien für den richtigen Umgang mit ihnen. Dabei liegt eine Betrachtung entlang der Wertschöpfungskette nahe: Für jede Stufe der Wertschöpfungskette – z. B. Stromerzeugung, -handel und -vertrieb – legen die Strommanager fest, welche und wie viele Risiken jeweils anfallen dürfen. Wenn etwa

4. Die Entscheidung: Risikonahmestrategien

die Erzeugung keine Risikoposition eingehen soll, gibt sie für eine bestimmte Frist allen erzeugten Strom zu einem festen Transferpreis an den Handel ab – wie früher, „in der guten alten Zeit" an den Endkunden. Dann läge beim Handel die Aufgabe, die Lücke zwischen Stromlieferungen der Kraftwerke und den Abnahmeverträgen profitabel zu managen. Die Kernfrage lautet: Will das Unternehmen spekulieren, weil es glaubt, aus Kenntnis des Marktes die Nachfrageentwicklung besser einschätzen zu können als andere? Dann bleibt die Position offen. Oder will es vorsichtig die Lücke schließen? Dann wird es per Termin die überschüssigen Mengen verkaufen oder ebenso auf Termin Fehlmengen einkaufen.

Unabhängig davon, wer letztlich im Unternehmen ein Risiko nimmt, muss das Management versuchen, durch risikogerechtes Pricing eine faire Kompensation für das übernommene Risiko zu erhalten oder dieses in den Verträgen an Kunden weiterzugeben. Dann bietet das Unternehmen beispielsweise Verträge an, die gegen einen Preisabschlag erlauben, die Stromlieferung für eine bestimmte Zahl von Tagen im Jahr zu reduzieren oder zu unterbrechen. Damit kann man Preisspitzen bei Lieferengpässen elegant entkommen. Umgekehrt gibt es auch Abmachungen, die für die Option, mehr Strom zu beziehen, einen Preisaufschlag festsetzen. Energieversorger sind damit weiter als viele andere Unternehmen in Industrie und Dienstleistung.

Dabei ist Risiko die Grundlage jeglichen unternehmerischen Handelns, Risiken sind unvermeidlich. Unternehmen kennen zwar oft ihre Risiken, jedoch fehlen ihnen vielfach die Kenntnisse, wie sie mit diesen Risiken systematisch und erfolgreich umgehen können.

Viele Manager sehen nur die Alternativen, Risiken und das damit verbundene Geschäft vollständig zu vermeiden, sie zu versichern oder sie opportunistisch oder gar blindlings einzugehen. Doch es gibt mehr Möglichkeiten, mit Risiken umzugehen, wie Abbildung 4.1 zeigt.

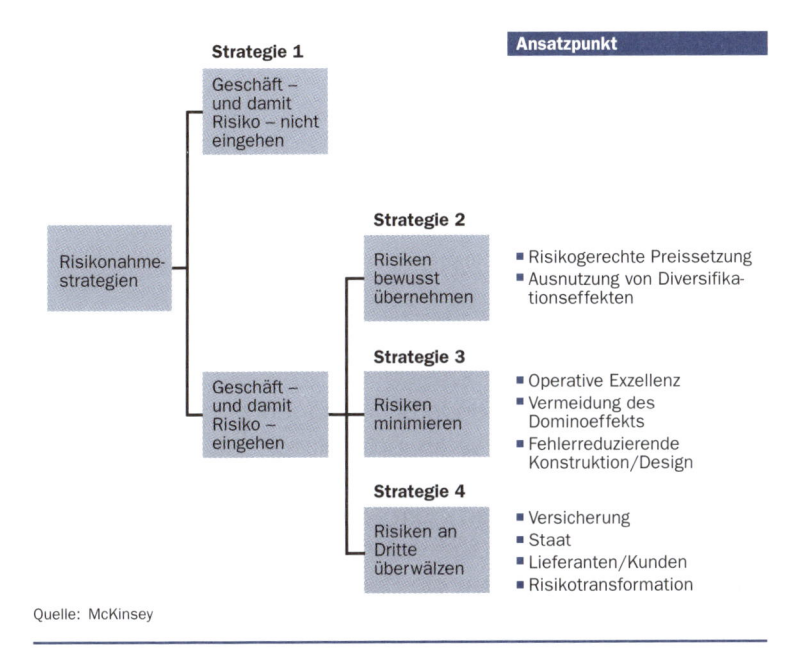

Abb. 4.1: Es gibt vier mögliche Risikonahmestrategien

Risikonahmestrategien

- **Strategie 1**: Geschäft – und damit Risiko – nicht eingehen
- Geschäft – und damit Risiko – eingehen
  - **Strategie 2**: Risiken bewusst übernehmen
    - Ansatzpunkt:
      - Risikogerechte Preissetzung
      - Ausnutzung von Diversifikationseffekten
  - **Strategie 3**: Risiken minimieren
    - Ansatzpunkt:
      - Operative Exzellenz
      - Vermeidung des Dominoeffekts
      - Fehlerreduzierende Konstruktion/Design
  - **Strategie 4**: Risiken an Dritte überwälzen
    - Ansatzpunkt:
      - Versicherung
      - Staat
      - Lieferanten/Kunden
      - Risikotransformation

Quelle: McKinsey

Im Rahmen des professionellen Risikomanagements kann das Management

■ riskante Geschäfte gar nicht erst eingehen und damit selbstredend auch die Risiken vermeiden,

■ Risiken bewusst eingehen und tragen, z. B. weil es Risiken besser als andere Marktteilnehmer einschätzen kann oder weil man für die Risikoübernahme ausreichend vergütet wird,

■ Risiken bei bereits eingegangenen oder einzugehenden Geschäften minimieren oder vollständig reduzieren und

4. Die Entscheidung: Risikonahmestrategien

■ Risiken an Dritte überwälzen, indem sie entweder gegen eine zu zahlende Prämie (Versicherung oder Hedging) oder sogar kostenlos, z. B. durch die Ausnutzung von Marktmacht, weitergereicht werden.

4.1 Viele Unternehmen wählen nur zwischen zwei Handlungsoptionen: Risiken vermeiden oder blindlings eingehen

Risiken grundsätzlich zu vermeiden, d. h. Risiken erst gar nicht einzugehen, kann ins unternehmerische Abseits führen.

Am Ende des 19. Jahrhunderts verkehrten zwischen England und den Vereinigten Staaten Schnellsegler und beförderten Fracht auf dem damals schnellsten und kostengünstigsten Weg zwischen den Kontinenten – um 1880 beherrschten die Segler noch die Meere. Doch gut zehn Jahre später begannen Dampfschiffe den Schnellseglern die Spitzenposition streitig zu machen. Die Reeder der Segelschiffe konterten, zunächst mit Erfolg: Durch Vergrößerung der Segelfläche, Verlängerung des Rumpfes und Erweiterung des Frachtraums waren die Segelschiffe im Betrieb pro Tonnenmeile kostengünstiger Mit dem Bau der siebenmastigen *Thomas W. Lawson* gelangte die Frachtsegelschifffahrt jedoch an ihre Grenzen. Als das Schiff 1907 vor England zerschellte, war das Aus der Frachtsegelschifffahrt besiegelt.

Das Ende der Großsegler zeigt, was passiert, wenn Unternehmer einseitig auf die Vermeidung von Risiken setzen: Sie konterten nur defensiv durch Optimierung des Gewohnten – und definierten ihr Geschäft zu eng als *Frachtbeförderung durch Segelschiffe*. Angemessen wäre es jedoch gewesen, auf die Innovation des Dampfschiffs offensiv zu reagieren – und die eigene Kernkompetenz als *Frachtbeförderung auf dem Meer* zu de-

4.1 Viele Unternehmen wählen nur zwischen zwei Handlungsoptionen: Risiken vermeiden oder blindlings eingehen

finieren. Folgerichtig hätten sie auch das Risiko eingehen müssen, die neue Technik zu adaptieren – denn natürlich sind Innovationen mit Risiken verbunden.

Das Beispiel zeigt: Wer durch Fokussierung auf das Kerngeschäft seine Risiken reduzieren will, muss sehr genau nachdenken, wie eng oder breit er sein Kerngeschäft definiert. Nach der Maxime „Schuster, bleib bei deinen Leisten" handeln viele Unternehmen durchaus erfolgreich. Doch in jeder Beschränkung liegen auch Gefahren: Aus Veränderungen im Kundenverhalten oder Abhängigkeit von einzelnen Lieferanten, Anfälligkeit für regionale Krisen, Übergewichtung einzelner Produkte oder verpassten Technologiesprüngen entstehen neue, oft existenzbedrohende Risiken.

So versäumte der Schreibmaschinenhersteller Olympia den Einstieg in die Computertechnologie. Computer verdrängten in kurzer Zeit die Schreibmaschinen praktisch vollständig. Anfang der 90er Jahre musste das Traditionsunternehmen schließlich liquidiert werden. Das Kerngeschäft *Schreibmaschinen* war zu eng, *Maschinen zum Schreiben* sind gefragt.

Aus dem Beispiel ist keinesfalls der Rat abzuleiten, jedem technologischen Trend sofort zu folgen. Es lehrt eher, dass Unternehmen sehr präzise die Risiken gegeneinander abwägen müssen, die entstehen, wenn sie entweder am Gewohnten festhalten oder auf einen neuen Trend setzen.

Risiken dagegen blindlings zu akzeptieren oder sogar zu ignorieren, also undifferenziertes, opportunistisches Risikomanagement, ist ebenso gefährlich.

Immer besser hatten die deutschen Banken ihre Kreditrisiken im Kreditportfolio und ihre Marktrisiken im Handelsbuch gemessen, und trotzdem wurden sie vom Abschwung der Börsen an einer Stelle erwischt, an die viele Banken, aber auch Versicherer nicht gedacht hatten: im eher passiv gehaltenen Beteiligungsportfolio. Jahrelang hatten die Finanzinstitute vom Aufschwung profitiert, die Kurswerte ihrer Beteiligungen stiegen weit über die Buchwerte. Das böse Erwachen kam 2001/2002: Massive Kursverluste dezimierten die Werte der Beteiligungen, aus stillen Reserven wurden stille Lasten. Dass auch Blue Chips vier Fünftel ihres Kurswerts verlieren könnten, hatten sich vorher nur wenige Bank- und Versicherungsmanager vorzustellen vermocht. Und dies, obwohl im Aktienhandel der Banken hoch entwickelte Verfahren zur Risikomessung und zum Risikomanagement eingesetzt werden, die man auf das Beteiligungsportfolio hätte übertragen können.

Unternehmen wissen nicht immer, mit welchen Risiken sie gut umgehen können und welche Risiken sie besser andere übernehmen lassen sollten. Nicht selten gibt es in einem Unternehmen zahlreiche Funktionen, die sich weit gehend unkoordiniert und unsystematisch mit dem Management einzelner Risiken beschäftigen. Dies kann etwa bei dezentralen, unabgestimmten Abschlüssen von Versicherungen in einem Unternehmen nicht nur zu einer Wert vernichtenden Überversicherung führen, sondern kostet auch mögliche Rabatte, die ein zentraler, koordinierter Einkauf durchsetzen könnte. Außerdem berücksichtigen Unternehmen die Konzentration von Risiken (Klumpenrisiken) mitunter nicht. Darüber hinaus gehen Chancen zur Diversifikation verloren, wenn bestehende Risiken nicht auf Portfolioebene betrachtet werden.

4.2 Die Erweiterung des Lösungsraums: Mit professionellem Risikomanagement lassen sich Chancen nutzen

Wer seine Risiken kennt und versteht, kann einschätzen, welche Risiken er besser als andere übernehmen kann. So eröffnen

4.2 Die Erweiterung des Lösungsraums: Mit professionellem Risikomanagement lassen sich Chancen nutzen

sich erhebliche Wettbewerbsvorteile. Die umfassende Kenntnis der Handlungsalternativen und deren bewusste Auswahl schaffen Wert für das Unternehmen. Aus Risikomanagement wird so Chancenmanagement.

Die Fülle der Methoden und Instrumente für erfolgreiche Risikonahmestrategien ist beinahe unüberschaubar. Doch wer professionelles Risikomanagement betreiben will, sollte sich davon nicht abschrecken lassen. Traditionelle Ansätze wie der Abschluss von Versicherungen sind in manchen Situationen sinnvoll. Es stehen daneben operative Instrumente zur Verfügung wie Total Quality Management oder Six Sigma, die nicht nur für Industrieunternehmen von Bedeutung sind. Darüber hinaus existieren in Form von Termingeschäften wie Optionen oder Futures weitere Möglichkeiten. Letztendlich entscheiden aber nicht einzelne Instrumente über den Erfolg des Risikomanagements, sondern der systematische und kohärente Umgang mit den Risiken sowie der gezielte und aufeinander abgestimmte Einsatz der verfügbaren Instrumente die operative Umsetzung professionellen Risikomanagements in Unternehmensstruktur und -prozessen.

Die entscheidenden Fragen, die sich das Topmanagement stellen muss, lauten daher:

- Welche Risiken sollte ein Unternehmen gar nicht erst eingehen?

- Welche Risiken sollte ein Unternehmen übernehmen?

- Wie kann ein Risiko minimiert werden, ohne gleichzeitig auf chancenreiche Geschäfte verzichten zu müssen?

- Und wie können Risiken an Dritte überwälzt werden?

4. Die Entscheidung: Risikonahmestrategien

4.2.1 Strategie 1: Nicht jedes Risiko eingehen

Manchmal kann selbst das Nichtstun eine intelligente Risikostrategie sein: Der römische Feldherr Quintus Fabius Maximus entwickelte nach der Niederlage gegen den mächtigen Hannibal aus Karthago eine neue Kriegsstrategie. Fabius analysierte die Stärken und Schwächen seines Gegners. Auf dem offenen Feld hatte sich Hannibals Heer als strategisch klüger erwiesen, obwohl zahlenmäßig unterlegen. Doch Fabius stellte fest, dass Hannibal ein Versorgungsproblem hatte.

Durch seine isolierte Lage in Italien war er vom Nachschub aus Karthago weitgehend abgeschnitten. Unter diesen Umständen musste Fabius also nur so lange warten, bis das karthagische Heer aus Mangel an Nachschub so weit geschwächt war, dass es aufgerieben werden konnte. Um den Gegner schneller zu schwächen, führte er einige kleinere militärische Operationen gegen Hannibal durch, ließ sich jedoch nicht zu einer größeren Schlacht verleiten. Auf Grund seiner Taktik des Zögerns wurde er von diesem Zeitpunkt an *cunctator* (Zauderer) genannt und ging als „Ermattungsstratege", der Rom vor einer Eroberung durch den offensichtlich überlegenen stärkeren Gegner rettete, in die Geschichte ein.

So wird denn auch dem legendären Banker Hermann Josef Abs nachgesagt, er habe auf die Frage, wie er die Deutsche Bank zu dem gemacht habe, was sie unter ihm wurde, geantwortet, dies läge nicht an den Geschäften, die er gemacht habe, sondern vielmehr an denen, die er nicht gemacht habe.

Manchmal lohnt es sich, einfach abzuwarten: Oft haben die Innovatoren (*first movers*) von Produkten oder Verfahren keine lange Überlebensdauer. Nachahmer (*fast followers*) haben sich ansehen können, mit welchen Verfahren oder Produkten sich die *first movers* durchgesetzt haben und welche sich nicht bewährt haben. Sie können aus den Erfahrungen der Vorreiter lernen, Fehler und Risiken vermeiden und so erfolgreich sein.

4.2 Die Erweiterung des Lösungsraums: Mit professionellem Risikomanagement lassen sich Chancen nutzen

4.2.2 Strategie 2: Bestimmte Risiken bewusst und gezielt übernehmen

Der Maschinenbauer Trumpf hatte ursprünglich mit so genannten Nibbelmaschinen zum Stanzen von Löchern in Bleche Erfolg. Presseberichten zufolge machte das Unternehmen 1979 einen großen technologischen Sprung: Es setzte erstmals Lasertechnik in einer Maschine ein. Der Firmenchef hatte die Innovation in den USA entdeckt, wo sie auf anderen Feldern eingesetzt wurde. Er adaptierte sie für seine Bedürfnisse – das Erzeugen von Löchern in Blechen – und nahm damit ein kalkuliertes Risiko in Kauf. Die Rechnung ging auf, die Kunden akzeptierten die Technik und schon ab 1985 stellte Trumpf seine eigenen CO_2-Laser für die eigenen Maschinen her. Seit 1988 ist das Know-how in der Trumpf Lasertechnik GmbH gebündelt. Die gewonnene Erfahrung nutzt das Unternehmen zu Ausflügen in ganz neue Geschäftsfelder: Zurzeit arbeiten die Trumpf-Spezialisten an einem Verfahren für die Medizintechnik, bei dem Tumore durch eine spezielle laserinduzierte Thermotherapie bekämpft werden.

Als Trumpf 1980 die erste Lasermaschine auslieferte, belief sich der Jahresumsatz auf 80 Millionen Euro. 2002 lag er bei 1,2 Milliarden Euro, 70 Prozent davon aus dem Geschäft mit Lasermaschinen. In den gut 20 Jahren dazwischen, in denen die deutsche Werkzeugmaschinenindustrie eine Krise durchlitt, wuchs Trumpf mit einer Jahresrate von gut 16 Prozent. Das Unternehmen ging bewusst das Risiko ein, eine neue Technologie für das Stammgeschäft zu adaptieren und hatte Erfolg.

Dafür bedurfte es einer intensiven Auseinandersetzung mit den Risiken. Doch Risiko ist eine oft vernachlässigte Dimension strategischen Denkens. Wer aus der Risikobetrachtung Konsequenzen zieht, muss oft die Bewertung einzelner Investitionen und Entscheidungen sowie die grundsätzlichen Unternehmensstrategien überdenken. Herauskommen können *bold moves*,

4. Die Entscheidung: Risikonahmestrategien

mit denen man zwar ein hohes Maß an Risiko eingeht, aber dafür auch eine Chance auf hervorragendes Wachstum hat. Einen solchen *bold move* haben Ende der 90er Jahre einige Unternehmen gewagt, die sich von Industrie- in Telekommunikationsunternehmen wandelten. Zumindest dem alten Montanunternehmen Mannesmann bescherte das eine Aktienkursexplosion, gefolgt von der bis dahin teuersten Übernahmeaktion der deutschen Wirtschaftsgeschichte, als Vodafone im Februar 2000 Mannesmann für 139 Milliarden Euro kaufte.

Wann ist es also empfehlenswert, bewusst ein Risiko einzugehen?

Die intuitive Antwort liegt nahe, ist aber nicht immer korrekt: Wenn einem Risiken vertraut erscheinen, geht man sie leichter ein, auch wenn sie größer sein mögen als unbekannte Risiken. Nicht nur Psychologen wissen, wie schwer es ist, Gefahren rational einzuschätzen. Eines der bekanntesten Beispiele dafür ist die unterschiedliche Wahrnehmung der Gefahren des Fliegens und des Autofahrens. Obgleich die Wahrscheinlichkeit, tödlich zu verunglücken, im Straßenverkehr ungleich höher ist als im Flugzeug, fürchten weitaus mehr Menschen das Fliegen als das Autofahren.

Wer kühl analysiert, entdeckt, dass es sich lohnen kann, Risiken einzugehen, wo niemand sie vermutet: So scheinen die Risiken, denen Soldaten ausgesetzt sind, beispielsweise groß und unkalkulierbar. Dennoch hat sich eine Gruppe von Versicherungen auf die Übernahme genau dieser speziellen Risikoart konzentriert und bietet Soldaten eine Kapitalversicherung auf Todes- oder Lebensfall sowie eine Dienstunfallversicherung an. Diese Möglichkeit, die aus eigener Tasche bezahlt werden muss, nutzt fast jeder dritte deutsche Zeitsoldat; insgesamt haben sich derzeit rund 70 000 Soldaten entsprechend versichert.

Mit umfangreichem Datenmaterial und speziellen Messmethoden kann das Versicherungskonsortium unter der Führung

4.2 Die Erweiterung des Lösungsraums: Mit professionellem Risikomanagement lassen sich Chancen nutzen

der DBV Winterthur die Berufsrisiken von Soldaten ausgesprochen gut quantifizieren und ist daher zur Übernahme dieser Risiken in der Lage. In der Geschichte dieses Produktes musste bisher noch in keinem Jahr ein technischer Verlust hingenommen werden. Die Versicherungen nehmen sogar äußerst gefährdete Risikogruppen wie Kampfpiloten, Fallschirmspringer oder Munitionsentschärfer auf.

Solche Verträge können die Versicherer nur schließen, weil sie die Risiken genau kennen und beziffern können. Wenn das Verhältnis von Risiko und Versicherungsprämien stimmt, winkt ein gutes Geschäft. Denn eine bewusste Risikoübernahme tätigt ein intelligentes Management nicht um jeden Preis. Vielmehr müssen Risiken im Preis berücksichtigt werden.

Zur Entscheidung, ob sie ein Risiko bewusst übernehmen wollen, müssen Unternehmen also Risiko und Ertrag ins Verhältnis setzen. Zu diesem Zweck wurden in Theorie und Praxis risikoadjustierte Performancemaße (RAPMs) entwickelt. Sie adjustieren traditionelle Ergebnis- und Renditekennzahlen, wie z. B. die Rentabilität des investierten Kapitals (ROIC) oder des Eigenkapitals (ROE), um das Ausmaß der Risiken, die zur Ergebniserzielung eingegangen werden. In der Praxis werden unterschiedliche RAPMs verwendet. Zusätzlich zum herkömmlichen Renditekonzept wird neben einer Ertrags- und einer Kapitalgröße auch das mit der Erwirtschaftung des Ergebnisses verbundene Risiko berücksichtigt. Dies geschieht, indem entweder der Zähler (Ertrag) oder der Nenner (Kapital) oder gar beide um eine Risikokomponente adjustiert werden.

RAROC (Risk-adjusted Return on Capital) ist eine der bekanntesten Kenngrößen.

Abbildung 4.2 stellt die gängigsten risikoadjustierten Performancemaße vor und skizziert ihre Beziehung zueinander sowie ihre jeweiligen Vor- und Nachteile. Eine Definition der aufgeführten Kenngrößen RAROC, RORAC und ROVAR findet sich im Glossar.

4. Die Entscheidung: Risikonahmestrategien

Die RAPMs geben damit Auskunft über das „Preis-Leistungs-Verhältnis" des jeweiligen Geschäfts, hier als Relation zwischen Risiko und Ergebnis. Daraus lässt sich natürlich kein Handlungsautomatismus ableiten, RAPM stellt jedoch eine Entscheidungshilfe für ein intelligentes Risikomanagement dar, es ist gewissermaßen ein zusätzliches Instrument im Cockpit des Entscheiders zur Verbesserung der Entscheidungsqualität. Denn finanzielle Mittel und Risikotragfähigkeit von Unternehmen sind begrenzt. So stehen Manager häufig vor den Fragen: Welches Geschäft ist sinnvoll? Ist eines vorteilhafter als ein anderes? Sollten sogar beide durchgeführt werden? In vielen Unternehmen werden diese Entscheidungen auf Basis des absoluten

---

Abb. 4.2: Vor- und Nachteile der risikoadjustierten Performancemaße ROVAR, RORAC und RAROC

Beispieldaten
- 10 Mio. EUR Value at Risk
- 1,2 Mio. EUR Betriebsergebnis
- Risikofreie Verzinsung: 5%
- Performanceziel auf VaR: 10%

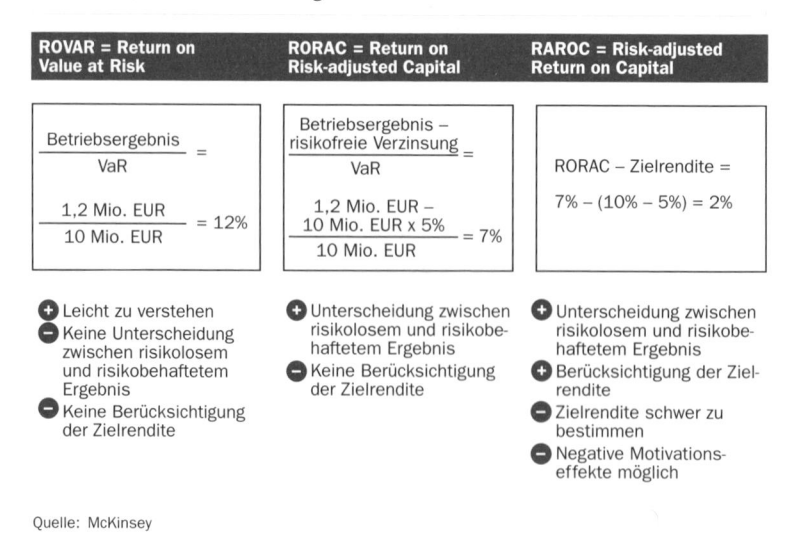

ROVAR = Return on Value at Risk	RORAC = Return on Risk-adjusted Capital	RAROC = Risk-adjusted Return on Capital
$\dfrac{\text{Betriebsergebnis}}{\text{VaR}} =$ $\dfrac{1{,}2 \text{ Mio. EUR}}{10 \text{ Mio. EUR}} = 12\%$	$\dfrac{\text{Betriebsergebnis} - \text{risikofreie Verzinsung}}{\text{VaR}} =$ $\dfrac{1{,}2 \text{ Mio. EUR} - 10 \text{ Mio. EUR} \times 5\%}{10 \text{ Mio. EUR}} = 7\%$	RORAC – Zielrendite = $7\% - (10\% - 5\%) = 2\%$
⊕ Leicht zu verstehen ⊖ Keine Unterscheidung zwischen risikolosem und risikobehaftetem Ergebnis ⊖ Keine Berücksichtigung der Zielrendite	⊕ Unterscheidung zwischen risikolosem und risikobehaftetem Ergebnis ⊖ Keine Berücksichtigung der Zielrendite	⊕ Unterscheidung zwischen risikolosem und risikobehaftetem Ergebnis ⊕ Berücksichtigung der Zielrendite ⊖ Zielrendite schwer zu bestimmen ⊖ Negative Motivationseffekte möglich

Quelle: McKinsey

4.2 Die Erweiterung des Lösungsraums: Mit professionellem Risikomanagement lassen sich Chancen nutzen

Ergebnisses oder des Return on Investment (ROI) getroffen. Was aber ist, wenn die zur Auswahl stehenden Geschäfte den gleichen ROI haben? Wie lässt sich berücksichtigen, dass die Geschäfte unterschiedliche Risiken mit sich bringen?

Bei diesem Dilemma helfen die genannten risikoadjustierten Performancemaße (RAPM) weiter. Basierend auf den Grundlagen und Annahmen der Kapitalmarkt- und Portfoliotheorie berücksichtigen sie, dass höhere Risiken in der Regel nur zu höheren Erträgen übernommen werden. Darüber hinaus können Portfolioeffekte in den RAPMs direkt im Rahmen der Berechnung und Aggregation der zu Grunde liegenden Value-at-Risk-Werte für einzelne Investitionen oder Geschäftsbereiche über deren Korrelationen, wie in Kapitel 3.2.4.2 gezeigt, berücksichtigt werden.

In diesem Zusammenhang werden gelegentlich einzelne Geschäfte, die nicht entsprechend ihrem Risiko gepreist sind, über die Rentabilität der Gesamtkundenverbindung gerechtfertigt, bei der nicht jedes einzelne Element des Leistungsangebots auch unter Risikoaspekten profitabel sein muss. In der Realität allerdings geht diese Quersubventionierung oft nicht auf.

Abbildung 4.3 veranschaulicht die Problematik risikogerechter Preise anhand der Bankwirtschaft. Banken haben in der Vergangenheit Kredite an ihre Kunden zu Konditionen vergeben, welche die unterschiedliche Risikohöhe, die mit diesen Krediten verbunden war, nicht ausreichend reflektierten. Dies zeigte sich bei einem Vergleich der Kreditkonditionen der Banken mit den Konditionen der Fremdkapitalaufnahme am Kapitalmarkt. Bei vielen Instituten waren die Kreditkonditionen insbesondere für Kreditnehmer mit schlechter Bonität deutlich günstiger, als deren Konditionen bei einer Kapitalaufnahme am Kapitalmarkt gewesen wären. Dagegen waren die Banken für Kreditnehmer in den besten Risikoklassen im Vergleich zum Kapitalmarkt meist zu teuer. Daraus ergab sich für die Banken folgendes Dilemma: Die risikoarmen Kreditnehmer, die bei den Banken mehr

4. Die Entscheidung: Risikonahmestrategien

zahlten, als ihr ökonomisches Risiko rechtfertigte, wendeten sich von den Banken ab und finanzierten sich, soweit möglich, am Kapitalmarkt. Dadurch verloren Banken Kunden, die in der Vergangenheit die nicht gedeckten Risikokosten der anderen Kunden in den schlechteren Risikoklassen bezahlt hatten. Gleichzeitig zogen Banken Kunden in den schlechteren Risikoklassen an, da sie diesen im Vergleich zum Kapitalmarkt eine zu attraktive Finanzierung anboten, ohne dass die damit verbundenen Risiken mit den Margen abgedeckt werden konnten.

In der Baubranche zeigt sich ein ähnliches Bild: Unausgelastete Kapazitäten führen zu Dumpingpreisen, bei denen Risiken nicht hinreichend in der Preisfindung berücksichtigt werden. Ei-

Abb. 4.3: Kreditkonditionen von Banken nähern sich den Margen für Unternehmensanleihen an

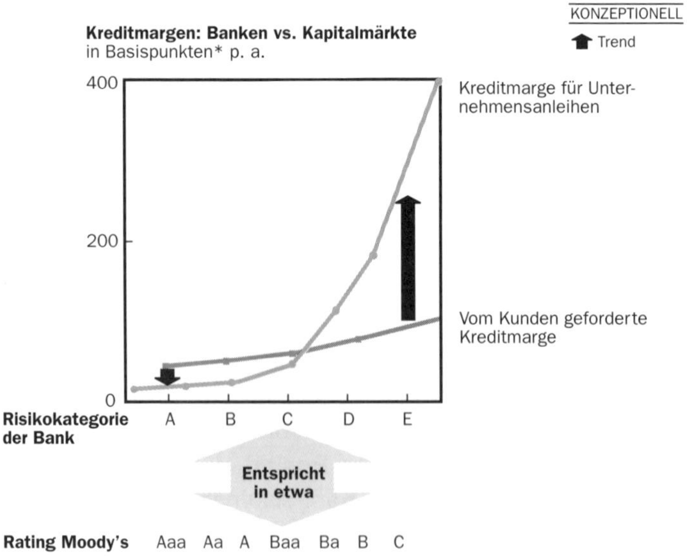

Kreditmargen: Banken vs. Kapitalmärkte in Basispunkten* p. a.

KONZEPTIONELL
⬆ Trend

Kreditmarge für Unternehmensanleihen

Vom Kunden geforderte Kreditmarge

Risikokategorie der Bank: A B C D E

Entspricht in etwa

Rating Moody's Aaa Aa A Baa Ba B C

* 100 Basispunkte entsprechen 1%
Quelle: McKinsey

4.2 Die Erweiterung des Lösungsraums: Mit professionellem Risikomanagement lassen sich Chancen nutzen

nige Anbieter kalkulieren „ohne Risiko", da sie befürchten, sich bei einer Berücksichtigung sämtlicher relevanter Risiken aus dem Markt zu preisen. Mittel- und langfristig kann das Überleben eines Unternehmens allerdings nur durch ein risikoadjustiertes Pricing sichergestellt werden.

Zuweilen kehrt sich die Reihenfolge der Attraktivität von Geschäften bei der risikoadjustierten Betrachtung gegenüber einer Betrachtung ohne die eingegangenen Risiken um. Abbildung 4.4 illustriert ein Beispiel aus dem Bankenwesen, bei dem es um Kredite an kleine und mittelständische Unternehmen geht. Die bei Betrachtung einer Marge ohne Berücksichtigung von Risiken zunächst – insbesondere auf Grund hoher operativer Kosten – unattraktiv erscheinenden Kleinunternehmen schneiden bei einer Erweiterung der Betrachtung unter Einbeziehung des Risikos deutlich besser ab, unter anderem, weil bei Kleinkunden kaum Klumpenrisiken vorhanden sind.

Ein beinahe klassisches Beispiel ist eine bereits einige Jahre zurückliegende Untersuchung schottischer und englischer Banken, die nach Nordengland beziehungsweise nach Schottland expandierten und dann im jeweiligen Expansionsgebiet mit hohen Risiken zu kämpfen hatten. Die schottischen und engli-

Abb. 4.4: Einbeziehung der Risikodimension bringt überraschendes Ergebnis – Beispiel einer Bank

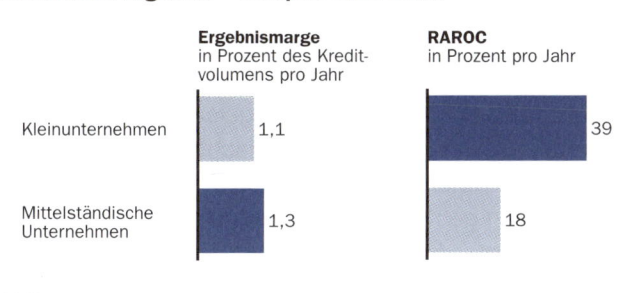

	Ergebnismarge in Prozent des Kreditvolumens pro Jahr	RAROC in Prozent pro Jahr
Kleinunternehmen	1,1	39
Mittelständische Unternehmen	1,3	18

Quelle: McKinsey

4. Die Entscheidung: Risikonahmestrategien

schen Banken verfügten in ihrem jeweiligen Heimatmarkt über einen hohen Marktanteil. Abbildung 4.5 zeigt die Kreditportfolios der Banken jeweils in Schottland und Nordengland geordnet nach dem Anteil besonders risikoreicher Kredite. Die jeweiligen Spitzenreiter mit dem höchsten Anteil besonders risikoreicher Kredite sind in Schottland die englischen Banken und in England die schottischen Banken.

Im Falle der schottischen Bank B beispielsweise war der Anteil gefährdeter Kredite in Nordengland nahezu dreimal höher als im Heimatmarkt, und die englischen Banken D, E und F mussten in Schottland einen um etwa zwei Drittel höheren Anteil riskanter Kredite verschmerzen.

Die Kenntnis der Märkte und ihrer Risiken und der Zugang zu relevanten Informationen sind wichtige Voraussetzungen für die aktive Risikoübernahme. So benötigten die Mobilfunkanbieter in ihrer Anfangszeit eine fundierte Risikoeinschätzung ihrer Kunden – schließlich gab man denen ein teures, subventioniertes Mobiltelefon, plus Kredit bei der Nutzung des Netzes. Der Kunde bekam also Leistungen, für die er erst später zahlen musste – die Mobilfunkanbieter waren „Kreditgeber" ihrer Kunden.

Die Mobilfunkanbieter waren bereit, dieses Risiko jeweils aktiv zu übernehmen, denn sie machten es sich zu Nutze, dass entsprechende andere Unternehmen über bessere Informationen verfügten – nämlich Banken und Kreditinstitute: Für Mobilfunkverträge muss der Kunde im Zweifel die Zustimmung zu einer Schufa-Abfrage geben oder eine Kreditkarte vorweisen, weil daraus seine Kreditwürdigkeit abgeleitet werden kann.

Anders als Gewinne sind Risiken nicht immer additiv. Manche gleichen sich aus. Deshalb ist auch diese Variante denkbar: Ein Unternehmen geht ein neues Risiko ein, um bestehende Risiken zu verringern. Jeder kennt das idealtypische Beispiel des Bademoden- und des Regenschirmherstellers, die – für sich betrachtet – stark einem Wetterrisiko unterliegen, kombiniert je-

4.2 Die Erweiterung des Lösungsraums:
Mit professionellem Risikomanagement lassen sich Chancen nutzen

Abb. 4.5: Geografische Expansion ist häufig mit dem Eingehen höherer Risiken verbunden

■ Schottische Banken
▨ Englische Banken

Portfolioanteil hochriskanter Kredite
in Prozent

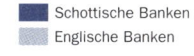

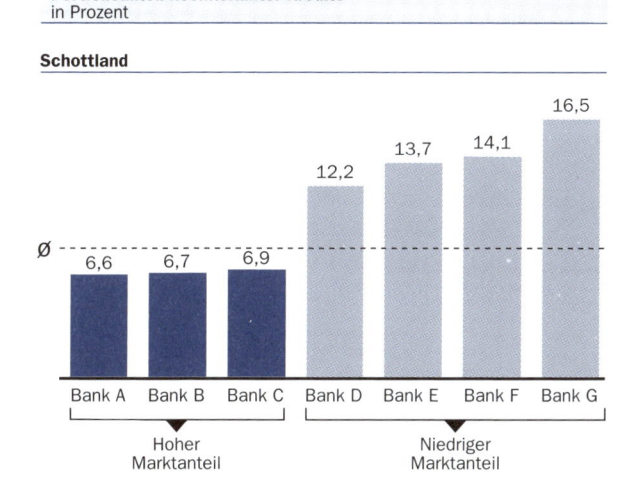

Schottland

Bank A	6,6
Bank B	6,7
Bank C	6,9
Bank D	12,2
Bank E	13,7
Bank F	14,1
Bank G	16,5

Bank A, B, C: Hoher Marktanteil
Bank D, E, F, G: Niedriger Marktanteil

Nordengland

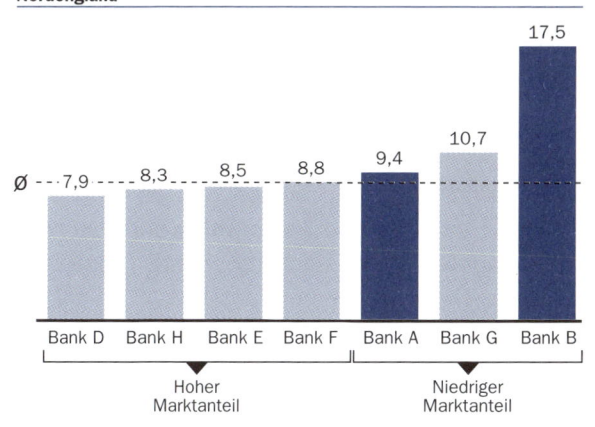

Bank D	7,9
Bank H	8,3
Bank E	8,5
Bank F	8,8
Bank A	9,4
Bank G	10,7
Bank B	17,5

Bank D, H, E, F: Hoher Marktanteil
Bank A, G, B: Niedriger Marktanteil

Quelle: Fleming Research, Dun & Bradstreet, McKinsey

4. Die Entscheidung: Risikonahmestrategien

**Abb. 4.6: Diversifikation kann Risiken reduzieren –
Beispiel Automobilindustrie**

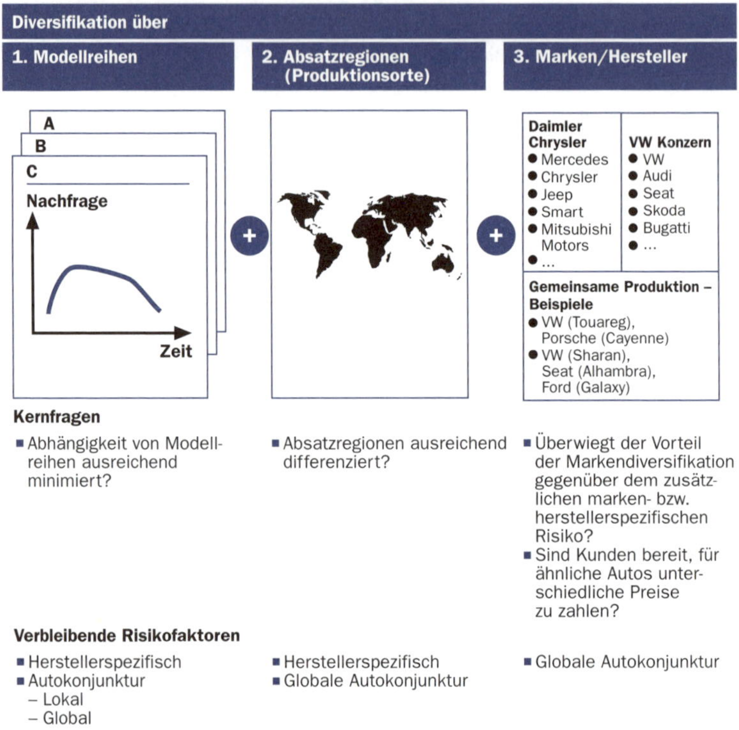

Diversifikation über		
1. Modellreihen	**2. Absatzregionen (Produktionsorte)**	**3. Marken/Hersteller**
A, B, C Nachfrage über Zeit	Weltkarte	**Daimler Chrysler**: Mercedes, Chrysler, Jeep, Smart, Mitsubishi Motors, … **VW Konzern**: VW, Audi, Seat, Skoda, Bugatti, … **Gemeinsame Produktion – Beispiele**: VW (Touareg), Porsche (Cayenne); VW (Sharan), Seat (Alhambra), Ford (Galaxy)
Kernfragen		
▪ Abhängigkeit von Modellreihen ausreichend minimiert?	▪ Absatzregionen ausreichend differenziert?	▪ Überwiegt der Vorteil der Markendiversifikation gegenüber dem zusätzlichen marken- bzw. herstellerspezifischen Risiko? ▪ Sind Kunden bereit, für ähnliche Autos unterschiedliche Preise zu zahlen?
Verbleibende Risikofaktoren		
▪ Herstellerspezifisch ▪ Autokonjunktur – Lokal – Global	▪ Herstellerspezifisch ▪ Globale Autokonjunktur	▪ Globale Autokonjunktur

doch praktisch risikofrei sein sollten. Ob es regnet oder die Sonne scheint: Das eine Produkt boomt, wenn das andere gerade nicht nachgefragt wird, und umgekehrt. Diesen Effekt gilt es auszunutzen.

Unter dem Stichwort Diversifikation ist diese Risikonahmestrategie allgemein bekannt. Dabei werden die Korrelationen zwischen Risiken zum entscheidenden Faktor. In einem intelligent diversifizierten Portfolio ist das Gesamtrisiko deutlich geringer als die Summe der Einzelrisiken.

4.2 Die Erweiterung des Lösungsraums: Mit professionellem Risikomanagement lassen sich Chancen nutzen

Positive Effekte der Diversifikation lassen sich nicht nur für ein Kreditportfolio oder das Aktienportfolio eines Investors nutzen, sondern auch für das Produktportfolio eines Industrieunternehmens. Wenn ein Unternehmen bestimmte Diversifikationseffekte erzielen oder verstärken will, wird es entsprechende Risiken unter expliziter Berücksichtigung der Korrelation gezielt suchen. Abbildung 4.6 zeigt am Beispiel der Automobilindustrie verschiedene Diversifikationsmöglichkeiten. Dabei müssen die Unternehmen aber auf ihre Kernkompetenzen setzen, sonst droht Wertvernichtung: Die Bewertungsabschläge auf Konglomerate geben ein warnendes Beispiel.

Ein Automobilkonzern kann die positiven Diversifikationseffekte in verschiedenen Dimensionen verfolgen. Die meisten Automobilhersteller verfügen über zahlreiche Modellreihen, wodurch sich ihre Abhängigkeit von einem einzelnen Modell deutlich reduziert. Zusätzlich sind Produktionsstandorte und Absatzmärkte geografisch verteilt, sodass z. B. lokale Absatzprobleme durch Erfolge in anderen Ländern abgefedert werden können. Durch die Nutzung mehrerer unterschiedlicher Marken kann ein Konzern eine zu starke Abhängigkeit von einer bestimmten Marke verhindern. Außerdem gibt es zumindest die Möglichkeit der Zusammenarbeit mit anderen Automobilfirmen, beispielsweise in der Produktion, oder die direkte Nutzung unabhängiger Produktionsdienstleister, wie z. B. Karmann oder Magna Steyr. Bei Nutzung aller Diversifikationseffekte verbliebe allein das Risiko eines Abschwungs des globalen Automobilmarktes; dies kann eine „brancheninterne" Diversifikation natürlich nicht ausgleichen. Einbrüche in Teilmärkten und Segmenten würden jedoch aufgefangen. Wer hier überlegen ist, behält seinen Wettbewerbsvorteil, während er sein Geschäftsrisiko reduziert.

Abbildung 4.7 listet zusammenfassend auf, wann die bewusste Übernahme von Risiken zur Debatte stehen sollte. Wie die zuvor erörterten Beispiele zeigen, beginnt das mit der Fä-

4. Die Entscheidung: Risikonahmestrategien

Abb. 4.7: Gründe für eine bewusste Risikoübernahme

			Beispiele
Ein Unternehmen ist der natürliche Träger eines Risikos, wenn...	... es das Risiko besser einschätzen und quantifizieren kann	... es über zusätzliche und/oder präzisere Informationen verfügt	Zugang zu nicht öffentlichen Informationen	▪ Besitzer einer Gas-Pipeline zum Gasangebot und zur Gasnachfrage ▪ Nähe zu Entscheidern
			Überlegene Fähigkeiten in der Informationsgewinnung	▪ Banken, die durch Mitarbeiter vor Ort Informationen über Höhe und Qualität der nächsten Ernte einholen
		... es Informationen besser nutzen kann	Zusammenhänge zw. Risikoereignissen überlegen erkennen	▪ Rückschlüsse aus Firmeninsolvenzen auf erhöhte Privatinsolvenzen von Mitarbeitern
			Risikoereignisse treffsicherer vorhersehen	▪ Trennschärfere Scoring- oder Ratingsysteme ▪ Bessere Kursprognosen für Aktien
	... es das Risiko besser managen, d.h. es besser transformieren kann	... es das Risiko zu geringeren Kosten übernehmen kann	Geringere Eintrittswahrscheinlichkeit für das Risiko	▪ Vorsorgende Wartung ▪ Geschickte Eigenbeteiligungsregeln bei Kfz-Versicherungen ▪ Vorbereitete Notfallpläne und -maßnahmen
			Geringere Kosten bei Eintritt des Risikos	▪ Operative Flexibilität in der Fertigung ▪ Geschickte Eigenbeteiligungsregeln bei Kfz-Versicherungen
			Freie, höhere Risikotragfähigkeit	▪ Unausgelastetes ökonomisches Eigenkapital bei Versicherungen
		... es von Korrelationseffekten profitieren kann	Portfolioeffekte	▪ Diversifikation von Risiken in großen Versicherungsunternehmen ▪ Korrelationen der Cashflows der Geschäftseinheiten
			Natürliche Hedges	▪ Erdbebenrisiken für Mobiltelekommunikationsunternehmen
			Günstigerer Zugang zu Hedges mit Finanzinstrumenten	▪ Banken, die mit Finanzinstrumenten handeln ▪ Überlegene Fähigkeiten bei der Bewertung von Derivaten

Quelle: McKinsey

4.2 Die Erweiterung des Lösungsraums: Mit professionellem Risikomanagement lassen sich Chancen nutzen

higkeit, Risiken besser als andere identifizieren und quantifizieren zu können. Dies ist der Fall, wenn ein Unternehmen über genauere Informationen über Risiken verfügt oder weil es auf Grund von Erfahrungen die Informationen präziser deuten kann. Die Überlegenheit kann auch darauf gründen, dass ein Unternehmen mit Risiken besser umgehen kann, da es auf gegenläufige Effekte (Diversifikation) bauen kann.

4.2.3 Strategie 3: Risiken in ihrer Entwicklung intelligent minimieren

Im Geschäftsleben besteht die Kunst dieser Strategie darin, Risiken zu minimieren, ohne gleichzeitig das zugehörige Geschäft und damit mögliche Chancen auf Gewinn aufzugeben. Die Risikominimierung zielt darauf, nicht nur einen erwarteten Verlust zu minimieren, sondern gleichzeitig nachteilige Abweichungen der Ist-Ergebnisse vom erwarteten Wert zu vermindern.

Intelligent geplante Prozesse minimieren Risiken und verhindern Dominoeffekte

Viele Unternehmen versuchen beispielsweise, Prozesse so zu gestalten, dass Fehler von vornherein minimiert werden. Möglich ist auch, eine Ausbreitung von Risiken (Dominoeffekt) durch entsprechende Prozesse zu verhindern. Der Einsatz von Frühwarninstrumenten ermöglicht es, im Risikofall rechtzeitig eingreifen zu können und so Risiken zu minimieren.

Ende der 80er Jahre haben die Japaner der Automobilindustrie anderer Industrieländer vorgeführt, wie man mit optimierten Produktionsmethoden nicht nur günstigere, sondern auch bessere Autos produzieren kann.

Ob Total Quality Management, Kaizen oder Six Sigma – hinter diesen Fachbegriffen und Schlagwörtern steckt dasselbe

4. Die Entscheidung: Risikonahmestrategien

Ziel: eine möglichst schnelle, möglichst günstige und vor allem möglichst fehlerfreie Produktion. So sollen Kundenreklamationen reduziert werden.

Wenn es gar zu Rückrufaktionen kommt, bedeutet das für einen Hersteller nicht nur unangenehme Reparaturkosten, sondern verursacht zusätzlich einen erheblichen Kommunikations- und Organisationsaufwand sowie einen schwer zu messenden Imageschaden, der erst gar nicht entsteht, wenn Fehler (auch bei der Kommunikation) von vornherein vermieden werden.

Wurde früher die Ausschussquote in Prozent gemessen, wird sie etwa bei Six Sigma nur noch in „Fehler pro eine Million Vorgänge" angegeben. Unterstellt man eine Normalverteilung, entspricht Six-Sigma-Qualität 3,4 Fehlern pro eine Million Vorgänge.

Dabei kommen einfache Ideen zur Anwendung: Damit bei der Montage keine Fehler mehr unterlaufen können, werden die Einzelteile so konstruiert, dass man sie nicht falsch montieren kann. So werden Stecker nicht mehr rund, sondern in Form eines Tetraeders gebaut, so dass es nur eine Steckrichtung gibt – und damit sitzen die Stecker erst dann bündig im zugehörigen Loch, wenn die jeweiligen Pole korrekt zueinander passen.

Dass durch solche Maßnahmen auch Kosten gesenkt werden können, ist ein angenehmer Nebeneffekt. So soll die in Abbildung 4.8 dargestellte Six-Sigma-Initiative bei der General-Electric-Tochter GE Capital fünf Jahre nach ihrer Einführung jährliche Ersparnisse von mehreren hundert Millionen Dollar eingebracht haben.

Qualitätsmanagement und Null-Fehler-Mentalität zur Minimierung von Risiken und Senkung der Kosten sind für alle Industriesektoren relevant. So können Antragsformulare bei immer mehr Dienstleistern nur in elektronischer Form bearbeitet und erst nach vollständigem Ausfüllen und automatischer Plausibilisierung ausgedruckt, abgelegt oder versandt werden. Auf diese Weise werden Verzögerungen oder Fehler wegen fehlen-

4.2 Die Erweiterung des Lösungsraums: Mit professionellem Risikomanagement lassen sich Chancen nutzen

Abb. 4.8: Six-Sigma-Qualitätsprogramm führte bei GE Capital zu operativer Exzellenz

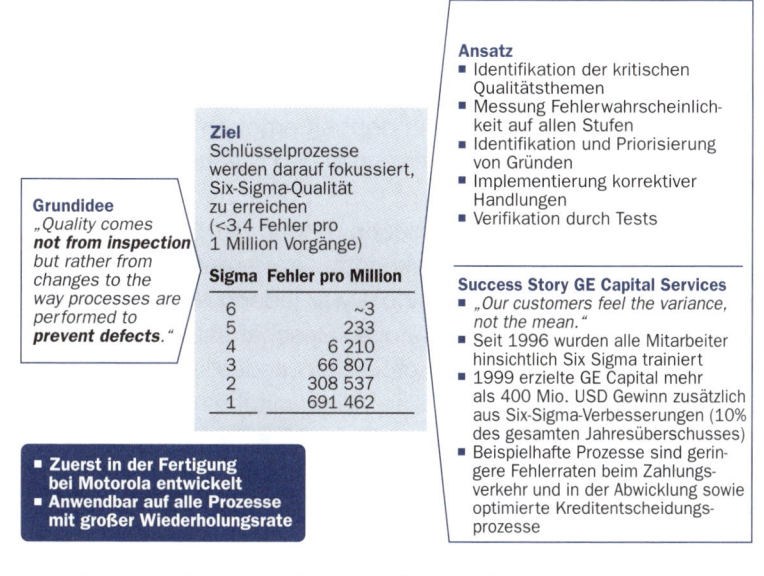

Grundidee
„*Quality comes **not from inspection** but rather from changes to the way processes are performed to **prevent defects**.*"

Ziel
Schlüsselprozesse werden darauf fokussiert, Six-Sigma-Qualität zu erreichen (<3,4 Fehler pro 1 Million Vorgänge)

Sigma	Fehler pro Million
6	~3
5	233
4	6 210
3	66 807
2	308 537
1	691 462

Ansatz
- Identifikation der kritischen Qualitätsthemen
- Messung Fehlerwahrscheinlichkeit auf allen Stufen
- Identifikation und Priorisierung von Gründen
- Implementierung korrektiver Handlungen
- Verifikation durch Tests

Success Story GE Capital Services
- „*Our customers feel the variance, not the mean.*"
- Seit 1996 wurden alle Mitarbeiter hinsichtlich Six Sigma trainiert
- 1999 erzielte GE Capital mehr als 400 Mio. USD Gewinn zusätzlich aus Six-Sigma-Verbesserungen (10% des gesamten Jahresüberschusses)
- Beispielhafte Prozesse sind geringere Fehlerraten beim Zahlungsverkehr und in der Abwicklung sowie optimierte Kreditentscheidungsprozesse

- Zuerst in der Fertigung bei Motorola entwickelt
- Anwendbar auf alle Prozesse mit großer Wiederholungsrate

Quelle: Pande: „The 6-σ way", General Electric Annual Report (1999)

---

der Angaben direkt bei der Entstehung vermieden. Darüber hinaus liefert dieses Verfahren wichtige Entscheidungshilfen, etwa bei Kreditanträgen: Das Weglassen risikorelevanter Informationen ist deutlich erschwert, es fällt überdies auf und wird so ebenfalls zu einer risikorelevanten Information.

Besonderer Aufmerksamkeit bedürfen mögliche Dominoeffekte beim Eintritt von Risiken: Die Kettenreaktionen von Gefahren werden oft in Slapstickfilmen belacht, wenn ein banaler Vorfall wie das Überlaufen der Kaffeemaschine am Ende das ganze Leben des tragischen Helden ruiniert. Was den Zuschauer oder Leser amüsiert, ist für den Betroffenen eine Katastrophe – allerdings oft eine vermeidbare.

4. Die Entscheidung: Risikonahmestrategien

Wie teuer fehlende Sicherheitslösungen sein können, erlebte 2002 eine japanische Großbank. Der Konzern musste nach einigen Fusionen die IT-Systeme der akquirierten Unternehmen integrieren. Nach monatelanger Vorbereitung sollte endlich der Startschuss fallen. Doch ein Computerchaos führte zu einem Desaster: Binnen weniger Stunden fielen Tausende Geldautomaten aus, Gebühren wurden doppelt erhoben, und die Bearbeitung von Millionen Überweisungen und Kreditkartenrechnungen erfolgte – wenn überhaupt – mit großer zeitlicher Verzögerung. Kaum jemand hätte gedacht, dass in der Bankenbranche eine solche Panne passieren könnte. Gravierender als die Störungen innerhalb der Bank selbst war jedoch der einsetzende Dominoeffekt: Das Chaos störte Geschäftsabläufe in ganz Japan. Dem größten Gasversorger des Landes konnten Zahlungen in zweistelliger US-Dollar-Millionenhöhe nicht auf dem Konto gutgeschrieben werden. Die größte Telefongesellschaft musste mühsam Zehntausende Kunden befragen, ob Rechnungen bezahlt worden waren oder nicht. Unternehmen beklagten sich, dass Gehälter nicht ausgezahlt werden konnten.

Zur Vermeidung des Dominoeffektes gilt es bei Eintritt eines Risikos zu verhindern, dass es sich innerhalb oder außerhalb des Unternehmens weiter ausbreitet und zusätzlichen Schaden anrichtet. Dazu muss das Management die Wirkungsketten genau analysieren und die kritischen Punkte identifizieren. Dann passt es Verfahren und Prozesse so an, dass Dominoeffekte mit potenziell verheerenden Folgen an definierten Schnittstellen unterbrochen werden. Vorkehrungen zur Verhinderung des Dominoeffektes sind beispielsweise Notfallpläne, die verhindern, dass zum eingetretenen Störfall auch noch dessen dilettantische Behandlung hinzukommt.

Besser, wenn es gar nicht erst zum Notfall kommt: Wer zeitig nachdenkt, hat später weniger Probleme. Einen Blackout wie im Sommer 2003 an der Ostküste Amerikas zu erleben, ist zumindest unangenehm, im schlimmsten Fall lebensbedrohlich. Dort

4.2 Die Erweiterung des Lösungsraums: Mit professionellem Risikomanagement lassen sich Chancen nutzen

war nach Abschaltung von Kraftwerken das ganze altersschwache und überlastete Netz zusammengebrochen, 50 Millionen Menschen waren abrupt ohne Strom. In Italien gingen wenige Wochen später an einem Septembersonntag für etliche Stunden, teils den ganzen Tag, die Lichter aus. Eine Kettenreaktion infolge eines Kraftwerkdefekts und einer durch umgestürzte Bäume zerstörten Hauptleitung in Verbindung mit einer unkontrollierten Umleitung der zusätzlichen Last auf noch intakte Leitungen, die dann ihrerseits überlastet waren, wird als Ursache genannt.

Könnte das in Deutschland auch passieren? Immerhin drückt hierzulande die eingebaute Redundanz im engmaschigen Stromnetz das Risiko. Als jedoch im Herbst 2003 ein LKW den Mast einer Hauptversorgungsleitung rammte, war auch in Köln die Stromversorgung aller rechtsrheinischen Stadtteile für eine Stunde unterbrochen.

Wer im Voraus den Eintritt von Risiken simuliert,
lebt später sicherer

Im Immobilienbereich beispielsweise spielen Überlegungen zum Risikomanagement meist früh eine Rolle. Bereits bei der Planung eines Gebäudes werden nicht nur Sprinkleranlagen und weitere Feuerschutzmaßnahmen – etwa Mindestabstände und feuerfeste Türen – bedacht, sondern auch mit Leerrohren zukünftigen technischen Anforderungen Rechnung getragen oder mit einer flexiblen Grundrissgestaltung alternative Verwendungsmöglichkeiten gewonnen.

Nach dem gleichen Muster beschäftigen einige Unternehmen „Self-Destruction-Truppen", um Risiken für ihr Geschäft frühzeitig zu erkennen und gezielt reagieren zu können, bevor es Wettbewerber tun. So arbeiten in großen IT-Unternehmen interne Hacker einzig daran, Schwachstellen in den Systemen aufzuspüren.

Vorausschauendes Handeln ist integraler Teil einer intelligenten Strategie zur Minimierung von Risiken. Zwar lässt sich die

4. Die Entscheidung: Risikonahmestrategien

Prognostizierbarkeit der Risiken so nicht notwendigerweise verbessern, aber das Management kann auf die Risiken schneller und erfolgreicher reagieren. Wer mit Weitblick Risiken einkalkuliert, kann entsprechend Vorsorge treffen, sich Handlungsflexibilität sichern und damit Folgekosten reduzieren.

Flexibilität lässt sich auch durch Ausstiegs- oder Wechselklauseln sichern, beispielsweise bei IT-Dienstleistungen. Drohende Konventionalstrafen bei Großprojekten lassen sich vermeiden, wenn das Management frühzeitig die Risiken betrachtet, die eine zeitgerechte Erfüllung des Projektplans behindern.

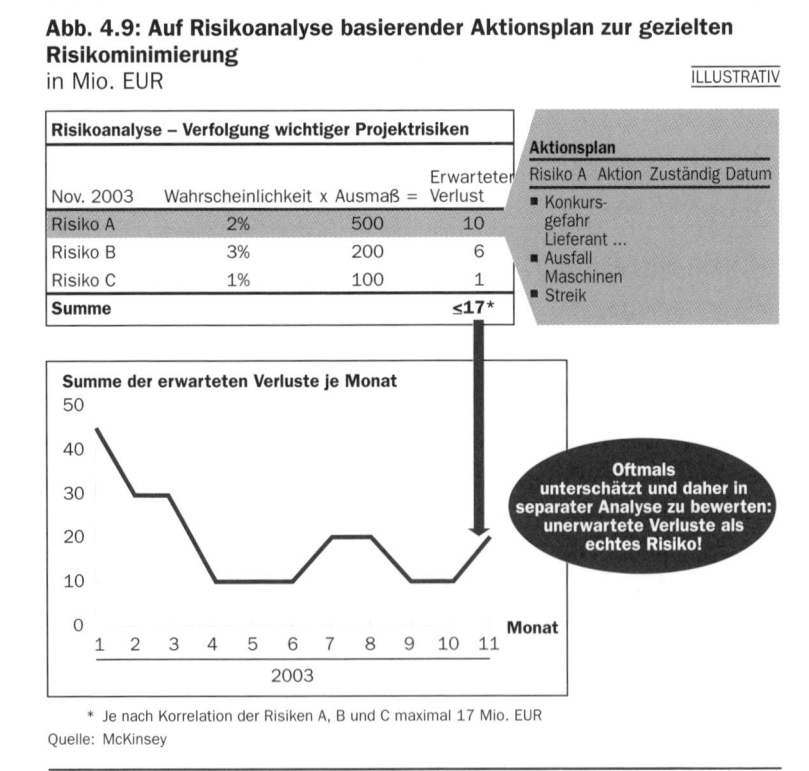

Abb. 4.9: Auf Risikoanalyse basierender Aktionsplan zur gezielten Risikominimierung
in Mio. EUR   ILLUSTRATIV

Risikoanalyse – Verfolgung wichtiger Projektrisiken			
Nov. 2003	Wahrscheinlichkeit x Ausmaß =	Erwarteter Verlust	
Risiko A	2%	500	10
Risiko B	3%	200	6
Risiko C	1%	100	1
Summe			**≤17***

Aktionsplan

Risiko A	Aktion	Zuständig	Datum
▪ Konkursgefahr Lieferant …			
▪ Ausfall Maschinen			
▪ Streik			

Summe der erwarteten Verluste je Monat

(Diagramm: Monate 1–11, 2003)

Oftmals unterschätzt und daher in separater Analyse zu bewerten: unerwartete Verluste als echtes Risiko!

* Je nach Korrelation der Risiken A, B und C maximal 17 Mio. EUR
Quelle: McKinsey

4.2 Die Erweiterung des Lösungsraums: Mit professionellem Risikomanagement lassen sich Chancen nutzen

Dann kann es den entsprechenden Aktivitäten gezielt erhöhte Aufmerksamkeit widmen.

Eine Entscheidungshilfe für die Wahl der richtigen Risikostrategie stellt Abbildung 4.9 dar. Systematisch erfasst und schätzt sie grob die Eintrittswahrscheinlichkeit und das Ausmaß des Risikos. Basierend auf dieser Risikomessung werden die Risiken nach der Höhe des erwarteten Verlusts klassifiziert. Insbesondere für Häufungen wird ein Aktionsplan erstellt.

Solche Instrumente lassen sich frühzeitig, das heißt lange vor dem möglichen Eintritt eines Risikos, einsetzen und auch mit Kunden und Lieferanten vereinbaren, da deren Risiken eben auch auf die eigenen Risiken durchschlagen.

4.2.4 Strategie 4: Risiken intelligent auf Dritte überwälzen

Risikoüberwälzung ist das Instrument der Wahl, wenn Risiken weder selbst (vollständig) übernommen noch gänzlich vermieden werden können oder sollen. Hierbei gibt es eine Reihe möglicher Ansätze: Risiken lassen sich auf Versicherungen – also spezialisierte Risikoträger – überwälzen, daneben aber auch auf Märkte, Lieferanten, auf den Staat oder Kunden und mitunter sogar auf Wettbewerber. An diesen Beispielen wird deutlich, dass neben guten Risikoidentifikations- und -bewertungsfähigkeiten auch Marktmacht und Verhandlungsgeschick eine nicht unerhebliche Rolle für erfolgreiches Risikomanagement spielen.

Risiken auf Versicherungen überwälzen

Die Überwälzung von Risiken auf eine Versicherung ist nahe liegend und unter entsprechenden Voraussetzungen die richtige Strategie. Dahinter steht die Annahme, dass eine Versicherung besser als das Unternehmen in der Lage ist, das zu versichernde Risiko zu übernehmen. Allerdings muss die Versicherung

4. Die Entscheidung: Risikonahmestrategien

dafür sorgen, dass beim Versicherten z. B. keine Anreize zu weniger Sorgfalt entstehen, was sowohl die Wahrscheinlichkeit des Risikoeintritts als auch die Höhe des Schadens bei Risikoeintritt erhöht.

- ■ Versicherungen können Risiken besser einschätzen. Versicherungen haben mit bestimmten Schadensfällen mehr Erfahrungen als einzelne Unternehmen. Sie können durch die Konzentration auf die Kernkompetenz Risiko mehr Informationen sammeln und Know-how aufbauen. Differenzierte Erkenntnisse zu Risiken, ihren Ursachen und Möglichkeiten zur Vermeidung spiegeln sich in den Versicherungsbedingungen wider. So ist es üblich, dass Versicherungen vor Abschluss eines Vertrags einen Kunden zu risikoreduzierenden Maßnahmen, etwa dem Einbau einer Alarm- oder Sprinkleranlage in Gebäuden, auffordern und die Prämienhöhe daran koppeln.

- ■ Versicherungen können besser diversifizieren. Versicherungen bilden Portfolios aus Einzelrisiken. Je diversifizierter das Portfolio ist, desto weniger weichen die tatsächlich aufgrund von Risikoeintritten erforderlichen Schadenzahlungen von der kalkulierbaren Erwartung ab, zudem kann die Versicherung durch Adjustierung der Höhe der Prämien besser auf Veränderungen reagieren.

- ■ Versicherungen haben eine hohe Risikotragfähigkeit. Es gibt Bereiche, in denen Versicherungen ein Risiko weder besonders gut diversifizieren können noch mehr Know-how als der Versicherte haben. Trotzdem kann es für ein Unternehmen interessant sein, eine Versicherung abzuschließen, z. B. um die Kosten eines Schadensfalls über einen längeren Zeitraum zu verteilen. Aus dieser Überlegung wurde beispielsweise eine Streikversicherung entwickelt. In diesem Punkt wird kaum ein Unternehmen einer Versicherung mehr Kompetenz zutrauen als sich selbst. Schließlich kennt ein Unternehmen seine Mitarbeiter naturgemäß besser als eine branchenfremde Versicherung und hat das Streikrisiko durch eigeninitiierte Maßnahmen möglicherweise selbst in der Hand. Das Unternehmen ist also scheinbar selbst der beste *Risk Owner*, da es das Risiko besser prognos-

Abb. 4.10: Streikversicherung verteilt Schaden auf längeren Zeitraum

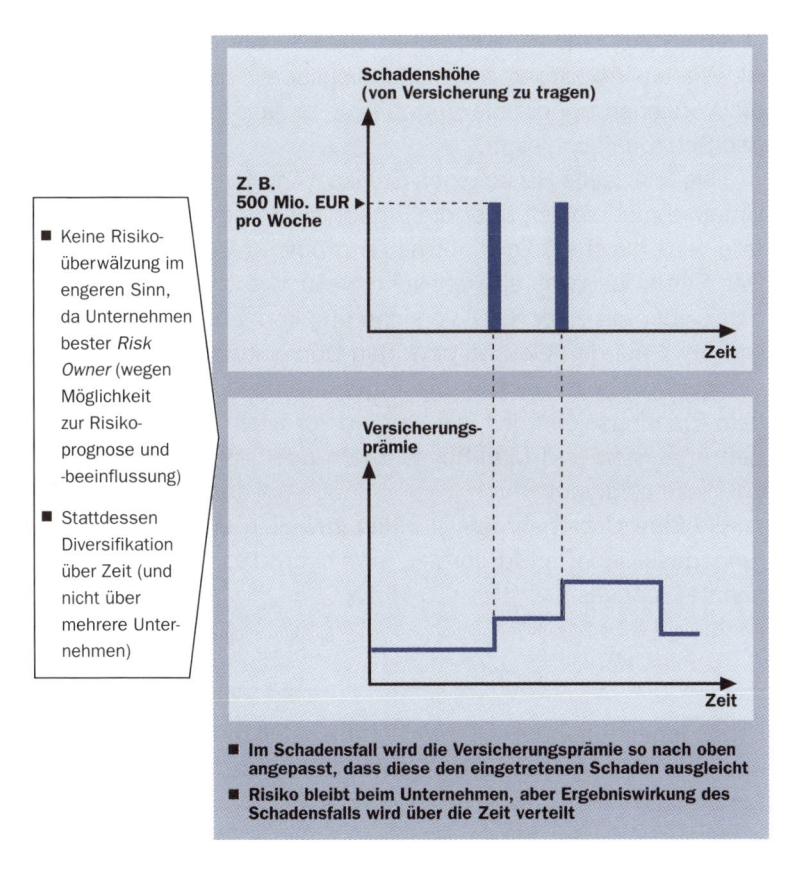

- Keine Risikoüberwälzung im engeren Sinn, da Unternehmen bester *Risk Owner* (wegen Möglichkeit zur Risikoprognose und -beeinflussung)
- Stattdessen Diversifikation über Zeit (und nicht über mehrere Unternehmen)

Schadenshöhe (von Versicherung zu tragen)

Z. B. 500 Mio. EUR pro Woche

Zeit

Versicherungsprämie

Zeit

- Im Schadensfall wird die Versicherungsprämie so nach oben angepasst, dass diese den eingetretenen Schaden ausgleicht
- Risiko bleibt beim Unternehmen, aber Ergebniswirkung des Schadensfalls wird über die Zeit verteilt

Quelle: McKinsey

4. Die Entscheidung: Risikonahmestrategien

tizieren und vor allem auch selbst beeinflussen kann. Da aber die Kosten eines Streiks extrem hoch sein können, ist es für das Unternehmen gegebenenfalls attraktiv, durch den Abschluss einer Streikversicherung diese Belastung über eine bestimmte Zeit zu strecken. Statt also in einem Jahr beispielsweise einen existenzgefährdenden Verlust durch einen Streik zu erleiden, zahlt das Unternehmen über Jahre einen im Vergleich niedrigeren Betrag an eine Versicherung, durch deren Kapitalkraft und Diversifikationsmöglichkeit der Ausgleich über die Zeit möglich ist. Wie aus Abbildung 4.10 ersichtlich ist, wird im Schadensfall die Versicherungsprämie angepasst, sodass diese langfristig den Schaden ausgleicht.

Das finanzielle Risiko eines Streiks trägt damit weiterhin das Unternehmen selbst, aber die Ergebniswirkung des Schadensfalls wird gleichmäßiger auf einen größeren Zeitraum verteilt. Der Streik ist zwar ähnlich kostspielig wie die Versicherung dafür, aber mit einer Streikversicherung können die Auswirkungen etwa auf den Gewinn bzw. den Börsenkurs unter Umständen geringer sein. Denn stabile Ergebnisse geben nicht nur größere Planungssicherheit, sie werden vor allem von nicht wenigen Analysten und Marktteilnehmern positiver als volatile Ergebnisse eingestuft.

Größere Unternehmen gründen zuweilen eigene Versicherungsgesellschaften für ihre zu versichernden Risiken, so genannte Captives.

Risiken auf den Staat überwälzen

Nicht gegen jeden denkbaren Schadensfall gibt es eine Versicherung. So begrenzte die US-Assekuranz nach dem 11. September 2001 die Versicherungssumme auf Grund von Terroranschlägen auf eine Maximalhöhe von 50 Millionen Dollar pro Schadenereignis. Fluggesellschaften hätten alle darüber hinausgehenden Risiken selbst tragen müssen. Als diese sich

4.2 Die Erweiterung des Lösungsraums: Mit professionellem Risikomanagement lassen sich Chancen nutzen

weigerten, und daraufhin der gesamte Flugverkehr zusammenzubrechen drohte, sprangen unter anderem in Deutschland und den USA die Regierungen in die Bresche. Im Schadensfall würde der Staat die Kosten übernehmen – jedenfalls so lange, bis sich eine andere Lösung findet.

In Deutschland gründete in der Folge der Staat mit der Versicherungsindustrie einen besonderen Fonds namens Extremus. Insgesamt 16 Versicherungen von Allianz bis Zürich Agrippina brachten ein Kapital von insgesamt 60 Millionen Euro auf. Im Schadensfall decken zunächst diese 16 Versicherer durch Terroranschläge verursachte Schäden an Industrieanlagen und Gebäuden, einschließlich Betriebsunterbrechungen, und zwar ab einer Höhe von 25 Millionen Euro bis zu maximal drei Milliarden Euro jährlich.

Extremus nutzt seinerseits die Möglichkeiten zur Risikoüberwälzung: Der Fonds gibt das Risiko an (Rück-)Versicherer weiter. Die ersten 1,5 Milliarden Euro tragen dabei die in Deutschland vertretenen Erst- und Rückversicherer, die nächsten 1,5 Milliarden Euro zahlen internationale Rückversicherer. Über die von der Versicherungswirtschaft gedeckten drei Milliarden Euro hinaus muss der Staat als letzte Instanz geradestehen: Ab dieser Grenze springt die Bundesrepublik mit weiteren maximal zehn Milliarden Euro ein. Insgesamt sind Schäden bis zu 13 Milliarden Euro jährlich versichert.

Der Staat übernimmt schon lange wirtschaftliche Risiken. Um den Export zu fördern, gibt es seit 1949 Hermes-Bürgschaften. Deutsche Unternehmen können mit den Hermes-Ausfuhrgewährleistungen ihre Exporte gegen wirtschaftliche und politische Risiken absichern. Nach einem gesetzlich geregelten Verfahren übernimmt die Bundesregierung diese Leistungen. Mit der konkreten Umsetzung dieses Systems hat die Bundesregierung ein Konsortium, bestehend aus der Euler Hermes Kreditversicherungs-AG und einer Wirtschaftsprüfungsgesellschaft, beauftragt.

4. Die Entscheidung: Risikonahmestrategien

Der Staat übernimmt die Risiken, weil dadurch viele Exporte der deutschen Wirtschaft erst möglich werden. Außerdem hätten deutsche Exporteure ohne Hermes einen entscheidenden Nachteil im internationalen Wettbewerb, denn in anderen Industrieländern sichern ebenfalls staatliche Institutionen Exporte nationaler Unternehmen ab. Erst durch diese Risikoübernahme des Staates konnten verschiedene Auslandsmärkte erschlossen werden.

Risiken auf Lieferanten überwälzen

In der Buchbranche ist es üblich, dass Verlage den Händlern ihre Bücher mit großzügigem Zahlungsziel zur Verfügung stellen. Erst nach dem erfolgreichen Verkauf zahlt der Händler den Einkaufspreis an den Verlag. Wird die Ware nicht verkauft, kann sie der Buchhändler innerhalb einer bestimmten Frist kostenlos an den Verlag zurückgeben – die so genannten Remittenden. Auf diese Weise überwälzt der Buchhändler sein Einkaufsrisiko an seinen Lieferanten. Der Verlag übernimmt dieses Risiko, denn so bekommt er die Chance, überhaupt im Buchhandel präsent zu sein.

Eine andere Form der Risikoüberwälzung auf Lieferanten wird oft in internationalen Handelsbeziehungen gewählt. So kauft beispielsweise ein Großhändler für Lederwaren seine Ware in Indien und bezahlt diese in Euro. Der Lieferant trägt das Währungsrisiko, denn er muss seine lokalen Lieferanten in Landeswährung zahlen. Je nach Wechselkurs verdient er darum mal mehr, mal weniger, während der Großhändler unabhängig vom Wechselkurs kalkulieren kann.

WalMart, der größte amerikanische Konsumgüter-Einzelhändler, hat mit seinen Hauptlieferanten in den meisten Produktkategorien ein Just-in-time-Inventurmanagement aufgebaut und dadurch die Lagerhaltung erheblich reduziert. Durch elektronischen Zugriff auf die relevanten Inventurdaten des Einzelhändlers weiß der Lieferant stets, wann die Regale wieder zu füllen sind. Dadurch hat der Händler das Lagerhaltungsrisiko an

4.2 Die Erweiterung des Lösungsraums: Mit professionellem Risikomanagement lassen sich Chancen nutzen

den Lieferanten weitergegeben. Falls der Lieferant nicht rechtzeitig liefert und der Konsumgütereinzelhändler dadurch Umsatzeinbußen hinnehmen muss, fallen Konventionalstrafen an. So wird auch das mit solchen Just-in-time-Lösungen verbundene Sekundärrisiko überwälzt.

Risiken auf Kunden überwälzen

Wenn ein Unternehmen ein Risiko auf seinen Kunden abwälzen will, muss es dazu in der Regel ein gutes Angebot machen. Dann kann dies vor allem in volatilen Märkten für beide Seiten eine attraktive Angelegenheit sein. Entwicklungen im Energie-

Abb. 4.11: Nach Deregulierung der Energiemärkte sind neben den Chancen aus Marktöffnungen auch die Risiken für die Marktteilnehmer gestiegen

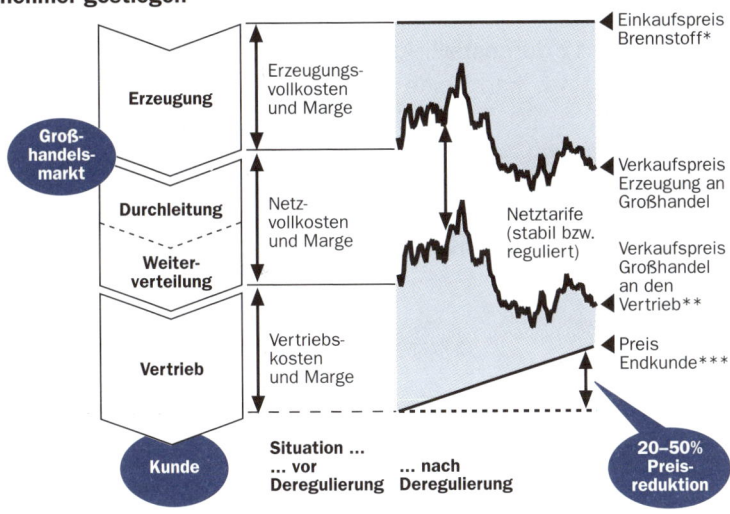

* Brennstoffpreisvolatilität als zusätzliches Risiko
** Verkaufspreis Erzeugung an Handel plus Netztarife plus Großhandelsmarge
*** In der Regel Fixpreise
Quelle: McKinsey

4. Die Entscheidung: Risikonahmestrategien

markt zeigen, wie eine solche Risikoüberwälzung aussehen kann: Bis vor wenigen Jahren gab es bei der Stromversorgung durch die staatliche Regulierung für Erzeuger, Netzbetreiber und Verteiler zum Endkunden beinahe feste Margen.

Nach der Deregulierung des Strommarktes änderte sich das in einigen Ländern drastisch. Wie aus Abbildung 4.11 ersichtlich, waren die Verkaufspreise der Erzeuger an den Großhandel nun Schwankungen ausgesetzt und damit auch die Verkaufspreise des Großhandels an den Vertrieb. Der Endkunde verlangte dennoch einen Festpreis – und durch das Auftreten neuer Wettbewerber war dieser mitunter auch noch um 20 bis 50 Prozent geringer als zuvor. Damit hatte die Volatilität der Erzeugerpreise plötzlich erheblichen Einfluss auf den Wert von Kundenverträgen und den Erfolg, insbesondere des Großhandels.

In dieser Situation entstanden neue Vertragsformen zwischen Stromhändlern und Abnehmern. Ein Beispiel für eine solche Vertragsform mit einer besonderen Ausstiegsklausel ist in Abbildung 4.12 dargestellt. Auch wenn Preise und Mengen weit gehend fix sind, kann eine Lieferunterbrechungsklausel den

---

Abb. 4.12: Wie sich Risiken durch neue Vertragsgestaltung auf Kunden überwälzen lassen

Vertragsart	Lieferung von ...	Risikobasierte Bewertung in Mio. EUR
Fixer Kontrakt ■ 1 Jahr ■ 40 EUR pro MWh	200 MW fix	0,8
Kontrakt mit Unterbrechungsrecht des Stromherstellers ■ 1 Jahr ■ 40 EUR pro MWh	0–200 MW, Unterbrechungsrecht, wenn Marktpreise über 50 EUR pro MWh	5,5

+4,7

Quelle: McKinsey

Wert eines Vertrags um ein Vielfaches steigern. Die Klausel greift, sobald der Marktpreis des Stroms auf einer vorher festgelegten Strombörse eine bestimmte Schwelle überschreitet. Dann kann der Stromhersteller bei anderen Kunden deutlich höhere Preise realisieren. Allerdings muss das Energieunternehmen seine Kunden möglicherweise mit einem günstigen Strompreis in solche Verträge locken.

Risiken auf Wettbewerber überwälzen

Unter bestimmten Umständen kann es sogar sinnvoll und möglich sein, Risiken auf Wettbewerber zu überwälzen. Versicherungen bilden beispielsweise bei der Vergabe von Policen mit erheblichem Risikovolumen oft ein Konsortium, um ihr Risiko besser aufteilen und diversifizieren zu können; Banken tun das Gleiche bei Großkrediten. Für den Initiator der Risikoüberwälzung ist diese Form höchst attraktiv: So ist die Rolle des Konsortialführers ökonomisch meist ungleich attraktiver als die Rolle des einfachen Konsortialmitglieds.

Ebenso bilden Baufirmen beim Bau von Großprojekten wie Flughäfen oder U-Bahnen Konsortien, um ihre Abhängigkeit vom Erfolg dieses einen Projekts zu reduzieren.

Die Durchsetzbarkeit der Risikoüberwälzung hängt von der Markt- und Verhandlungsmacht sowie vom Know-how der Vertragspartner ab. Risikoüberwälzung erfolgt in diesen Großprojekten oft vom besser zum schlechter Informierten. Hier verschafft ein intelligentes Risikomanagement einen deutlichen Wettbewerbsvorteil.

Risiken auf Märkte überwälzen

Risikoüberwälzung auf Märkte mag zwar für viele Branchen relativ neu sein, hat jedoch bereits eine lange Tradition. 1848 wurde das Chicago Board of Trade gegründet, das es ermög-

4. Die Entscheidung: Risikonahmestrategien

lichte, Termingeschäfte für Getreide abzuschließen. Durch Termingeschäfte ließ sich bereits damals das Risiko steigender oder fallender Preise für Getreide auf andere Marktteilnehmer überwälzen. Der Produzent schützte sich vor fallenden, der Abnehmer vor steigenden Preisen – somit verbesserte sich für beide die Planungssicherheit. Was sich für Getreide bewährt hatte, setzte sich bald auch auf anderen Märkten durch: Terminmärkte entstanden für alle möglichen Rohstoffe, Zinssätze, Währungen und Aktien.

Seit den 80er Jahren gehört das Termingeschäft zu den Standardwerkzeugen des Risikomanagements. Das Prinzip ist immer noch dasselbe wie im 19. Jahrhundert: Warenlieferung und Preis werden im Voraus fest vereinbart – geliefert und gezahlt wird erst zu einem späteren Termin. Später kamen noch die Optionen hinzu, bei denen im Grundsatz lediglich das *Recht* auf Zahlung oder Lieferung entsteht, wohingegen bei Futures und Forwards als standardisierten Termingeschäften die *Pflicht* dazu besteht.

Mit Hedging-Instrumenten lassen sich viele Risiken überwälzen. Zunehmend stehen Derivate für Bereiche zur Verfügung, an die man noch vor wenigen Jahren niemals gedacht hätte. So gibt es inzwischen sogar Wetterderivate, eine Art Schlechtwettergeld für Unternehmen, die von Regen, Sonnenschein, Eis oder Schnee abhängig sind. Laut der Weather Risk Management Association (WRMA) verteilen sich Wetterderivate so: 85 Prozent sind Temperaturderivate, 11 Prozent Regenderivate und 2 Prozent Windderivate. Immer mehr standardisierte Derivate werden an den Börsen gehandelt, was die Transaktionskosten erheblich reduziert. Ständig weiterentwickelte Instrumente wie Alternative Risk Transfer (ART), Katastrophenbonds und Contingent Capital (Erklärung im Glossar), kommen hinzu.

Ein deutscher Kräuterbutterhersteller etwa hat sich gegen mögliches schlechtes Wetter während der umsatzstarken Grillsaison mittels Wetterderivaten abgesichert. Derartige Möglich-

4.2 Die Erweiterung des Lösungsraums: Mit professionellem Risikomanagement lassen sich Chancen nutzen

keiten der Absicherung sind nicht allein großen Konzernen vorbehalten. Presseberichten zufolge haben sich auch Stadtwerke in den neuen Bundesländern durch Derivatgeschäfte gegen Umsatzausfälle in zu warmen Wintermonaten abgesichert. Wird an einer bestimmten Zahl von Wintertagen eine festgelegte Temperatur überschritten, so erhalten die Stadtwerke eine vereinbarte Ausgleichszahlung. Auch ein Skiliftbetreiber sicherte sich so gegen Verluste durch ausbleibendem Schnee ab.

Den umgekehrten Fall, dass zu kalte Wintermonate eine Belastung für das Unternehmen darstellen, gegen die man sich mit Derivaten absichern kann, machte sich ein Energieversorger im Winter 2001/2002 zu Nutze. An extrem kalten Tagen stieg der Strombedarf so stark, dass er bei seinen üblichen Vertragslieferanten nicht ausreichend Strom beziehen konnte, sondern Strom auf dem freien Markt zu deutlich höheren Preisen zukaufen musste. Deswegen kaufte der Energieversorger für den Zeitraum Januar und Februar 2002 bei einer Bank ein Wetterderivat: Für jeden Tag, an dem die durchschnittliche Temperatur an einer festgelegten Messstation unter minus fünf Grad Celsius lag, erhielt das Unternehmen von der Bank eine Ausgleichszahlung.

Das Feld der Risikoüberwälzung eignet sich auch als Basis für innovative Formen von Kapitalanlagen. Ausgangspunkt waren Überlegungen, wie man den Kapitalmarkt als Auffangbecken nutzen kann, um beispielsweise die Risiken aus den zunehmenden und immer größeren Naturkatastrophen der vergangenen Jahrzehnte zu übernehmen. Bei manchen Großschäden können selbst Versicherer nicht genügend Kapitalkraft aufbringen. Der Kapitalmarkt ist unter Umständen besser geeignet, solche größeren Risiken zu tragen als einzelne Versicherungen. Unter der oben bereits genannten Bezeichnung ART entstanden Finanzmarktinstrumente, mit denen Risiken auf den breiten Kapitalmarkt überwälzt werden können. Vor allem Risiken mit einer geringen Eintrittswahrscheinlichkeit, aber einem

4. Die Entscheidung: Risikonahmestrategien

hohen Schadenpotenzial – wie Naturkatastrophen – bieten sich dafür an.

Durch die Emission derartiger Katastrophenbonds sicherte sich beispielsweise ein großer Rückversicherer gegen die Folgen von Hurrikans in den USA, Erdbeben in Kalifornien oder Sturm in Europa ab. Diese Katastrophenbonds können über Fonds auch von Privatanlegern gezeichnet werden – sie streuen die Risiken im Anlegerportfolio, weil Naturkatastrophen unabhängig von der Entwicklung von Konjunktur und Aktienmärkten auftreten. Ein besonderes Interesse an der Übernahme solcher Risiken dürften Großinvestoren wie Pensionsfonds haben, da diese Anlagen suchen könnten, die mit der allgemeinen Marktentwicklung gar nicht oder zumindest wenig korreliert sind. Risikomanagement wird hier zum Chancenmanagement, wenn auf diese Weise die Basis für eine sowohl für die abgebende als auch für die aufnehmende Partei positive Verlagerung von Risiken geschaffen wird.

Wegen der hohen Bedeutung einer präzisen Quantifizierung macht eine exakte Risikomessung diese Form der Überwälzung erst möglich: Denn mit den entsprechenden Anleihen übernehmen Investoren die Haftung für genau definierte Eintrittszenarios: Der Auslöser für „Hurrikan USA" wird aktiviert, sobald bestimmte Luftdruckwerte an exakt festgelegten Sektionen der Küstenlinie von Miami bis New York überschritten werden. Die Erdbebendeckung wird ausgelöst, wenn bestimmte Zonen um Los Angeles und San Francisco zuvor definierte Magnitudenwerte verzeichnen. Für Stürme in Europa gibt es einen akkurat kalkulierten Index, der sich aus den Windgeschwindigkeiten berechnet, die an 600 Wetterstationen in Westeuropa gemessen werden.

Da man heute über Techniken zur detaillierten Quantifizierung von Risiken verfügt, kann man gezielt nach Dritten suchen, die bereit sind, exakt berechenbare Risiken bewusst zu übernehmen. Mithilfe von risikoadjustierten Performancemaßen muss

4.2 Die Erweiterung des Lösungsraums: Mit professionellem Risikomanagement lassen sich Chancen nutzen

das Unternehmen vorher berechnen, ob eine Überwälzung auf Dritte wertsteigernd wirkt – und dabei auch die impliziten und expliziten Kosten der Überwälzung, etwa Versicherungsprämien, Derivatkosten oder höhere Preise für Zulieferungen, berücksichtigen. Denkbar ist, dass nahezu jedes quantifizierbare Risiko eine Basis für neue Produkte auf dem Kapitalmarkt darstellt und damit gegebenenfalls überwälzt werden kann.

4.2.5 Wertschaffende Risikonahmestrategien – so wird Risikomanagement zum Chancenmanagement

Diebstahl oder Einbruch sind Risiken, denen praktisch jedes Unternehmen ausgesetzt ist.

Für Logistikunternehmen kommt zu dem Risiko des Verlustes durch Diebstahl allerdings noch ein weiteres hinzu: Kunden reagieren auf den Verlust einer Sendung in der Regel besonders sensibel. Kommt das gar mehrmals vor, wechseln verärgerte Kunden wahrscheinlich das Transportunternehmen.

Diese Risiken hat ein Logistikunternehmen in eine Chance verwandelt: Es führte ein umfassendes Sicherheitskonzept mit Zugangskontrollen, Kamerasystemen zur gezielten Überwachung der Lagerstätten sowie einer gezielten Zusammenarbeit mit der Polizei ein. Dieses System bewarb das Unternehmen aktiv bei besonders auf die Zuverlässigkeit von Sendungen angewiesenen Unternehmen und steigerte bei diesen seinen Marktanteil. Die Unternehmen vertrauten dem Logistikdienstleister mehr als Wettbewerbern, weil er mit einem umfassenden Ansatz das operationelle Risiko des Verlustes einer Sendung minimiert. Die Transportsicherheit wurde zu einem Markenzeichen. Es band zufriedenere und treuere Kunden an sich. Zudem fielen sowohl der administrative Aufwand als auch die zu zahlenden Versicherungsprämien. Die positiven Effekte wogen die Kosten für das Sicherheitskonzept mehr als auf.

4. Die Entscheidung: Risikonahmestrategien

Viele Unternehmen beweisen ihren professionellen Umgang mit Risiken, indem sie Risikokennzahlen in ihre Businesspläne einbeziehen. Auch in immer mehr Geschäftsberichten finden Angaben zur Risikosituation und zum Risikomanagement des Unternehmens breiten Raum. „Als Finanzdienstleister zählen wir den Umgang mit Risiken zu unseren Kernkompetenzen", beginnt das siebenseitige Risikokapitel im Geschäftsbericht 2002 der Allianz-Gruppe. „Wir identifizieren und messen Risiken, fassen sie zusammen und managen sie. Das Ergebnis dieses Prozesses bestimmt darüber, wie viel Kapital wir unseren Unternehmensbereichen zuteilen", wirbt der Konzern um Vertrauen, ehe es nach Sachgebieten in die Details geht. Schließlich wollen Aktionäre wissen, wie hoch die Risiken des Unternehmens sind und was getan wird, um die vorhandenen Risiken zu analysieren und zu bewältigen.

So entwickelt sich das Risikomanagement zu einer strategischen Aufgabe auf höchster Ebene. Risiko muss als eine weitere Dimension aller strategischer Überlegungen betrachtet werden. Entscheidungen, die rein aus Renditegesichtspunkten gefällt werden, greifen zu kurz. Es zählt nicht mehr allein der größte Umsatz oder die höchste Rendite. Vielmehr stellt sich die Frage, in welchem Feld das Unternehmen gegenüber dem Wettbewerb besser geeignet ist, Risiken zu übernehmen: Wer erreicht das beste Ergebnis unter Berücksichtigung des damit verbundenen Risikos? Wer ist der beste *Risk Owner*? Risikoübernahme, Risikominimierung und insbesondere die Risikoüberwälzung auf Kunden, Lieferanten und sogar Wettbewerber müssen sich zu Kernkompetenzen von Unternehmen entwickeln, da Risiken tendenziell vom besser zum schlechter Informierten wandern; Risiko erweist sich so als zusätzlicher Stellhebel des Managements zur Steuerung des Unternehmenserfolgs.

4.2 Die Erweiterung des Lösungsraums: Mit professionellem Risikomanagement lassen sich Chancen nutzen

Intelligentes Risikomanagement bedeutet auch: die Risiken aktiv suchen, die man besser als andere managen kann

Warum gibt es in den letzten Jahren so viel Outsourcing im Bereich Produktion? Weil Unternehmen dadurch versuchen, die eigenen, u. a. auch durch Komplexität entstehenden Risiken – vor allem finanzielle und operationelle – zu minimieren, indem sie die mit der Produktion einhergehenden Risiken auf andere Firmen überwälzen. Für Unternehmen, die sich auf die Übernahme dieser Risiken spezialisieren, kann dieser Trend ein gutes Geschäft bedeuten.

Mit der gezielten Übernahme von Geschäftsrisiken für IT-Hersteller wurde Flextronics zum größten Vertragshersteller (*contract manufacturer*) für Elektronikartikel. Die Kernkompetenz von Flextronics bestand zunächst in der Fertigung von Computerteilen. Zudem verlagerte man Produktionsstätten in Billiglohnländer. Schon bald erteilten auch Telekommunikationsunternehmen die ersten Großaufträge. Fast möchte man sagen: Egal, welcher Name auf den Geräten steht, es ist Flextronics drin.

Ein Auftragshersteller kann – gerade wenn er für viele Unternehmen arbeitet – größere Mengen herstellen, Maschinen und Personal besser auslasten und hat daher die Chance, günstiger zu produzieren. Dass Flextronics eine Reihe seiner inzwischen fast 100 Produktionsstätten in Ländern mit günstiger Lohnstruktur, vor allem in Malaysia und China, angesiedelt hat, senkt die Kosten zusätzlich. Darüber hinaus übernimmt Flextronics Risiken wie Lieferengpässe, Personalbestand oder Lagerhaltung. Für die Auftraggeber bedeutet das zusätzliche Flexibilität und die Möglichkeit, sich auf eine höhere oder niedrigere Nachfrage kurzfristig einzustellen. Teile des operationellen Risikos und des Geschäftsrisikos haben die Auftraggeber damit übergewälzt. Der Auftragshersteller selbst hat durch die Diversifikation über mehrere Branchen und viele Auftraggeber das Risiko besser im Griff. Aus den genannten Gründen hat die professio-

4. Die Entscheidung: Risikonahmestrategien

nelle Verhandlung und das Management solcher Geschäftsbeziehungen für beide Seiten erhebliche Bedeutung.

Dabei ist die richtige Kombination der verschiedenen Risikonahmestrategien von entscheidender Bedeutung. Die grundsätzlichen Strategien kommen je nach Risiko, je nach Geschäftsfeld und je nach Know-how zum Einsatz. Denn die Risiken, die ein Unternehmen selbst nicht am besten managen kann, sollte es besser vermeiden oder überwälzen. Und die Risiken, die es selbst hervorragend bewältigen kann, sollte es im Hinblick auf die damit verbundenen Chancen aktiv suchen.

Ein bereits erwähntes Erfolgsbeispiel dafür liefert die Optikerkette Fielmann. Sie kehrt die sonst im Handel beliebte Vorgehensweise um. Statt Risiken im Warenverkehr möglichst auf den Kunden zu überwälzen, soweit es die gesetzlichen Garantieregelungen zulassen, bedient Fielmann gezielt das Absicherungsbedürfnis der Kunden.

Das Unternehmen gab Kunden weit über das gesetzlich geforderte Maß eine Geld-zurück-Garantie auf in seinen Filialen gekaufte Waren – nicht nur bei berechtigten Reklamationen. Auch für den Fall, dass der Kunde dieselbe Ware bei einem anderen Anbieter zu einem günstigeren Preis entdeckte, versprach man die problemlose Rückerstattung des Kaufpreises.

Eine andere Kette geht inzwischen sogar noch einen Schritt weiter und lockt den Kunden mit der Übernahme sämtlicher persönlicher Unwägbarkeiten rund um sein Angebot. An den Erwerb gekoppelt ist das gleichzeitig eine Versicherung – gegen Bruch, Verlust und Diebstahl, ja sogar gegen Liegenlassen der Ware. Für die Kunden gibt es damit kaum noch ein Risiko – und sie danken es mit einer rasant ansteigenden Nachfrage.

4.2 Die Erweiterung des Lösungsraums: Mit professionellem Risikomanagement lassen sich Chancen nutzen

Durch Realoptionsstrategien: Risiken vermeiden und Chancen sichern

Im Zusammenhang mit einem aktiven Chancen- und Risikomanagement fallen immer wieder Begriffe wie „Realoptionsbewertung", „Realoptionsansätze" oder „Realoptionsstrategien". Was verbirgt sich dahinter, und wie kann das Management mit diesen Instrumenten Chancen wahrnehmen und Mehrwert generieren?

Alle bisher vorgestellten Strategien zum Umgang mit Risiken haben in ihrer Anwendung eine strukturelle Gemeinsamkeit: Ein Risiko wird zunächst analysiert, dann wird eine klare, faktenbasierte Entscheidung über den Umgang mit dem Risiko getroffen und – das ist der springende Punkt – diese Entscheidung wird bei den bisher vorgestellten Strategien zur Risikonahme beibehalten, unabhängig davon, wie sich die jeweils relevanten riskanten Einflussfaktoren tatsächlich entwickeln. Dies geht jedoch bei einigen Entscheidungssituationen an der Realität vorbei. Denn in vielen Fällen können Unternehmen – abhängig vom Eintritt zunächst unsicherer Umweltentwicklungen – Entscheidungen verändern, vorziehen oder auch zurückstellen. Diese Wahlmöglichkeiten oder Flexibilitäten stellen für die Unternehmen strategische Optionen dar. Genauer gesagt handelt es sich um Realoptionen, weil sie unmittelbar realwirtschaftliche Entscheidungen betreffen, z. B. wenn es um die Frage geht, ein Forschungsprojekt fortzusetzen oder die Kapazität einer Fabrik zu erweitern. Dies unterscheidet sie von Finanzoptionen, die auf handelbaren Finanztiteln basieren. Abbildung 4.13 liefert ein Schema zur systematischen Überprüfung, ob bei einer Unternehmensentscheidung eine Situation mit Realoptionscharakter, eine einfache Risikosituation oder eine Entscheidung ohne Risikocharakter vorliegt.

Zur Illustration dient die Beispielinvestition eines pharmazeutischen Forschungsprojekts zur Einführung eines neuen Medi-

4. Die Entscheidung: Risikonahmestrategien

kaments. Vor einer endgültigen Produktion und dem Verkauf des geplanten Medikaments bestehen drei wesentliche Risiken: dass zur Behandlung des Krankheitsbilds kein Wirkstoff gefunden werden kann, dass ein entwickelter Wirkstoff mit inakzeptablen Nebenwirkungen verbunden ist und dass vor Marktreife des Medikaments ein Wettbewerber ein Alternativprodukt auf den Markt bringt. Zudem kann bei dem pharmazeutischen Entwicklungsprojekt in Abhängigkeit vom Erfolg der einzelnen Entwicklungsstufen das Gesamtprojekt flexibel fortgeführt oder auch abgebrochen werden.

Das Pharmaunternehmen muss nicht ex ante die volle Investition für Forschung, Tests und Produktion leisten. Man kann sich das gesamte Vorhaben einerseits als eine einmalige, anfängliche und vor allem unveränderliche, umfassende Investition in die Forschung nach dem Wirkstoff, in die Tests auf Nebenwirkungen und in die erforderlichen Produktionskapazitäten vorstellen. Andererseits ist es jedoch für einzelne pharmazeutische Entwicklungen nicht sehr wahrscheinlich, bis in die Produktionsphase zu gelangen, da nur selten wirksame und gleichzeitig nebenwirkungsfreie Wirkstoffe gefunden und zugelassen werden. Bewertet man also diese einmalige Investition etwa mit dem RORAC-Maß, so ist sie auf Grund der geringen Wahrscheinlichkeit für das Erreichen der Marktreife voraussichtlich selten vorteilhaft. Es wäre jedoch kaum angemessen, die meisten Entwicklungsprojekte gleich bleiben zu lassen. Um die Investition realistisch zu beurteilen, muss stattdessen berücksichtigt werden, dass auf jeder Stufe neu darüber entschieden werden kann, ob das Projekt fortgesetzt werden soll oder nicht. Das heißt, die mit den Stufen „Tests auf Nebenwirkungen" und „Aufbau von Produktionskapazitäten" verbundenen Investitionen werden nur dann fällig, wenn die vorgelagerte Stufe und damit verbundene Meilensteine erfolgreich abgeschlossen wurde.

Angemessen ist die Bewertung eines Entscheidungsbaums, der durch die Wahlmöglichkeiten des Unternehmens auf den

4.2 Die Erweiterung des Lösungsraums: Mit professionellem Risikomanagement lassen sich Chancen nutzen

Abb. 4.13: Systematisierung von Entscheidungssituationen nach Risiko, Flexibilität und Realoptionselementen und sich ergebenden Implikationen für das Risikomanagement

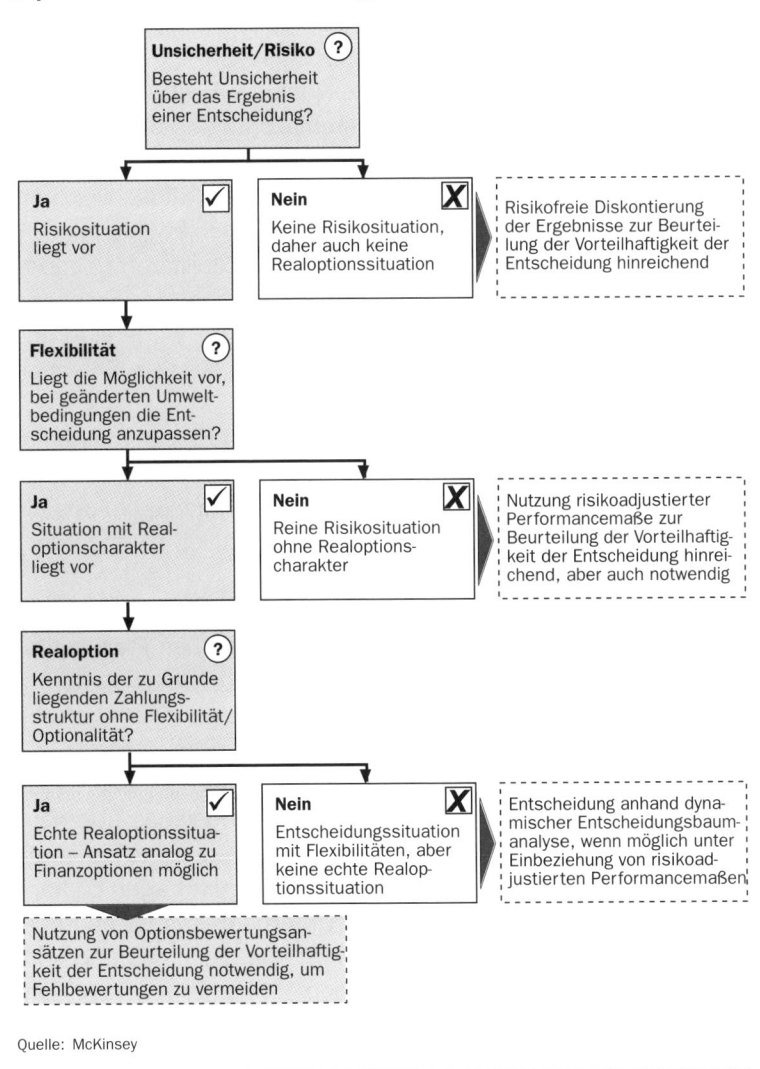

Unsicherheit/Risiko (?)
Besteht Unsicherheit über das Ergebnis einer Entscheidung?

- **Ja ✓** — Risikosituation liegt vor
- **Nein ✗** — Keine Risikosituation, daher auch keine Realoptionssituation
  - Risikofreie Diskontierung der Ergebnisse zur Beurteilung der Vorteilhaftigkeit der Entscheidung hinreichend

Flexibilität (?)
Liegt die Möglichkeit vor, bei geänderten Umweltbedingungen die Entscheidung anzupassen?

- **Ja ✓** — Situation mit Realoptionscharakter liegt vor
- **Nein ✗** — Reine Risikosituation ohne Realoptionscharakter
  - Nutzung risikoadjustierter Performancemaße zur Beurteilung der Vorteilhaftigkeit der Entscheidung hinreichend, aber auch notwendig

Realoption (?)
Kenntnis der zu Grunde liegenden Zahlungsstruktur ohne Flexibilität/Optionalität?

- **Ja ✓** — Echte Realoptionssituation – Ansatz analog zu Finanzoptionen möglich
- **Nein ✗** — Entscheidungssituation mit Flexibilitäten, aber keine echte Realoptionssituation
  - Entscheidung anhand dynamischer Entscheidungsbaumanalyse, wenn möglich unter Einbeziehung von risikoadjustierten Performancemaßen

Nutzung von Optionsbewertungsansätzen zur Beurteilung der Vorteilhaftigkeit der Entscheidung notwendig, um Fehlbewertungen zu vermeiden

Quelle: McKinsey

4. Die Entscheidung: Risikonahmestrategien

verschiedenen Stufen des Entwicklungsprojekts gegeben ist. Dabei kann sich durchaus ein anderes Ergebnis als bei einer starren RORAC-Beurteilung einstellen, da die Investitionen auf der nächsten Stufe nur im Erfolgsfall geleistet werden und so der Barwert der bedingten Investitionen steigt.

Eine undifferenzierte und starre Nutzung von RAPMs zur Investitionsentscheidung – ohne Berücksichtigung des Optionswerts vorhandener strategischer Wahlmöglichkeiten – führt möglicherweise zu falschen Entscheidungen. Tatsächlich vorteilhafte Investitionen würden unter Umständen abgelehnt.

In Situationen, in denen strategische Flexibilitäten gegeben sind, sollten diese gründlich analysiert und bei der Entscheidung berücksichtigt werden. Chancen durch wertsteigernde Wahrnehmung von Optionalitäten und durch bessere Entscheidungsqualität werden so genutzt.

Die Implementierung von Realoptionsmodellen ist mathematisch und technisch komplex. Dennoch können solche Ansätze aus der Perspektive des strategischen Risikomanagements ein wertvolles Steuerungsinstrument für ein aktives Chancenmanagement sein.

In welchem Ausmaß ein Unternehmen einzelne Risiken bewusst übernehmen kann – unabhängig von reinen Risikosituationen und Realoptionen, hängt indessen nicht allein von der Risikobereitschaft der Unternehmensleitung ab, sondern von der Risikotragfähigkeit des gesamten Unternehmens. Denn selbst wenn das Unternehmen in manchen Bereichen der beste *Risk Owner* wäre, muss es das Risiko nicht zwangsläufig übernehmen. Maßgeblich für die Entscheidung über eine Risikonahme ist auch die Fähigkeit, einen eventuellen Verlust tragen zu können. Die Risikotragfähigkeit eines Unternehmens ist eng verbunden mit seiner Kapitalausstattung. Aus diesem Grund vollzieht sich intelligentes Risikomanagement immer auch vor dem Hintergrund der Kapitalausstattung des Unternehmens. Auf dieses mitunter komplexe Thema wird in der Folge eingegangen.

4.3 Welche Risikonahmestrategien lassen sich im Unternehmen vor dem Hintergrund der Kapitalausstattung konkret verwirklichen?

Werden Risiken weder vermieden noch überwälzt, müssen die resultierenden finanziellen Auswirkungen vom Unternehmen selbst getragen werden.

Was passiert, wenn ein gewichtiges Risiko eintritt? Oft reicht der Gewinn, auch aus anderen Bereichen, nicht, den Verlust auszugleichen, und dann muss das Eigenkapital herangezogen werden. Eingegangene Risiken und Eigenkapital sind wie zwei Seiten einer Waage – halten sie das Gleichgewicht, ist alles in Ordnung. Neigt sich aber die Waage zu einer Seite, hat das Unternehmen entweder zu viel Risiko genommen oder verschenkt Chancen.

Die Fähigkeit und Ausstattung zur Übernahme und zum Ausgleich von Risiken wird als Risikotragfähigkeit bezeichnet.

Diese Risikotragfähigkeit wird in erster Linie durch das (ökonomische) Eigenkapital (genauere Erläuterung im Folgenden, S. 194) bestimmt. Die Risikotragfähigkeit eines Unternehmens kann somit durch Veränderungen seiner Kapitalstruktur beeinflusst werden.

In der Theorie ist die Erhöhung der Risikotragfähigkeit durch eine Eigenkapitalerhöhung möglich, solange die Rentabilität des zusätzlichen Geschäfts oder der Investition über den Kosten des Eigenkapitals liegt. In der Praxis ist Eigenkapital jedoch meist als knapp anzusehen. Infolgedessen verfügt ein Unternehmen in der Praxis nur über eine begrenzte Risikotragfähigkeit.

4. Die Entscheidung: Risikonahmestrategien

4.3.1 Fremdkapital- und Eigenkapitalgeber haben unterschiedliche Erwartungen – das Management muss sie ausgleichen

Die optimale Kapitalstruktur ist seit langem Forschungsgegenstand und bei weitem nicht gelöst: *„Despite over 40 years of [academic] research, we still know surprisingly little about the determinants of capital structure. There is general agreement that debt has a tax advantage over equity, but disagreement over the magnitude of this tax advantage and the relative importance of the costs of debt that offset this tax advantage at the margin."*[1]

Die Kapitalstruktur eines Unternehmens wird in der Regel durch das Verhältnis von Eigen- zu Fremdkapital definiert. In der finanzwirtschaftlichen Fachliteratur wird diskutiert, wie Unternehmen durch die geschickte Wahl der Kapitalstruktur ihren Firmenwert theoretisch steigern können. Die Bestimmung der optimalen Kapitalstruktur ist allerdings in der Praxis recht komplex. Auch sind Empfehlungen zur Optimierung des Unternehmenswertes in der einschlägigen Literatur im Hinblick auf die Festlegung der Kapitalstruktur und der Eigenkapitalquote wenig spezifisch. In der Regel wird auf die Finanzierungsphilosophie des Unternehmens, die Zielvorstellungen des Managements oder auf die Orientierung an vergleichbaren Unternehmen verwiesen. Bei Banken wird die optimale Kapitalstruktur oft vor dem Hintergrund der gesetzlich vorgeschriebenen Eigenkapitalanforderungen diskutiert. Diese regulatorischen Kapitalanforderungen wurden 1988 im Rahmen von Basel I verschärft und führten zu einer weltweiten Anhebung der Eigenkapitalquote der Banken.

In der Praxis sind bei Unternehmen außerhalb des Finanzdienstleistungssektors die Kapitalstrukturen selbst bei gleicher

---

[1] Robert Parrino und Michael Weisbach: „Measuring Investment Distortions Arising from Stockholder-Bondholder-Conflicts" im *Journal of Financial Economics*, Vol. 53, 1999, S. 39.

4.3 Welche Risikonahmestrategien lassen sich im Unternehmen vor dem Hintergrund der Kapitalausstattung konkret verwirklichen?

Abb. 4.14: Innerhalb einer Branche kann die Kapitalstruktur sehr unterschiedlich sein – Beispiel der Papier- und Zellstoffindustrie 2002 in Prozent der Bilanzsumme

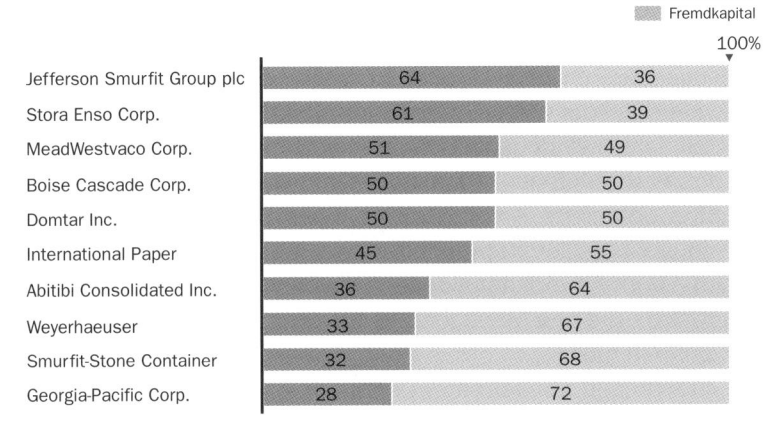

■ Eigenkapital*
▨ Fremdkapital

Unternehmen	Eigenkapital	Fremdkapital
Jefferson Smurfit Group plc	64	36
Stora Enso Corp.	61	39
MeadWestvaco Corp.	51	49
Boise Cascade Corp.	50	50
Domtar Inc.	50	50
International Paper	45	55
Abitibi Consolidated Inc.	36	64
Weyerhaeuser	33	67
Smurfit-Stone Container	32	68
Georgia-Pacific Corp.	28	72

* Buchwerte
Quelle: Bloomberg

Branchenzugehörigkeit oftmals höchst unterschiedlich. Abbildung 4.14 zeigt beispielsweise, dass die Eigenkapitalquote ausgewählter großer Unternehmen der Papier- und Zellstoffindustrie im Jahr 2002 zwischen 28 und 64 Prozent variiert. In manchen Branchen wird sogar die gesamte Bandbreite der Kapitalstrukturen ausgeschöpft: von hoher Verschuldung (*highly leveraged*) bis zu vollständiger Eigenkapitalfinanzierung.

In der Theorie könnte dieses Ergebnis mit der Irrelevanz der Finanzierungsstruktur gemäß den Wirtschaftsnobelpreisträgern Franco Modigliani und Merton Miller[2] erklärt werden.

---

[2] Franco Modigliani und Merton H. Miller: „The Cost of Capital, Corporation Finance and the Theory of Investment" im *American Economic Review*, Vol. 48, 1958, S. 261–297 und Franco Modigliani und Merton H. Miller: „Taxes and the Cost of Capital: A Correction" im *American Economic Review*, Vol. 53, 1963, S. 433–443.

4. Die Entscheidung: Risikonahmestrategien

Jedoch ist die Annahme einer unbeschränkt möglichen Eigenkapitalaufnahme in der Praxis schwierig. Wenn also Eigenkapital beschränkt ist, stellt sich die Frage:

Was ist bei der großen Bandbreite möglicher Kapitalstrukturen die für das jeweilige Unternehmen optimale Lösung? Ein Wechsel der Perspektive unter Einbeziehung der Dimension Risiko kann bei der Klärung der Frage Anstöße geben, indem das Verhältnis von eingegangenen oder einzugehenden Risiken zum (ökonomischen) Eigenkapital betrachtet wird.

Eine optimierte Kapitalstruktur eines Unternehmens muss die Interessen der Kapitalgeber widerspiegeln. Dabei haben Eigen- und Fremdkapitalgeber gewöhnlich unterschiedliche Interessen, die das Management auf einen gemeinsamen Nenner bringen muss.

Zunehmend verwenden Fremdkapitalgeber zur Bewertung der Bonität eines Unternehmens ein externes Rating von einer Ratingagentur. Werden alle anderen Variablen konstant gehalten, ist die Ausfallwahrscheinlichkeit eines Unternehmens umso geringer und das Rating somit umso besser, je *mehr* Eigenkapital ein Unternehmen den eingegangenen Risiken gegenüberstellen kann. Ein gutes Rating ist in der Regel wiederum mit geringeren Fremdkapitalzinsen verbunden.

Eigenkapitalgeber sind dagegen an einer möglichst hohen Rendite ihres Kapitals interessiert. Unter sonst gleichen Umständen erhöht sich diese gemäß dem bekannten Leverage-Effekt bei Unternehmen, die eine über den Fremdkapitalkosten liegende Gesamtrendite erwirtschaften, wenn *weniger* Eigenkapital bzw. *mehr* Fremdkapital eingesetzt wird.[3] Auf Grund der damit verbundenen Chance sind Eigenkapitalgeber eher bereit, Risiken zu tragen. Denn im Gegensatz zu den Fremdkapitalge-

---

[3] Andererseits erhöht sich durch den Einsatz von *mehr* Fremdkapital auch die Volatilität der Eigenkapitalrendite, was mit einer höheren Eigenkapitalrenditeerwartung einhergeht.

4.3 Welche Risikonahmestrategien lassen sich im Unternehmen vor dem Hintergrund der Kapitalausstattung konkret verwirklichen?

bern ist das Ergebnispotenzial der Eigenkapitalgeber nicht limitiert.

An diesen gegenläufigen Effekten wird die Notwendigkeit eines Ausgleichs der Interessen von Eigen- und Fremdkapitalgebern deutlich.

4.3.2 Bestimmung der Risikotragfähigkeit bei gegebener Kapitalstruktur

Für die Bestimmung der Risikotragfähigkeit kommt es auf die Eigenkapitalausstattung an. Allerdings bestimmt nicht das bilanzielle, sondern das ökonomische Eigenkapital die Risikotragfähigkeit des Unternehmens. Unter dem ökonomischen Eigenkapital wird in diesem Zusammenhang der Wert des den Eigentümern zustehenden Vermögens zu einem bestimmten Zeitpunkt unter Berücksichtigung aller vom Unternehmen abgeschlossenen Geschäfte verstanden, also das bilanzielle Eigenkapital, stille Reserven, zu deren Bildung je nach Rechnungslegungskonvention mehr oder weniger ausgeprägte Möglichkeiten bestehen, abzüglich der stillen Kosten sowie der im aktuellen Geschäftsjahr aufgelaufene, noch nicht ausgeschüttete Gewinn. Eventuell bestehende stille Lasten sind abzuziehen. Eine z. B. aus Zukunftserwartungen resultierende positive Differenz zwischen dem Marktwert und dem ökonomischen Eigenkapital eines börsennotierten Unternehmens lässt sich indessen nicht zum Auffangen von innerhalb des Unternehmens entstehenden Verlusten heranziehen.

Zudem ist zu berücksichtigen, dass im Falle einer Insolvenz der Wert der Vermögensgegenstände unter dem bilanziellen Wert liegen kann. Die Untergrenze des ökonomischen Eigenkapitals stellt deshalb der Liquidationswert dar, also der bei Zerschlagung des Unternehmens realisierbare Wert.

4. Die Entscheidung: Risikonahmestrategien

4.3.2.1 Drohende Unterkapitalisierung wird durch Gegenüberstellung von Risiken und Risikotragfähigkeit erkennbar
Das Geschäft brummte, Cashflow und Eigenkapital waren hoch und trotzdem drohte die Überschuldung: Das Beispiel eines europäischen Energieversorgers zeigt, welche Überraschungen auf das Management warten können, wenn ihr Unternehmen unter Risikogesichtspunkten analysiert wird. Das Unternehmen betrieb relativ große Kraftwerke, deren Auslastung sich idealerweise zwischen 80 und 90 Prozent bewegen sollte. Auf Grund der starren eigenen Kapazitäten konnte der Energieversorger Abnahmeschwankungen nicht durch entsprechende Anpassungen der eigenen Herstellungskapazität ausgleichen. Gleichzeitig wurde dem Energieversorger aber nur ein Teil seiner Kapazität in Form von Lieferverpflichtungen an Privatkunden abgenommen, deren Nachfrageverhalten gut eingeschätzt werden konnte. Für den verbleibenden Teil der Kapazität hatte der Versorger Lieferverpflichtungen an Großkunden, die im Rahmen der vorhandenen Vertragsstruktur ihre Abnahmemengen innerhalb der vertraglich geregelten Freiräume erhöhen oder reduzieren konnten.

Durch eine gezielte Analyse der daraus resultierenden Risikosituation wurde dem Energieerzeuger bewusst, dass sich seine mit der Kundenstruktur und Vertragsgestaltung zusammenhängenden Gesamtrisiken auf das Zweieinhalbfache seiner Risikotragfähigkeit beliefen (Abbildung 4.15). Im Falle des Eintritts dieser Risiken hätte das Unternehmen die entstandenen Verluste also bei weitem nicht auffangen können. Selbst beim Eintritt nur eines Teils der Risiken wäre das Unternehmen in existenzielle Bedrängnis geraten.

Der einzige mögliche Weg aus dem Dilemma war für diesen Energieerzeuger die Verstärkung seiner Eigenkapitalausstattung, die hier nur noch durch eine Anlehnung an einen starken Partner mit deutlich konservativerem Risikoprofil möglich war.

Diese Risikobetrachtung verhilft zu manch überraschender

4.3 Welche Risikonahmestrategien lassen sich im Unternehmen vor dem Hintergrund der Kapitalausstattung konkret verwirklichen?

Abb. 4.15: Beim Abgleich der Risiken mit der Risikotragfähigkeit kann eine gefährliche Unterkapitalisierung aufgedeckt werden
in Prozent

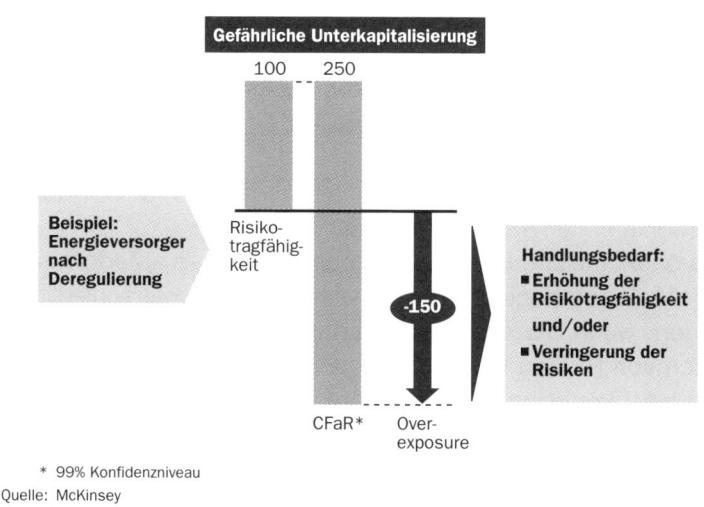

Gefährliche Unterkapitalisierung

100   250

Beispiel: Energieversorger nach Deregulierung

Risikotragfähigkeit

-150

Handlungsbedarf:
- Erhöhung der Risikotragfähigkeit und/oder
- Verringerung der Risiken

CFaR*   Overexposure

* 99% Konfidenzniveau
Quelle: McKinsey

Erkenntnis. Wird das Verhältnis von Risikotragfähigkeit eines Unternehmens zu seinem Value at Risk als Maßzahl für seine Gefährdung akzeptiert, wird beispielsweise klar, warum die traditionsreiche Barings Bank die bereits erwähnten verlustreichen Spekulationen ihres untreuen Angestellten nicht überstand.

Ein Vergleich illustriert dies: So betrug 1994 die Risikotragfähigkeit von JPMorgan, hier approximiert über das ausgewiesene Eigenkapital, rund 9,6 Milliarden Dollar. Der annualisierte Value at Risk betrug 237 Millionen Dollar bei einem 95-prozentigen Konfidenzniveau, sodass das Verhältnis von Risikotragfähigkeit zu Value at Risk rund 40,5 betrug und damit als gering einzuschätzen war. Im Gegensatz dazu verfügte Barings unmittelbar vor dem Zusammenbruch über ein ausgewiesenes Eigenkapital von gut 615 Millionen britischen Pfund bei einem annualisierten Value at Risk von rund zwei Milliarden Pfund bei

4. Die Entscheidung: Risikonahmestrategien

einem 95-prozentigen Konfidenzniveau, sodass der Ausfallpunkt vom Spekulanten Nick Leeson glatt übertroffen wurde.

Wie die Beispiele zeigen, können Manager durch einen fortlaufenden Abgleich der Risiken mit der Risikotragfähigkeit eine existenzbedrohende Unterkapitalisierung erkennen und so hoffentlich besser als in den genannten Beispielen rechtzeitig Maßnahmen zur Gegensteuerung ergreifen.

4.3.2.2 Verteidigungslinien gegen Risiken: eine differenzierte Betrachtung der Risikotragfähigkeit
Das ökonomische Eigenkapital, das die Risiken abfedern soll, bildet keine homogene Einheit. Vielmehr hat es unterschiedliche Folgen, wenn die einzelnen Kapitalbestandteile für den Ausgleich von Risiken in Anspruch genommen werden. So ergibt sich beispielsweise eine ganz unterschiedliche Öffentlichkeitswirkung, je nachdem welcher Bestandteil in Anspruch genommen wird. Die Verwendung eines Teils des Gewinns zum Risikoausgleich wird von Eigenkapitalgebern wahrscheinlich noch so lange akzeptiert, wie der von ihnen erwartete Mindestgewinn, etwa für die Dividendenzahlungen, nicht unterschritten wird.

Müssen höhere Risiken kompensiert werden, werden gegebenenfalls stille Reserven aufgelöst. Die stillen Reserven unterscheiden sich dabei nach dem Grad ihrer Liquidierbarkeit. Wertpapiere sind sehr liquide, da sie schnell und innerhalb gewisser Grenzen ohne Öffentlichkeitswirkung zu jeweils aktuellen Marktpreisen verkauft werden können. Dagegen ist die Realisierung stiller Reserven aus größeren Immobilienbeständen oder strategischen Beteiligungen meist weder schnell noch ohne Preisabschläge durchzuführen. Zusätzlich ist sie meist mit einer unerwünschten Öffentlichkeitswirkung verbunden.

Müssen Verluste durch bilanziell ausgewiesene Rücklagen oder gar das gezeichnete Eigenkapital aufgefangen werden, führt dies in aller Regel zu erheblichen Reaktionen der Kapitalmärkte und der Öffentlichkeit. Im Falle einer Bank kommt noch

4.3 Welche Risikonahmestrategien lassen sich im Unternehmen vor dem Hintergrund der Kapitalausstattung konkret verwirklichen?

eine weitere Schwierigkeit hinzu: Wenn Eigenmittel angegriffen werden, die zur Erfüllung der regulatorischen Kapitalanforderungen erforderlich sind, ist mit dem Einschreiten der Bankaufsicht zu rechnen.

Wird das Eigenkapital signifikant angegriffen, bleiben oft nur die Aufgabe der Selbständigkeit durch eine Fusion, die Einstellung des Geschäftsbetriebs oder die Insolvenz.

Abbildung 4.16 zeigt eine detaillierte Betrachtung dieser Verteidigungslinien durch den Risikomanager eines großen börsennotierten Unternehmens. Hier wurde auf Basis einer differenzierten Risikomessung die Wahrscheinlichkeit für die Notwendigkeit quantifiziert, unterschiedliche Eigenkapitalbestandteile im Risikofall heranziehen zu müssen. Aus der Berechnung geht beispielsweise hervor, dass – unter den hier getroffenen Annahmen – die stillen Reserven (15 Prozent des ökonomischen

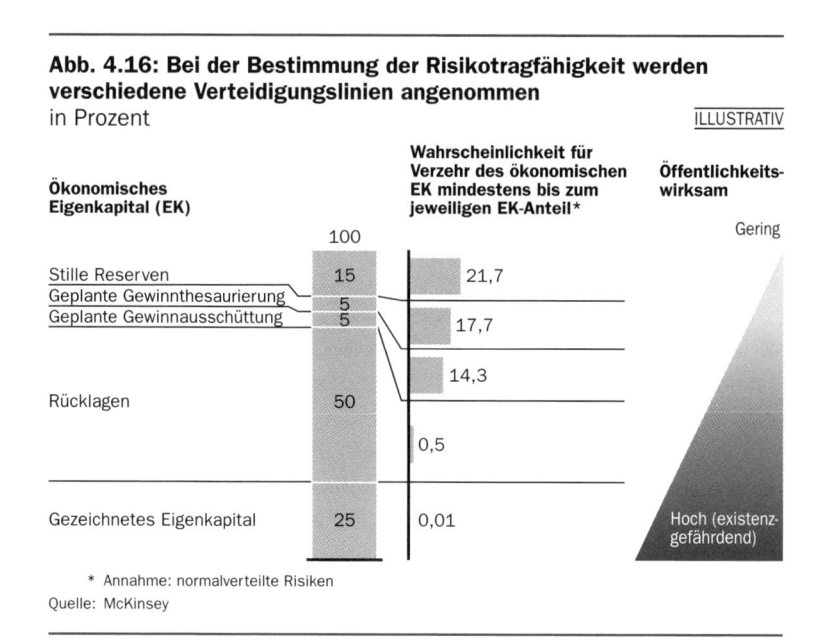

Abb. 4.16: Bei der Bestimmung der Risikotragfähigkeit werden verschiedene Verteidigungslinien angenommen
in Prozent   ILLUSTRATIV

Ökonomisches Eigenkapital (EK)		Wahrscheinlichkeit für Verzehr des ökonomischen EK mindestens bis zum jeweiligen EK-Anteil*	Öffentlichkeitswirksam
	100		Gering
Stille Reserven	15	21,7	
Geplante Gewinnthesaurierung	5	17,7	
Geplante Gewinnausschüttung	5		
		14,3	
Rücklagen	50		
		0,5	
Gezeichnetes Eigenkapital	25	0,01	Hoch (existenzgefährdend)

* Annahme: normalverteilte Risiken
Quelle: McKinsey

Eigenkapitals) mit einer Wahrscheinlichkeit von rund 22 Prozent, das heißt etwa alle fünf Jahre einmal, zum Verlustausgleich herangezogen werden müssen. Die Wahrscheinlichkeit, dass auf das gezeichnete Eigenkapital zurückgegriffen werden muss, liegt dagegen bei nur 0,01 Prozent.

4.3.3 Erweiterung des Lösungsraums: Ansätze zur risikoorientierten Annäherung an die optimale Kapitalstruktur

Mindestens so interessant wie die Frage, wie viel Risiko eine gegebene Kapitalstruktur verträgt, ist die umgekehrte Perspektive: die Ableitung von Anhaltspunkten zur optimalen Kapitalstruktur für ein bestimmtes Portfolio von Risiken. Es wäre vermessen zu behaupten, dieses von Finanzierungswissenschaftlern bislang nicht zweifelsfrei gelöste Problem enträtselt zu haben. Allerdings kann die explizite Berücksichtigung der Unternehmensrisiken helfen, sich unter Berücksichtigung von Risikoaspekten an die optimale Kapitalstruktur anzunähern. Dabei kann es zweckmäßig sein, Überlegungen zum Kapitalbedarf – analog der vorgestellten Systematik bei der Risikoanalyse – vor dem Hintergrund des Eintritts von Extremfällen, von Konjunkturzyklen sowie kurzfristigen Volatilitäten und erwarteten Verlusten anzustellen:

■ *Extremfälle*: Die Ausstattung mit ökonomischem Eigenkapital sollte in diesen Situationen ausreichen, um den Fortbestand des Unternehmens zu sichern.

■ *Konjunkturzyklen*: Das ökonomische Eigenkapital sollte den Zugang zu Fremdkapital selbst in konjunkturellen Schwächephasen zu angemessenen Konditionen sicherstellen. Unternehmen mit einem Rating versuchen, ihr Zielrating über den Konjunkturzyklus zu erreichen und zu halten.

4.3 Welche Risikonahmestrategien lassen sich im Unternehmen vor dem Hintergrund der Kapitalausstattung konkret verwirklichen?

■ *Kurzfristige Volatilitäten*: Auch im Rahmen der täglichen Unternehmenssteuerung kann geschicktes Kapitalmanagement den Unternehmenswert erhalten oder gar erhöhen, indem Stellhebel zur Erhöhung des Risiko-Ertrags-Verhältnisses innerhalb einzelner Geschäftsfelder betätigt und gegebenenfalls der Geschäftsmix angepasst werden.

■ *Erwartete Verluste*: Erwartete Verluste müssen – mindestens im mehrjährigen Mittel – allein aus dem Ergebnis des operativen Geschäfts getragen werden. Für die Kompensation von erwarteten Verlusten darf kein ökonomisches Kapital kalkuliert werden. Anderenfalls würde sukzessive die ökonomische Eigenkapitalbasis aufgezehrt.

4.3.3.1 Kapitalbedarf bei Extremfällen – Sicherstellung der Überlebensfähigkeit

Analysiert man die Ergebnisentwicklung von Unternehmen, so zeigt sich, dass Quartalsergebnisse innerhalb bestimmter Volatilitätsgrenzen häufig einem Trend folgen, aber die Verteilung immer wieder mehr oder weniger markante Ausreißer kennt. Große negative Ausreißer sind dabei auf den Eintritt extremer Risikofälle zurückzuführen.

Abbildung 4.17 illustriert am Beispiel eines amerikanischen Finanzdienstleisters den Verlauf der Quartalsergebnisse über einen Zeitraum von dreieinhalb Jahren sowie den dazugehörigen Trend. Neben leichten Schwankungen um die Trendlinie sind auch deutlichere Ausbrüche nach oben, vor allem aber nach unten zu erkennen. Diese Quartalsergebnisse wurden in eine Häufigkeitsverteilung der Abweichungen vom längerfristigen Trend überführt. Die entstehende Verteilung ist nicht symmetrisch. Vielmehr gibt es zwar seltene, aber dafür besonders ausgeprägte Ausreißer: die Extremfälle. Bei börsennotierten Unternehmen haben starke Ergebnisausschläge nach unten meist ausgeprägte Aktienkursrückgänge zur Folge.

4. Die Entscheidung: Risikonahmestrategien

Abb. 4.17: Starke Ergebnisschwankungen – Beispiel eines amerikanischen Finanzdienstleisters

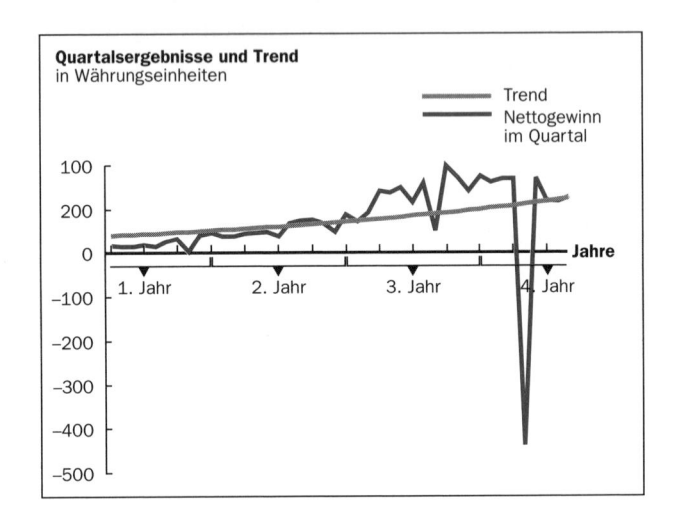

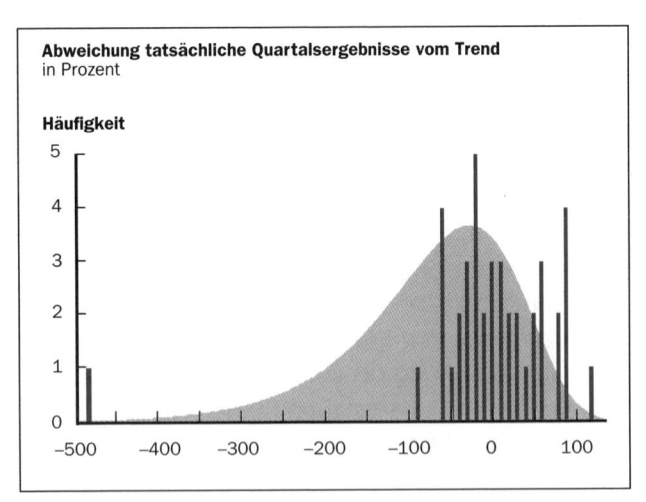

Quartalsergebnisse und Trend
in Währungseinheiten

— Trend
— Nettogewinn im Quartal

Abweichung tatsächliche Quartalsergebnisse vom Trend
in Prozent

Häufigkeit

Quelle: Compustat

4.3 Welche Risikonahmestrategien lassen sich im Unternehmen vor dem Hintergrund der Kapitalausstattung konkret verwirklichen?

Der Verlust, der sich aus dem Eintreten eines Extremfalles ergibt, muss aufgefangen werden können, sonst kommt es zur Insolvenz. Das Unternehmen muss sicherstellen, dass es für diesen Fall ausreichend ökonomisches Eigenkapital vorhält. Das potenzielle Ausmaß der Extremfälle kann mit den im Zusammenhang mit der Risikoidentifizierung und -messung bereits beschriebenen Stresstests annäherungsweise ermittelt werden.

Im Rahmen dieser Stresstests modellieren z. B. Banken Extremsituationen – etwa Börsencrashs oder Konjunkturkrisen – und berechnen, ob ihr ökonomisches Eigenkapital für solche Fälle ausreicht. In den meisten anderen Branchen haben allerdings bisher nur wenige Unternehmen eine klare Vorstellung davon, ob ihr ökonomisches Eigenkapital über- oder unterdimensioniert ist. Wer das herausfinden will, muss eigene Stress-Szenarios definieren und die daraus resultierenden Risiken seinem ökonomischen Eigenkapital gegenüberstellen. Die Unternehmensleitung legt dazu fest, welche Stress-Szenarios das Unternehmen maximal „aushalten" soll, sie erkennt dann genau, wie viel ökonomisches Eigenkapital dafür jeweils benötigt wird. Damit kann es Unternehmen gelingen, ihre Kapitalstruktur zwischen Überkapitalisierung und Existenzsicherung auszubalancieren, selbst wenn Extremfälle eintreten.

4.3.3.2 Kapitalmanagement über Konjunkturzyklen hinweg: Stabilisierung des Ratings
Im Rahmen des Managements der Risiken, die aus Konjunkturzyklen entstehen, sollte eine entsprechende Eigenkapitalausstattung den eventuell erforderlichen Zugang zu (weiterem) Fremdkapital zu attraktiven Konditionen begünstigen. Unternehmen streben hierfür ein Zielrating an oder versuchen, ein bereits erreichtes Rating zu halten. Die risikoadjustierte Kapitalausstattung gerade von größeren Unternehmen wird durch zwei miteinander verbundene Faktoren determiniert:

4. Die Entscheidung: Risikonahmestrategien

■ durch das angestrebte Rating oder die entsprechende Ausfallwahrscheinlichkeit und

■ durch die maximal tolerierbare Ergebnisvolatilität.

Die folgenden Überlegungen beziehen sich auf eine börsennotierte Aktiengesellschaft mit einem bestehenden Rating einer externen Ratingagentur. Sie gelten analog auch für nicht durch externe Ratingagenturen bewertete Unternehmen, die sich etwa bei der Kreditvergabe durch Banken einer Bonitätsprüfung unterziehen müssen.

Als Entscheidungshilfe zur Festlegung des anzustrebenden Ratings dient eine Analyse der Veränderung des Ergebnisses je Aktie in Abhängigkeit von der gewählten Kapitalstruktur (und unter sonst gleichen Umständen). Diese Analyse basiert auf der vereinfachenden Annahme, dass eine Veränderung der Kapitalstruktur mit einer entsprechenden Veränderung des Ratings einhergeht. Zwei Optionen werden hierbei durchgespielt: Eine zeigt, was passiert, wenn das Rating sich verschlechtert, die andere untersucht, was es bringt, das Rating zu verbessern. Dafür wird Fremdkapital aufgenommen (zurückgeführt) und Eigenkapital durch einen Aktienrückkauf (eine Kapitalerhöhung) in entsprechender Höhe zurückgeführt (aufgenommen). Durch die Verringerung (Erhöhung) der Anzahl der Aktien steigt (sinkt) das Ergebnis je Aktie zunächst, die Zinsbelastung steigt (sinkt) allerdings auch. Hinzu kommt der Ratingeffekt, der bei der Fremdkapitalaufnahme negativ zu Buche schlägt, indem (zunächst nur variabel verzinsliche, im Zeitablauf alle) Fremdmittel teurer werden. Bei der Eigenkapitalerhöhung kann umgekehrt, zumindest mittelfristig, mit einer entsprechenden Reduktion der Fremdkapitalkosten gerechnet werden.

Aus dem Vergleich der Auswirkungen zeigt sich in dieser vereinfachten Simulation, wo das aus Kapitalkostensicht optimale Rating für das jeweilige Unternehmen liegt. Im Beispiel der Ab-

4.3 Welche Risikonahmestrategien lassen sich im Unternehmen vor dem Hintergrund der Kapitalausstattung konkret verwirklichen?

bildung 4.18 würde weder eine Verschlechterung noch eine Verbesserung des Ratings ein höheres Ergebnis je Aktie ergeben. Für dieses Unternehmen ist daher unter Kapitalkostenaspekten der Erhalt des aktuellen Ratings anzustreben.

Abb. 4.18: Bei der Festlegung eines Zielratings hilft die Simulation von Handlungsoptionen

- Momentanes Rating A
- Momentanes Ergebnis pro Aktie 1,89
- Untersuchung von 2 Handlungsoptionen

Option 1: Herabstufung von A zu BBB
Methode: Aufnahme von 4 Mrd. USD Fremdkapital, um Eigenkapital zurückzukaufen

Momentanes Ergebnis pro Aktie	1,89
Reduzierung der Aktienanzahl	0,17
Zinsen für neues Fremdkapital	–0,14
Ratingeffekt	–0,06
Neues Ergebnis pro Aktie	1,86

Option 2: Heraufstufung von A zu AA
Methode: Kapitalerhöhung um 1 Mrd. USD zur Tilgung von Fremdkapital

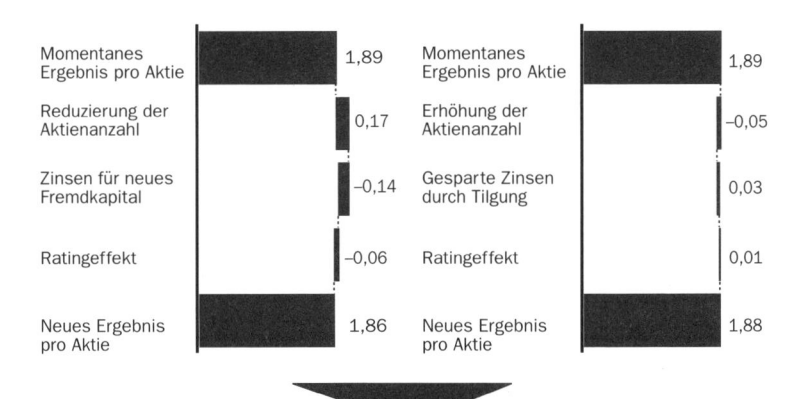

Momentanes Ergebnis pro Aktie	1,89
Erhöhung der Aktienanzahl	–0,05
Gesparte Zinsen durch Tilgung	0,03
Ratingeffekt	0,01
Neues Ergebnis pro Aktie	1,88

Ergebnis:
Aktuelles Rating A beibehalten, da Ergebnis pro Aktie damit am höchsten

Quelle: McKinsey

4. Die Entscheidung: Risikonahmestrategien

Soll das abgeleitete Zielrating erreicht oder gehalten werden, und geht man von zumindest kurz- bis mittelfristig konstanter Eigenkapitalausstattung aus, darf eine bestimmte Ergebnisvolatilität nicht überschritten werden.

Ein Beispiel: Zwei Unternehmen möchten beide nicht häufiger als einmal in zehn Jahren um mehr als 35 Prozent vom Ergebnistrend abweichen (das wäre in diesem Fall der zuvor diskutierte Extremfall). Der Abgleich mit dem jeweiligen Risikoprofil der Unternehmen führt zu zwei unterschiedlichen Ergebnissen (Abbildung 4.19):

■ Bei Unternehmen 1 ist die Risiko-Exposure zu hoch: Die Ergebnisse könnten die zuvor festgelegte Bandbreite zu häufig verlassen; hier sind die Risiken zu verringern.

Abb. 4.19: Analyse der maximal tolerierbaren Ergebnisvolatilität deckt auf, ob Risiko und Risikobereitschaft im Einklang stehen

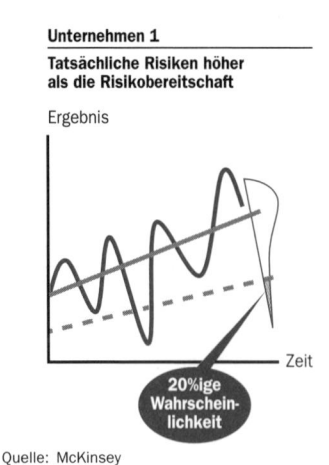

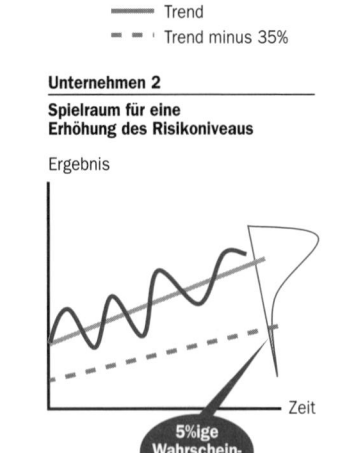

— Tatsächliches Ergebnis
— Trend
- - - Trend minus 35%

Unternehmen 1
Tatsächliche Risiken höher als die Risikobereitschaft

20%ige Wahrscheinlichkeit

Unternehmen 2
Spielraum für eine Erhöhung des Risikoniveaus

5%ige Wahrscheinlichkeit

Quelle: McKinsey

4.3 Welche Risikonahmestrategien lassen sich im Unternehmen vor dem Hintergrund der Kapitalausstattung konkret verwirklichen?

- Bei Unternehmen 2 ist es genau umgekehrt. Die gegenwärtige Risiko-Exposure lässt nur einmal in zwanzig Jahren, anstatt der geforderten zehn Jahre, ein Verlassen der Bandbreite erwarten. Das Unternehmen kann zusätzliche Risiken eingehen, wenn es so zusätzliche Gewinne generiert.

Die maximal tolerierbare Ergebnisvolatilität wurde bei diesen Beispielen von außen vorgegeben. Dies ist auch in der Praxis häufig der Fall. Einen Anhaltspunkt für die Festlegung dieser Zielgröße kann ein Abgleich des Zielratings mit der Ergebnisvolatilität bringen. Abbildung 4.20 zeigt anhand einiger amerikanischer Finanzdienstleister den Zusammenhang von Ergebnisvolatilität und Rating, wenngleich einschränkend gesagt werden muss, dass in dieser Analyse Teile des ökonomischen Eigenkapitals, die stillen Reserven oder Lasten, mangels öffentlicher Verfügbarkeit fehlen.

In aller Regel weisen Unternehmen mit höherer Ergebnisvolatilität relativ zum vorhandenen Eigenkapital tendenziell schlechtere Ratings auf. Die Spanne reicht von einer durchschnittlichen Ergebnisvolatilität von nur 1,6 Prozent bei einem AAA-Rating, gemessen relativ zum Buchwert des durchschnittlichen Eigenkapitals, bis hin zum Sechsfachen (9,2 Prozent) bei einem BB-Rating. Allerdings ist die Ergebnisvolatilität nur einer der Faktoren, die von Ratingagenturen zur Bonitätseinschätzung von Unternehmen herangezogen werden.

In diesem Zusammenhang wird aber auch deutlich, dass meist ein erhöhtes Risiko mit erhöhten Chancen verbunden ist. Eine hohe Ergebnisvolatilität geht häufig mit riskanteren Aktivitäten und damit auch langfristigen Wachstumsoptionen einher. Der amerikanische Finanzdienstleister Capital One konnte beispielsweise von 1991 bis Ende 2000 bei einer durchschnittlichen Ergebnisvolatilität von 4,9 Prozent des Eigenkapitals eine Ergebniswachstumsrate von 22,9 Prozent im Jahresdurchschnitt erzielen. Im Vergleich dazu erreichte der US-Versicherer

4. Die Entscheidung: Risikonahmestrategien

Abb. 4.20: Unternehmen mit hoher Bonität haben eher eine geringe Ergebnisvolatilität
in Prozent

Ergebnisvolatilitäten relativ zum Eigenkapital* führender US-Finanzdienstleister nach Ratingklassen

Durch-schnitt 4,1

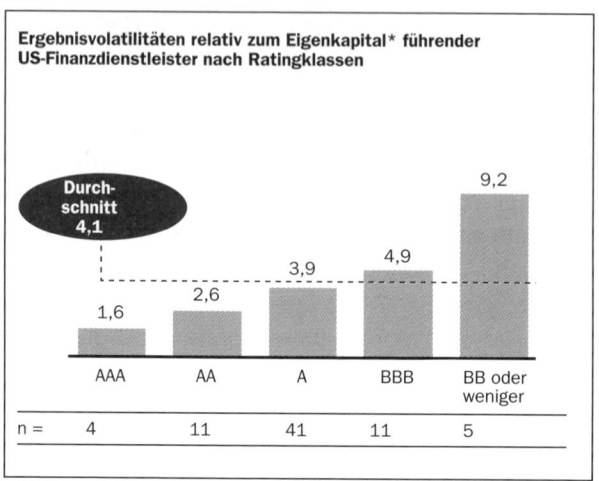

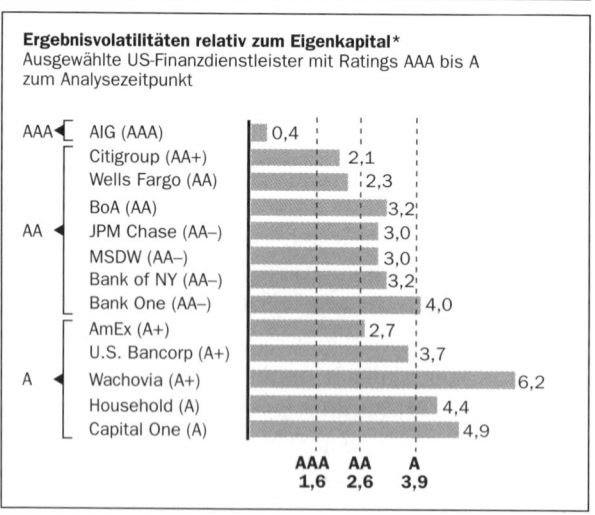

	AAA	AA	A	BBB	BB oder weniger
	1,6	2,6	3,9	4,9	9,2
n =	4	11	41	11	5

Ergebnisvolatilitäten relativ zum Eigenkapital*
Ausgewählte US-Finanzdienstleister mit Ratings AAA bis A zum Analysezeitpunkt

AAA	AIG (AAA)	0,4
AA	Citigroup (AA+)	2,1
	Wells Fargo (AA)	2,3
	BoA (AA)	3,2
	JPM Chase (AA–)	3,0
	MSDW (AA–)	3,0
	Bank of NY (AA–)	3,2
	Bank One (AA–)	4,0
A	AmEx (A+)	2,7
	U.S. Bancorp (A+)	3,7
	Wachovia (A+)	6,2
	Household (A)	4,4
	Capital One (A)	4,9

	AAA	AA	A
	1,6	2,6	3,9

* Definiert als die auf das Jahr hochgerechnete Standardabweichung der Quartalsergebnisse dividiert durch das durchschnittliche Eigenkapital relativ zum Trend (Q1/1991 zu Q4/2000)
Quelle: SNL Securities, Compustat

4.3 Welche Risikonahmestrategien lassen sich im Unternehmen vor dem Hintergrund der Kapitalausstattung konkret verwirklichen?

AIG im selben Zeitraum bei einer Ergebnisvolatilität von 0,4 Prozent eine nur gut halb so hohe Wachstumsrate in Höhe von (immer noch) 13,9 Prozent.

4.3.3.3 Kapitalmanagement vor dem Hintergrund kurzfristiger Volatilitäten: systematische Wertsteigerung durch effizienten Kapitaleinsatz

Die Zielsetzung für das Risiko- und Kapitalmanagement vor dem Hintergrund kurzfristiger Volatilitäten ist meist ehrgeiziger, als nur das Bewahren des Unternehmens vor der Insolvenz oder der Sicherung des Zugangs zu Fremdkapital zu akzeptablen Kosten. Vielmehr soll das Ist-Ergebnis den Zielvorstellungen der Eigenkapitalgeber so weit wie möglich angeglichen werden. Es geht um die effiziente Nutzung des knappen Eigenkapitals und um die Maximierung des Shareholder-Value.

Am Anfang steht die Definition eines Ergebnisziels. Dieses wird dann mit dem Ist-Ergebnis abgeglichen. Ausgangspunkt der Ermittlung des Ist-Ergebnisses ist in aller Regel der durch das Rechnungswesen ausgewiesene Gewinn, der jedoch je nach Art der Rechnungslegung – HGB, US-GAAP oder IAS – teils beachtlich differieren kann.

Im Rahmen ihres internen Controllings ermitteln viele Unternehmen in Ergänzung zur externen Rechnungslegung ein so genanntes betriebswirtschaftliches Ergebnis, das insbesondere die nicht im externen Rechnungswesen abgebildeten, ökonomisch aber durchaus zu berücksichtigenden Ergebnisbestandteile wie die Veränderung stiller Reserven oder Lasten einbezieht. Unter Risikomanagement-Aspekten ist es zusätzlich zweckmäßig, eine Differenzierung des Ergebnisses vorzunehmen in den Teil aus der (theoretisch möglichen) risikofreien Anlage des ökonomischen Eigenkapitals und in die Prämie, die aus der bewussten Risikoübernahme resultiert (Abbildung 4.21).

Deutlich schwieriger noch als die Berechnung des Ist-Ergebnisses ist für viele Unternehmen die Ableitung des Ergebnis-

4. Die Entscheidung: Risikonahmestrategien

Abb. 4.21: Wie das betriebswirtschaftliche Ergebnis aus der Risikoübernahme ermittelt wird
Index: Ergebnis nach HGB vor Steuern = 100

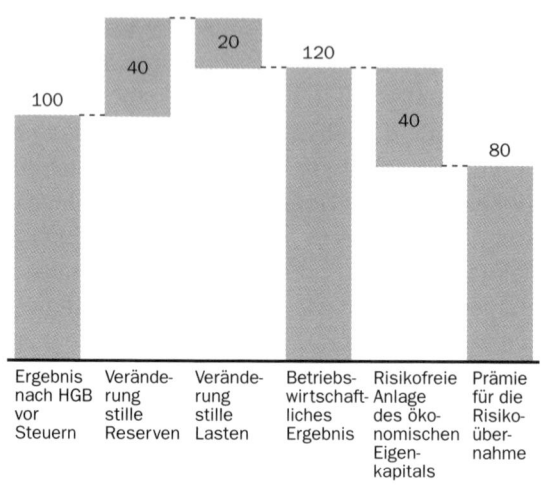

Ergebnis nach HGB vor Steuern	Veränderung stille Reserven	Veränderung stille Lasten	Betriebswirtschaftliches Ergebnis	Risikofreie Anlage des ökonomischen Eigenkapitals	Prämie für die Risikoübernahme
100	40	20	120	40	80

Quelle: McKinsey

ziels. Grundsätzlich sollte das Ergebnis mindestens die Gesamtkapitalkosten decken. Diese Mindestanforderung muss schließlich konsistent auf die Geschäftsbereiche oder sogar die jeweiligen Einzeltransaktionen aufgeschlüsselt werden. Darüber hinaus gilt sie als Kriterium für neue Projekte oder Investitionen.

Wenn die Ergebnisse die Erwartungen der Eigenkapitalgeber nicht erfüllen, lautet die traditionelle Handlungsempfehlung an das Management: Kosten reduzieren, Erträge steigern (Stellhebel 1 in Abbildung 4.22). Mithilfe des Risikomanagement-Instrumentariums kann die Unternehmensführung das Problem differenzierter angehen. Wenn die Risikotragfähigkeit nicht ausgeschöpft ist, kann das Unternehmen die Eigenkapitalrendite steigern, indem es zusätzliche Geschäfte eingeht (Stellhebel 2 in Abbildung 4.22). Bei einer bereits ausgeschöpften Risikotragfä-

4.3 Welche Risikonahmestrategien lassen sich im Unternehmen vor dem Hintergrund der Kapitalausstattung konkret verwirklichen?

higkeit muss es dagegen die Effizienz des eingesetzten ökonomischen Eigenkapitals erhöhen (Stellhebel 3 in Abbildung 4.22).

Die mit Stellhebel 2 verbundene Renditesteigerung kostet den Preis zusätzlicher Risiken. Ein Zusatzergebnis kommt heraus, wenn in risikotragende Geschäfte mit positivem Ergebnisbeitrag investiert wird.

Durch eine höhere Effizienz des Einsatzes von ökonomischem Eigenkapital (Stellhebel 3) verbessert das Management dagegen die risikoadjustierte Performance und wird somit den Ansprüchen der Eigenkapitalgeber besser gerecht. Bei Industrieunternehmen heißt dies z. B. Reduktion von finanziellen Risiken, beispielsweise aus Zins- oder Währungspositionen und Eingehen zusätzlicher operativer Geschäftsrisiken, bei denen sie einen Wettbewerbsvorteil haben.

Abb. 4.22: Es gibt drei Stellhebel zur Ergebnissteigerung

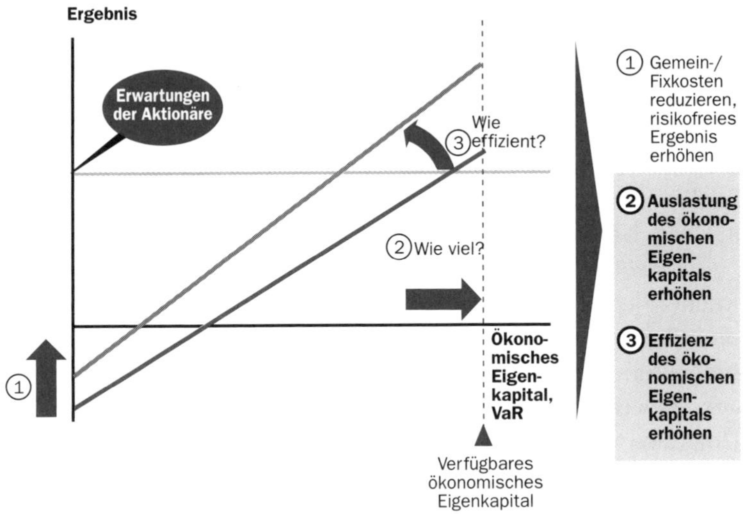

Quelle: McKinsey

4. Die Entscheidung: Risikonahmestrategien

Die meisten Unternehmen sind in unterschiedlichen Geschäftsfeldern aktiv, in denen sie jeweils zahlreiche Risiken übernehmen. Dies bietet systematische Ansatzpunkte für verbesserte Entscheidungen im Rahmen der Geschäftsfeldportfolio-Optimierung sowie den effizienten Einsatz des ökonomischen Eigenkapitals. Ohne hier auf die Bewertung der strategischen und operativen Vorteilhaftigkeit einzelner Geschäftsfelder einzugehen, muss im Rahmen der Geschäftsfeldportfolio-Optimierung und der Unternehmensstrategie darüber entschieden werden, wie die knappe Risikotragfähigkeit, das heißt das vorhandene ökonomische Eigenkapital, auf die Geschäftsfelder verteilt werden soll. Dabei sind Diversifikationseffekte zwischen den Risiken der unterschiedlichen Geschäftsfelder zu berücksichtigen.

Kapitalallokation auf Risiken, für die Kernkompetenz besteht, und die damit einen positiven Wertbeitrag bringen können

Normalerweise treten Risiken bei den Geschäftsfeldaktivitäten der Unternehmen nicht einzeln, sondern gebündelt auf. So ergibt sich etwa für einen deutschen Maschinenbauer aus dem Geschäft mit amerikanischen Kunden neben dem Risiko, dass die Maschinen den Erwartungen der Kunden nicht entsprechen, auch ein Fremdwährungsrisiko, falls die Kunden die Maschinen in Dollar bezahlen.

Einige der mit den Geschäften verbundenen Risiken betrachtet jedes Unternehmen als Teil seiner Kernkompetenz. In dem Beispiel zählt vermutlich die genaue Kenntnis der Erwartungen und Präferenzen seiner Kunden zu den Kernkompetenzen des deutschen Maschinenbauers. Kernkompetenzen im Umgang mit Risiken können auch durch die Kenntnis eines regionalen Teilmarktes, einer Branche oder anderer Informations- oder Transaktionsvorteile begründet sein.

Ein Unternehmen besitzt jedoch nicht für alle übernomme-

4.3 Welche Risikonahmestrategien lassen sich im Unternehmen vor dem Hintergrund der Kapitalausstattung konkret verwirklichen?

nen Risiken Kernkompetenzen – so zählt beim Maschinenbauer die Übernahme von Wechselkursrisiken in Dollar sicherlich nicht zu den Kernkompetenzen. Der für das Gesamtunternehmen berechnete Value at Risk setzt sich somit zusammen

■ aus den Risiken, für die Kernkompetenzen bestehen und die Chance positiver Überrenditen gegeben ist (im Beispiel etwa aus Kenntnis der amerikanischen Kundenwünsche),

■ und aus den Risiken, für die keine Kernkompetenzen bestehen und bei denen somit keine systematisch positiven Überrenditen erwartet werden können (hier das Fremdwährungsrisiko).

Wer gezielt Risiken übernimmt, bei denen sich Überrenditen erzielen lassen, und gleichzeitig andere Risiken vermeidet oder vermindert, kann damit seine Eigenkapitalverzinsung und den Shareholder-Value steigern.

Wertorientierte Geschäftsfeld-Dimensionierung

In der Regel ist das Risiko-Rendite-Profil unterschiedlicher Geschäftsfelder nicht gleich. Um eine Entscheidung hinsichtlich der relativen Vorteilhaftigkeit treffen zu können, bietet sich eine Kategorisierung der einzelnen Geschäftsfelder nach erzieltem Ergebnis und Risiko an, d. h. nach dem Bedarf an ökonomischem Eigenkapital. Abbildung 4.23 illustriert dies idealtypisch.

Eine Verbesserung des Ergebnisses kann durch die Bereitstellung von tendenziell mehr ökonomischem Eigenkapital für Geschäftsfelder mit den attraktivsten Risiko-Rendite-Relationen erreicht werden (Geschäftsbereiche 1 und 2), wenn das zusätzlich bereitgestellte Kapital in diesen Geschäftsfeldern auch in neues, gleichermaßen attraktives Geschäft investiert wird. Geschäftsfelder, deren Risiko-Rendite-Relation unterdurchschnittlich ist, erhalten weniger Mittel. Geschäftsfelder, deren Risiko-

4. Die Entscheidung: Risikonahmestrategien

Abb. 4.23: Ergebnis und ökonomischer Eigenkapitalbedarf sollten pro Geschäftsbereich ins Verhältnis gesetzt werden
in Währungseinheiten

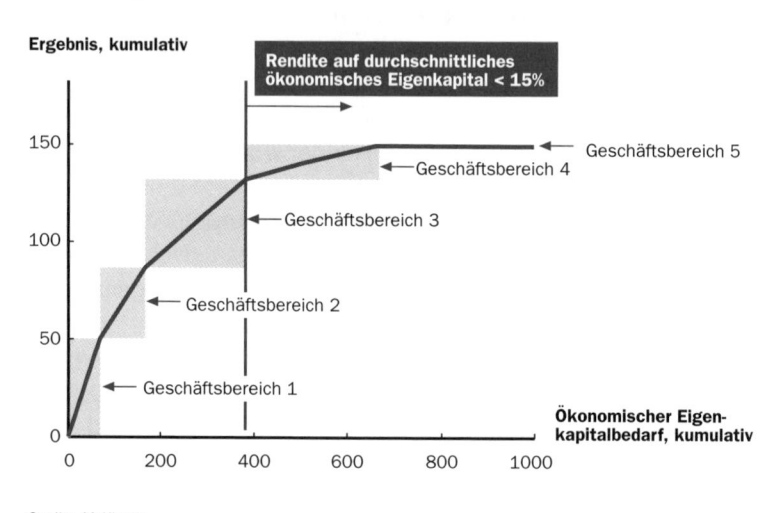

Quelle: McKinsey

Rendite-Relation unter den Eigenkapitalkosten liegt, sollten zur Disposition gestellt werden. Dieser Vorgang ist aktives Chancenmanagement: Die besonders erfolgreichen Geschäftsfelder erhalten auf diese Weise bessere Entfaltungsmöglichkeiten.

Lösung des „Joint-Product-Problems" zur Verbesserung der Kapitalallokation auf Geschäftsfelder

Zur Beurteilung der individuellen Risiko-Rendite-Relation kann einerseits jedes Geschäftsfeld so behandelt werden, als stünde es als eigenständiges Unternehmen im Wettbewerb. Andererseits sollte zusätzlich auch der Risikobeitrag eines Neugeschäfts zum gesamten Geschäftsportfolio ermittelt werden. Die isolierte Beurteilung der Risiko-Rendite-Relation eines einzelnen

4.3 Welche Risikonahmestrategien lassen sich im Unternehmen vor dem Hintergrund der Kapitalausstattung konkret verwirklichen?

Geschäftsfelds kann allerdings wegen der Nicht-Additivität der Risiken aller einzelnen Geschäftsfelder und der damit verbundenen Diversifikationseffekte problematisch sein. Daher können auch die marginalen Risikobeiträge einzelner Geschäftsfelder mit der gewählten Segmentierung des Gesamtunternehmens schwanken.

Zur Illustration wird ein bereits bekanntes Beispiel modifiziert: Eine Bank hält, unter der Annahme, dass deren Geschäfte negativ korreliert sind, jeweils von einem Bademoden und einem Regenschirme produzierenden Unternehmen eine (gleich große) Aktienposition und hat an beide Unternehmen (gleich große) Kredite vergeben. Der marginale Risikobeitrag der Kredit- und Aktienposition sowohl an dem Bademodenunternehmen als auch an dem Regenschirmunternehmen ist sehr hoch, falls die Geschäftsbereiche der Bank nach Kundensegmenten aufgeteilt sind. Deutlich geringer ist jedoch der marginale Risikobeitrag, wenn das Unternehmen in die Geschäftsbereiche Kreditgeschäft und Wertpapierhandel aufgegliedert ist. Dieses Problem kann nur gelöst werden, wenn die marginalen Risikobeiträge der Geschäftsaktivitäten zum Gesamtportfolio der Bank unabhängig von der jeweiligen organisatorischen Aufteilung in Geschäftsbereiche ermittelt und zur Entscheidungsfindung verwendet werden.

Besonders bei ausgeprägt diversifizierten Unternehmen sind diese Effekte relevant. Die Risikoanalyse mittels Value at Risk erlaubt eine isolierte Betrachtung der Risikosituation der einzelnen Geschäftsfelder und auch der Diversifikationseffekte aus Gesamtunternehmenssicht. Eine Analyse der Risikosituation einzelner Geschäftsfelder sowohl mit als auch ohne Berücksichtigung der Diversifikationseffekte auf andere Geschäftsfelder trägt zur Transparenz der Risikosituation und -effekte und damit zu adäquaten Entscheidungen bezüglich der Kapitalallokation bei.

4. Die Entscheidung: Risikonahmestrategien

Wertsteigerung durch Risiko-Rendite-Management innerhalb bestehender Geschäftsfelder – Management von Konzentrationsrisiken

Mögliche Wertsteigerungen im Rahmen des Risiko-Rendite-Managements in bestehenden Geschäftsfeldern verdeutlicht das Beispiel der Reduktion von Konzentrationsrisiken: Eine Bank hat sich in ihrem Kreditgeschäft auf ein bestimmtes Kundensegment konzentriert. Es erscheint im ersten Moment sinnvoll, Kreditgeschäfte immer wieder mit denselben Kunden abzuschließen, da sich so Transaktions- und Informationskosten senken lassen. Die Kundenstammdaten sind bereits vollständig erfasst und die zur Einschätzung der Bonität erforderlichen Informationen vorhanden. Der Nachteil eines derart fokussierten Kreditportfolios liegt allerdings in seinem potentiell hohen Konzentrationsrisiko. Der einzelne, rational handelnde Kunde dieser Bank ist allerdings nicht zur Zahlung einer entsprechend hohen Risikoprämie bereit, da ihm die mangelnde Portfoliodiversifikation der Bank nicht anzulasten ist. Die Übernahme dieser im Capital Asset Pricing Model unsystematisch genannten Risiken wird vom Markt nicht vergütet. Je höher daher der Anteil unsystematischer Risiken am Gesamtrisiko, desto höher ist der Anteil des zwar vorzuhaltenden, aber am Markt nicht adäquat verzinsten ökonomischen Eigenkapitals. Insgesamt verschlechtert sich daher mit zunehmendem unsystematischen Risiko das Risiko-Rendite-Verhältnis eines Portfolios und damit die Effizienz des eingesetzten Kapitals.

Andererseits kann auch ein bewusstes Eingehen von Konzentrationsrisiken unter bestimmten Umständen kurz- und mittelfristig den Unternehmenswert steigern, etwa im Handelsgeschäft von Banken. Im Rahmen des so genannten Stock Picking bei Aktien besteht zumindest die – empirisch nicht sehr wahrscheinliche – Möglichkeit, durch Konzentration auf die „richtige" Aktie Übergewinne zu realisieren. Doch durch Eingehen von Konzen-

4.3 Welche Risikonahmestrategien lassen sich im Unternehmen vor dem Hintergrund der Kapitalausstattung konkret verwirklichen?

Abb. 4.24: Mit dem Risikomanagement-Instrumentarium stehen differenzierte Möglichkeiten zur Ergebnisverbesserung zur Verfügung

	Traditionelles Instrumentarium zur Ergebnisverbesserung	Risikomanagement-Instrumentarium		
	Risikoneutrale Ergebnisverbesserung innerhalb der Bereiche	Kapitalreallokation	Risiko-Rendite-Management innerhalb der Bereiche	Ausdehnung Risikokapital
Ansätze (Auswahl)	▪ Kostensenkung ▪ Ertragssteigerung	▪ Umschichtung in risikoadjustiert renditestarke Bereiche zu Lasten risikoadjustiert renditeschwacher Bereiche	▪ Gezielte risikomindernde Diversifizierung ▪ Risikogerechtes Pricing	▪ Erhöhung des Geschäftsvolumens in renditestarken, risikotragenden Bereichen
Beispiele	▪ Effizienzsteigerung der Prozesse ▪ Reduzierung des Overhead ▪ Erschließung von Einkaufskostenpotenzialen ▪ Allgemeine Preiserhöhung	▪ Änderung des Geschäftsmix ▪ Verkauf von Beteiligungen und Reinvestition im Kerngeschäft	▪ Reduzierung der Abhängigkeit von einem Lieferanten ▪ Risikogerechte Preissetzung z. B. bei Gewährung von Zahlungszielen oder Krediten	▪ Geschäftsaufbau in Asien ▪ Kauf eines weiteren Unternehmens ▪ Aufbau neuer Produktlinie/ Marke
Auswirkungen auf ▪ Risiko ▪ Ergebnis ▪ RAROC	– ↑ –	– ↑ ↑	↓ ↑ ↑	↑ ↑ ↑

Quelle: McKinsey

trationsrisiken im für deutsche Banken bedeutenden Kreditgeschäft ist kaum eine Steigerung des Unternehmenswertes zu erreichen, denn beim so genannten Debt Picking von Fremdkapitaltiteln besteht kein nach oben offenes Gewinnpotenzial. Diese Argumentation gilt analog für Unternehmen anderer Branchen, die sich in ihren Geschäften ebenfalls auf bestimmte Kunden, Produkte, Lieferanten oder Regionen konzentrieren.

4. Die Entscheidung: Risikonahmestrategien

Eine Übersicht über die Vielzahl von Handlungsalternativen zur Performanceverbesserung, die modernes Risikomanagement für bestehende Geschäftsfelder eines Unternehmens bietet, zeigt Abbildung 4.24. Bei der Gegenüberstellung traditioneller Ansätze zur Ergebnisverbesserung und neuer aus dem Risikomanagement abgeleiteter Instrumente zeigt sich, dass Unternehmen durch die Erweiterung ein deutlich differenzierteres Instrumentarium zur Performanceverbesserung zur Verfügung steht.

Wo steht Ihr Unternehmen? Nutzen Sie schon die Instrumente professionellen Risikomanagements? Gibt es Nachholbedarf? Kennen Sie die Risikotragfähigkeit ihres Unternehmens? Die folgende Checkliste erlaubt eine Einordnung und ergibt ein Stärken-/Schwächenprofil zum Thema Risikonahmestrategien.

4.3 Welche Risikonahmestrategien lassen sich im Unternehmen vor dem Hintergrund der Kapitalausstattung konkret verwirklichen?

Abb. 4.25: Diagnose der Ist-Situation – Risikonahmestrategie

Kriterien	Ausprägungen				
	Nicht vorhanden	Frühes Stadium	Mittleres Stadium	Fortgeschrittenes Stadium	
▪ Formulierung von Grundsätzen für die Risikonahmestrategie	▪ Geringes Verständnis für die Grundsätze der Risikonahmestrategie	▪ Grundsätze generell formuliert, Detaillierung besteht nur im Anfangsstadium	▪ Grundsätze detailliert formuliert, einige Teilbereiche fehlen	▪ Ein vollständiges Verständnis der Chancen und Risiken, risikoadjustierten Rentabilitätsmaße und Risikotragfähigkeit besteht	
▪ Spektrum der genutzten Risikonahmestrategien	▪ Das Spektrum der Risikonahmestrategien ist unbekannt	▪ Das Spektrum der Risikonahmestrategien wird nur teilweise genutzt	▪ Einige Personen haben umfassende Kenntnis des Spektrums	▪ Vollständiges, umfassendes Verständnis und Nutzung des Spektrums der Risikonahmestrategien in breiten Teilen der Organisation	
▪ Einsatz risikominimierender Maßnahmen	▪ Maßnahmen werden nur opportunistisch verwendet	▪ Maßnahmen werden gelegentlich verwendet	▪ Maßnahmen werden häufig verwendet	▪ Instrumente wie Six Sigma, Früherkennung und Notfallplanerstellung werden umfassend genutzt	
▪ Einsatz von Instrumenten zur Risikoüberwälzung	▪ Maßnahmen zur Risikoüberwälzung auf Versicherungen beschränkt	▪ Kenntnis der Instrumente in Ansätzen vorhanden	▪ Kenntnis vorhanden, jedoch noch nicht alle Instrumente ausreichend angewandt	▪ Vollständige Kenntnis und Nutzung der Instrumente zur Risikoüberwälzung (auf den Staat, Versicherungen, Kunden bzw. Lieferanten, ...)	
▪ Ausmaß (bewusster) Risikoübernahme	▪ Kriterien sind nicht definiert oder nicht bekannt, Risikoübernahme erfolgt oft unbewusst	▪ Kriterien sind teilweise bekannt und kommen gelegentlich zur Anwendung	▪ Kriterien für die Entscheidung sind bekannt, werden aber nicht immer stringent angewandt	▪ Kriterien für die Entscheidung, wie z. B. Risikotragfähigkeit, Auswirkung auf Rating und Wertgenerierungspotenzial, sind umfassend bekannt und werden berücksichtigt	
▪ Abgleich von Risikosituation und Kapitalausstattung	▪ Abgleich wird nicht vorgenommen	▪ Grobe Abschätzung wird vorgenommen	▪ Gelegentliche, aber unvollständige Quantifizierung wird vorgenommen	▪ Vollständiger und regelmäßiger Abgleich ▪ Das ökonomische Eigenkapital wird entsprechend der Verteidigungslinien regelmäßig kategorisiert	
▪ Festlegung der optimalen Kapitalstruktur	▪ Keine bewusste Optimierung der Kapitalstruktur	▪ Veränderung der Kapitalstruktur ohne Analysen	▪ Gelegentliche Analyse und Berücksichtigung der Investoreninteressen	▪ Unternehmen analysieren die ökonomische Eigenkapitalsituation vor dem Hintergrund eingegangener oder einzugehender Risiken	

Quelle: McKinsey

5. Die organisatorische Verankerung des Risikomanagements

Wenn das Risikomanagement wirklich funktionieren soll, muss es fest in der Unternehmensstruktur verankert werden. Es beansprucht seine Rolle in den Prozessen des Unternehmens und begründet idealerweise eine eigene Risikokultur.

Die Atmosphäre war aufgeheizt, die Bevölkerung verängstigt: Als nach den Terroranschlägen des 11. September 2001 in den USA Briefe mit Milzbranderregern auftauchten, dauerte es nicht lange, bis die vermeintliche Gefahr Deutschland erreichte.

Statt der El-Kaida-Terroristen hielten jedoch Trittbrettfahrer die Sicherheitsverantwortlichen der Deutschen Post in Atem, als Sendungen mit harmlos aussehendem weißem Pulver auftauchten – gefährliches Gift oder nur ein böser Spaß?

Die Deutsche Post bewältigte das Problem mit einem Minimum an Aufsehen, weil die Organisation vorbereitet war und die Notfallpläne in der Schublade bereitlagen. Planmäßig wurde ein Krisenstab einberufen: Im so genannten Konzernlagezentrum saßen Vertreter aller betroffenen Bereiche des Unternehmens unter der Leitung und Koordination der Abteilung Konzernsicherheit, ergänzt um Delegierte des Innenministeriums, des Gesundheitsministeriums und des Robert-Koch-Instituts. Zudem kooperierte das Lagezentrum eng mit der Konzernkommunikation und der Presse. Umgehend hatten die Krisenmanager Kontakt zu den Kollegen der amerikanischen Post aufgenommen. Sicherheitshalber wurden für alle potenziell betroffenen Mitarbeiter Schutzmasken sowie Gummihandschuhe zur Verfügung gestellt. Trotz hoher Verunsicherung der Mitarbeiter konnten die Krisenmanager deshalb Panik weitgehend vermeiden. Für die Kunden wurde eine Hotline eingerichtet, die montags bis samstags von 07:00 bis 20:00 Uhr über Betriebsstörungen informierte. Immerhin 600 Anrufer täglich nutzten noch zwei Monate nach den ersten Berichten über Milzbrand in den USA dieses Angebot. Die schnelle, abgestimmte Reaktion und Kommunikation brachte den Erfolg im Umgang mit dem Problem.

5. Die organisatorische Verankerung des Risikomanagements

Im Unternehmen betraf die riskante Situation zunächst alle Filialmitarbeiter und die Mitarbeiter in den Briefzentren. Als auch Pakete mit weißem Pulver auftauchten, musste der Kreis umgehend um die Mitarbeiter aus dem Frachtbereich erweitert werden. Im ganzen Land richtete die Post Lagezentren ein, die mit dem Konzernlagezentrum eng zusammenarbeiteten. Koordiniert von der Abteilung Konzernsicherheit wurde „Bio-Alarm" geprobt und zuweilen auch als Ernstfall ausgerufen.

Die Organisation bewährte sich: Meldungen aus den Filialen und den Bearbeitungszentren erfolgten nach einem einheitlichen Standard; mithilfe einer vorbereiteten Datei ließen sich potenzielle Verhaltensmuster schnell ableiten. Externe und Partner, etwa im Filialbetrieb, ließen sich daraufhin ebenfalls zügig informieren. Ein Video, das die Mitarbeiter über das hauseigene Business TV zum Thema proaktiv unterrichtete, half bei der Bewältigung der Angst.

Und auch diese Krise hatte eine positive Seite: Die Erfahrungen aus der Milzbrandbedrohung versetzten die Post in die Lage, bei der nächsten Katastrophe, dem Hochwasser im Sommer 2002, angemessen, professionell und schnell zu reagieren.

Die Lehre: Professionelles Risikomanagement kann erst wirksam werden, wenn es auch in der Organisation eines Unternehmens angemessen berücksichtigt wird. Hierfür müssen zum einen geeignete Strukturen vorhanden sein: Quer durch das Unternehmen sind Aufgaben und Verantwortung für das Risikomanagement jeweils passenden Organisationseinheiten zuzuordnen. Zum anderen müssen die Prozesse die besonderen Anforderungen des Risikomanagements berücksichtigen.

Volle Wirkung entfaltet Risikomanagement jedoch erst, wenn im Unternehmen eine adäquate Risikokultur verbreitet ist. Das Management muss dazu über alle Hierarchien hinweg und in allen Geschäftsbereichen das Risikobewusstsein der Mitarbeiter wecken.

5.1 Risikomanagement muss fest in der Organisationsstruktur des Unternehmens verankert sein

Bei Finanzdienstleistungsunternehmen hat das Thema Risikomanagement bereits einen hohen Stellenwert: Die Übernahme von Risiken gilt für sie schließlich als Kerngeschäft und -kompetenz. Finanzdienstleister verfügen daher meist über entsprechende organisatorische Strukturen und Prozesse. Einen kräftigen Schub bekam diese Entwicklung durch gesetzliche Anforderungen und Richtlinien zu Prozessen und Organisation, etwa zu den Mindestanforderungen an das Betreiben von Handelsgeschäften (MAH) oder die analogen Vorschriften für das Kreditgeschäft (MAK).

Doch in vielen Branchen ist Risikomanagement noch eine Randerscheinung. Das zeigt eine Umfrage bei 75 Firmen des produzierenden Gewerbes (Abbildung 5.1): Während in rund 90 Prozent der befragten Unternehmen Zentralfunktionen zur Budgetierung und Ergebnisrechnung sowie für eine interne Revision

Abb. 5.1: Der Stellenwert des Risikomanagements ist gegenüber anderen Zentralfunktionen gering

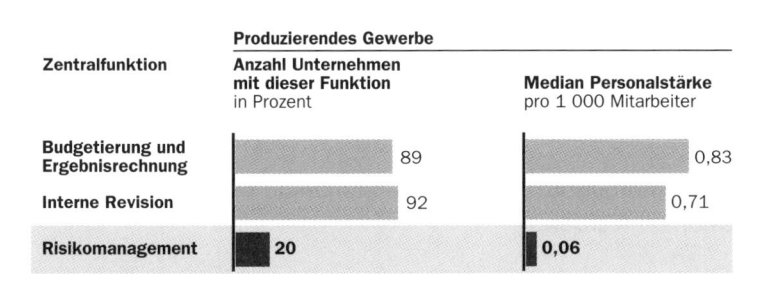

Zentralfunktion	Produzierendes Gewerbe	
	Anzahl Unternehmen mit dieser Funktion in Prozent	Median Personalstärke pro 1 000 Mitarbeiter
Budgetierung und Ergebnisrechnung	89	0,83
Interne Revision	92	0,71
Risikomanagement	20	0,06

Quelle: Ashridge Report „Corporate Headquarters" (2000); interviewt wurden 75 Firmen aus dem produzierenden Gewerbe

5. Die organisatorische Verankerung des Risikomanagements

existierten, verfügten lediglich 20 Prozent der Unternehmen über eine Zentralfunktion Risikomanagement. Ein noch drastischeres Verhältnis zeigte sich in der durchschnittlichen Personalstärke. Im Schnitt wenden die Unternehmen für das Risikomanagement weniger als ein Zehntel der Personalstärke des Bereichs Interne Revision auf:

Weitere Umfragen belegen, dass bestenfalls bei jedem zweiten Unternehmen beispielsweise Aufgaben und Verantwortlichkeiten für das Controlling von Risiken (das heißt für ihre Identifizierung, Messung und Abbildung in Berichten) klar zugeordnet sind. Weniger als ein Drittel der Unternehmen haben Konzepte oder Notfallpläne für Krisensituationen.

Doch selbst wenn ein Nicht-Finanzdienstleister eine Risikomanagement-Funktion besitzt, konzentrieren sich die Risikomanager meist auf bestimmte Einzelrisiken im operationellen Bereich. Oder sie beschränken sich auf den Einkauf von Versicherungen. Zu selten ist das Risikomanagement umfassend organisatorisch ausgerichtet und verankert.

Zum Aufbau eines erfolgreichen Risikomanagements müssen Unternehmen Folgendes beachten, nachdem die relevanten Aufgaben benannt sind:

- Risikomanagement braucht einen „Champion" in der Organisation.

- Eine differenzierte, aber eindeutige Zuordnung der vielfältigen Aufgaben des Risikomanagements ist zweckmäßig.

- Das Risikocontrolling muss unabhängig sein und exponiert positioniert werden.

- Die Aufgabenteilung zwischen zentralen und dezentralen Einheiten ist festzulegen.

5.1 Risikomanagement muss fest in der Organisationsstruktur des Unternehmens verankert sein

■ Die Rollen in der Risikomanagement-Organisation müssen klar definiert sein.

5.1.1 Risikomanagement braucht einen „Champion" in der Organisation

Für Risikomanagement gilt, was auch auf andere Managementbereiche zutrifft: Oftmals werden im Vorfeld keine Verantwortlichen definiert, aber nach Eintreten eines Risikos umso dringender gesucht.

Selbst im Bankenwesen ist bei Ausfall eines Kredits mitunter unklar, wer für das Risiko verantwortlich war. War es der Vertrieb, der Kreditentscheider oder sogar der Verfasser der Kreditrichtlinien, der die Vollmachten für die Vergabe von Krediten definiert?

Bei erfolgreichen Banken dagegen ist die Verantwortlichkeit genau festgelegt. Richtlinien definieren, bis zu welchem Maximalvolumen ein Vertriebsmitarbeiter selbstständig Kredite vergeben darf, wenn zuvor definierte Voraussetzungen beim Kunden erfüllt sind. Hat er sich bei der Kreditvergabe an diese Richtlinien gehalten, kann ihm die Verantwortung beim Eintritt eines Risikofalls nicht angelastet werden. Soll der Kredit höher sein oder entsprechen die Voraussetzungen des Kreditnehmers nicht den definierten Vorgaben, wird die Entscheidung an die nächsthöhere Stelle weitergereicht.

Was im Falle der Kreditentscheidung trivial klingt, ist längst nicht selbstverständlich, wenn es um die Zuordnung von Verantwortung bei anderen Risiken geht. Auf jeden Fall ist eine einflussreiche Persönlichkeit in der Organisation wichtig, die sich für ein professionelles Risikomanagement stark macht und die entsprechenden organisatorischen Strukturen und Prozesse aktiv durchsetzt.

5. Die organisatorische Verankerung des Risikomanagements

5.1.2 Eine differenzierte, aber eindeutige Zuordnung der vielfältigen Aufgaben des Risikomanagements ist zweckmäßig

Risikomanagement kann nicht als ein gebündelter Aufgabenkomplex einer einzelnen Organisationseinheit im Unternehmen zugeordnet werden, denn das Aufgabenspektrum des Risikomanagements ist breit gefächert und sollte den Kompetenzen entsprechend aufgesplittet werden:

- Das risikoorientierte Kapitalmanagement ist Aufgabe des Topmanagements. Diesbezügliche Entscheidungen sollten in größeren Unternehmen von einer eigenen, unabhängigen und leistungsfähigen Risikomanagement-Einheit vorbereitet werden.

- Die Risikoidentifizierung und -messung einschließlich der Dokumentation liegt inhaltlich nahe bei den klassischen Controllingaufgaben.

- Die Verantwortung für die Risikonahmestrategien ist, je nachdem, ob es um bewusste Risikoübernahme, Risikoüberwälzung oder Risikominimierung geht, zumindest teilweise den Geschäftsfeldern zuzuordnen.

Im Bereich der Risikominimierung sind etwa Aufgaben zur Unternehmenssicherheit in separaten Organisationseinheiten anzusiedeln. Dabei geht es um Aufgaben wie Objektsicherung oder die Definition und Anpassung von Notfallplänen im Falle einer Betriebsstörung oder in einem Betrugsfall. Auch die Auswahl entsprechender Versicherungen übernehmen oft eigenständige Abteilungen.

Bei der Risikoüberwälzung auf Kunden oder Lieferanten wiederum können Risikomanager zwar bei einer risikoadäquaten Vertragsgestaltung helfen, jedoch kann die Verhandlung entsprechender Verträge nicht vollständig von der Verantwortung

5.1 Risikomanagement muss fest in der Organisationsstruktur des Unternehmens verankert sein

für die Kunden- und Lieferantenbeziehung losgelöst werden. Entscheidungen für eine bewusste Risikoübernahme fallen ebenfalls nicht losgelöst von anderen Aufgaben. Entscheidungen für oder gegen ein neues Geschäft sind meist untrennbar mit der Übernahme von Risiken verbunden. Auf Einzelgeschäftsebene können durch Richtlinien angemessene Preise für übernommene Risiken empfohlen werden, die Durchsetzung solcher Mindestpreise liegt aber bei den Linien- und Ergebnisverantwortlichen für das Geschäft.

Bei der Zuordnung von Verantwortlichkeiten und Kompetenzen sollte auch beachtet werden, dass Risikomanagement sowohl reaktiv als auch präventiv agieren kann: Eine Reaktion erfordert etwa der Eintritt von Schäden, nach einem Betriebsunfall vielleicht den Einsatz von Rettungsdienst und Reparaturteams. Bei Störfällen müssen zudem gegebenenfalls Mitarbeiter und die Öffentlichkeit informiert werden. Für solche Situationen sollten Notfallpläne bereitliegen, aus denen die erforderlichen Maßnahmen und die Verantwortung für deren Durchführung klar hervorgehen. Darüber hinaus lassen sich noch andere proaktive und präventive Maßnahmen festlegen und bei Bedarf ergreifen, etwa im Rahmen der Tätigkeit eines Sicherheitsdienstes. Zu den präventiven Maßnahmen gehören z. B. auch die Aufgaben einer internen Revision. Wichtig ist, dass Unternehmen stets beide Seiten der Medaille beachten – Reaktion und Prävention – wenn sie Zuordnungen und Verantwortlichkeiten klären.

5.1.3 Das Risikocontrolling muss unabhängig und exponiert positioniert sein

Alle Geschäftseinheiten, die Risiken eingehen, müssen die Resultate der Risikomessung in ihre Geschäftsentscheidungen einfließen lassen. Immerhin verantworten sie das Ergebnis die-

5. Die organisatorische Verankerung des Risikomanagements

ser Geschäftsentscheidungen einschließlich der damit verbundenen Risiken.

Zur Vermeidung von Interessenkonflikten ist es sinnvoll, dabei jedoch die organisatorische Verantwortung für die Risikoidentifizierung und -messung von der Verantwortung für die Risikoübernahme zu trennen. Eine derartige organisatorische Aufteilung zwischen den risikonehmenden Geschäftsbereichen und einem eigenständigen Bereich Risikocontrolling schafft die notwendige Unabhängigkeit der Kontrollfunktion, eine klare Trennung ist deshalb in der Praxis immer häufiger anzutreffen.

Dass die Trennung der Funktionsbereiche eine notwendige Voraussetzung für die Unabhängigkeit des Risikomanagements ist, hat auch der Gesetzgeber erkannt und für Banken rechtlich bindend vorgeschrieben. Gemäß den bereits erwähnten „Verlautbarungen über Mindestanforderungen an das Betreiben von Handelsgeschäften der Kreditinstitute" (MAH) und den „Verlautbarungen über Mindestanforderungen an das Kreditgeschäft der Kreditinstitute" (MAK) müssen Banken mit signifikanten Handelsaktivitäten ein System zur Messung und Überwachung der Positionen und zur Analyse und Bewertung des mit den Risiken verbundenen Verlustpotenzials einrichten. Ausdrücklich weisen die Vorschriften darauf hin, dass die Aufgaben des Risikocontrollings von Personen übernommen werden müssen, die keine unmittelbare Verantwortung für das Tagesgeschäft im Handel tragen und nicht weisungsabhängig von diesem Bereich sind.

Unabhängigkeit allein reicht indessen nicht aus. Damit die Ergebnisse der Risikomessung ausreichende Berücksichtigung bei Entscheidungen der Geschäftsbereiche finden, ist es erforderlich, dem Risikocontrolling den entsprechenden organisatorischen Stellenwert einzuräumen. Zunehmend werden Aufgaben des Risikocontrollings daher an exponierter Stelle der Unternehmensorganisation positioniert. Viele Banken und Versicherungen benennen einen Chief Risk Officer (CRO) und betrauen

5.1 Risikomanagement muss fest in der Organisationsstruktur des Unternehmens verankert sein

sogar ein Vorstandsmitglied mit Aufgaben des Risikomanagements.

Der Trend zur exponierten Positionierung von Risikomanagern ist nicht auf die Finanzdienstleistungsbranche beschränkt. In den USA haben auch zahlreiche Unternehmen anderer Wirtschaftszweige einen CRO ernannt, unter anderem Fluggesellschaften, Energieversorger und IT-Berater. Andere Unternehmen unterstellen die Mitarbeiter des Risikocontrollings und der Abteilung für die Unternehmenssicherheit direkt dem Chief Financial Officer (CFO).

Dadurch wird nicht nur deutlich, dass die Unternehmen dem Thema hohe Relevanz beimessen. Zugleich stellen die Unternehmen so sicher, dass strategische Entscheidungen stets unter Berücksichtigung der Dimension Risiko getroffen werden. Die Unabhängigkeit von anderen organisatorischen Einheiten mit potenziell gegenläufigen Interessen ist ebenso gewährleistet.

An welcher Stelle Risikocontroller und -manager in der Organisation eines spezifischen Unternehmens genau angesiedelt werden sollten, hängt von der Situation des einzelnen Unternehmens ab. Der enge Kontakt mit der Unternehmensführung sowie eine exponierte und unabhängige Position sind jedoch wichtige Voraussetzungen für ein professionelles Risikomanagement.

5.1.4 Die Aufgabenteilung zwischen zentralen und dezentralen Einheiten ist festzulegen

Die Unternehmensleitung muss entscheiden, ob die Aufgaben des Risikomanagements zentral oder dezentral organisiert werden, je nachdem, ob sie sich eher auf die Transaktionsebene beziehen, das heißt einen einzelnen Vorgang betreffen, oder auf die Portfolioebene, also die Gesamtsicht der Risiken.

5. Die organisatorische Verankerung des Risikomanagements

Auf der Portfolioebene sprechen folgende Gründe für die Wahl eines zentralen Risikomanagements:

- Vergleichbarkeit bei der Risikomessung: Eine zentrale Einheit ist am besten gerüstet, bei der Quantifizierung und Modellierung von Risiken für das Unternehmen einheitliche Modelle und Verfahren anzuwenden und somit konsistent vorzugehen. Sie kann einheitliche Risikorichtlinien für das Gesamtunternehmen festlegen und anpassen.

- Unternehmensweite Risikoperspektive: Konzentrations- und Diversifikationseffekte lassen sich nur auf zentraler Ebene berücksichtigen. Bei einigen Risikoarten, wie beispielsweise bei den Marktrisiken, erlaubt erst eine Verdichtung auf der Gesamtunternehmensebene die vollständige und aussagekräftige Risikoanalyse. So kann etwa eine Devisenoption, der isoliert betrachtet ein Währungsrisiko anhaftet, gerade zur Schließung einer offenen Devisenposition dienen; dies wird erst in der Gesamtbetrachtung sichtbar. Ebenso ist es bei Kreditrisiken notwendig, nicht nur Einzelkredite, sondern zusätzlich das gesamte Kreditportfolio zu betrachten, um Risikohäufungen wie Größen- und Branchenkonzentrationen zu erkennen.

- Einheitliche Sichtweise: Nur eine zentrale Einheit kann eine einheitliche und umfassende Sichtweise entwickeln, um dann das Risikoportfolio durch Vorschläge für ein aktives Management zu optimieren.

Einige Argumente sprechen auch im Hinblick auf die Transaktionsebene für eine Zentralisierung bestimmter Aufgaben:

- Notwendigkeit von Spezialkenntnissen: Komplexe Risikomessmodelle müssen entwickelt und gepflegt werden. Deshalb bietet sich die Bündelung entsprechend hoch qualifizierter Mit-

5.1 Risikomanagement muss fest in der Organisationsstruktur des Unternehmens verankert sein

arbeiter an – auch unter Kostengesichtspunkten. Die Beschäftigung einzelner Spezialisten, wie es Modellierer von Risikobewertungssystemen sind, ist häufig nur rentabel, wenn diese an zentraler Stelle einen hinreichend großen Aufgabenbereich bearbeiten.

■ Unabhängigkeit und Schaffung einer „kritischen Masse": Klare und eindeutige Informationsaufbereitung lässt sich von einer zentralen Stelle besser erfüllen. Durch die Bündelung homogener Aufgaben wird ausreichend kritische Masse gebildet, um nicht nur Know-how-Aufbau, sondern auch Vertretungsfähigkeit und Durchsetzungsfähigkeit gegenüber anderen Abteilungen zu gewährleisten.

Konkurrierende Argumente sprechen allerdings für eine dezentrale Aufgabenwahrnehmung – gerade auf der Transaktionsebene:

■ Nähe zum Geschäft: Häufig sichert die Marktnähe den Mitarbeitern auf dezentraler Ebene die besten Informationen. Auch aus Gründen der Motivation spricht einiges dafür, Möglichkeiten der Dezentralisierung zu nutzen. Eine intensive Beschäftigung mit „eigenen" Risikozahlen bringt spezifischere Erkenntnisse in den Geschäftsbereichen, die folglich besser akzeptiert werden. Überdies stärkt die Nähe zum Geschäft das individuelle Bewusstsein für zu verantwortende Risiken bei den jeweiligen Entscheidungsträgern in der Linie.

■ Verfügbarkeit und Verständnis von Daten: Dezentrale Einheiten können durch regionale Kontakte zusätzliche Informationen generieren, ein besseres Verständnis der Situation vor Ort entfalten und relevante Entwicklungen schneller erfassen, wodurch sie insgesamt zu einer effektiveren Reaktion auf veränderte Rahmenbedingungen beitragen. Zudem spricht eine verringerte

5. Die organisatorische Verankerung des Risikomanagements

Gefahr von Interpretationsschwierigkeiten hinsichtlich der Aussagekraft von Daten für eine dezentrale Aufgabenzuordnung. Dies trifft vor allem zu, wenn ein Unternehmen auf sehr unterschiedlichen Geschäftsfeldern aktiv ist.

In der Praxis hat sich eine Kombination aus einer lokalen und zentralen Verankerung von Risikomanagement-Funktionen in der Organisation bewährt.

Die zentrale Risikomanagement-Funktion sorgt dabei insgesamt dafür, dass sich die einzelnen Risiken aggregieren lassen, indem sie Konzentrations- und Diversifikationseffekte über alle Geschäftsbereiche abgleicht, und stellt sicher, dass sich die Risiken vergleichen lassen, indem sie die Hoheit über Methoden, Modelle und Standards reklamiert, beispielsweise für Konfidenzniveaus und Betrachtungszeiträume. Zudem gleicht man zentral das Gesamtrisiko mit der Risikotragfähigkeit des Unternehmens ab, berücksichtigt dabei das Zielrisikoprofil für das Gesamtunternehmen und macht Vorschläge zur Aufteilung des Risikotragfähigkeitspotenzials auf die einzelnen Geschäftsbereiche.

Die Risikomanager in der Zentrale bereiten auch die Kapitalallokation des Unternehmens vor: Dazu erheben sie die kurz- bis mittelfristigen Pläne der dezentralen Geschäftsbereiche, ihre aktuellen Ergebnisse und ihr strategisches Potenzial. Diese Daten verknüpfen sie mit den Vorgaben für die Bereiche und erhalten als Ergebnis für jeden Geschäftsbereich Gewinnziele, eine ökonomische Eigenkapitalzuordnung (ausgedrückt etwa in Limits für das Value at Risk) und ein risikoadjustiertes Ergebnisziel (Abbildung 5.2).

Die dezentralen Funktionen wahren die Nähe zu Einzelrisiken und -geschäften, berichten an die Führung ihres Geschäftsbereichs und beliefern die Zentrale mit zuverlässigen aktuellen Daten. Generell gilt dabei: Wenn die dezentralen Bereiche das Ergebnis einer Risikoübernahme verantworten, müssen sie

5.1 Risikomanagement muss fest in der Organisationsstruktur des Unternehmens verankert sein

Abb. 5.2: Die Kapitalallokation steht im Spannungsfeld von Risikobereitschaft des Unternehmens und Plänen der Geschäftseinheiten

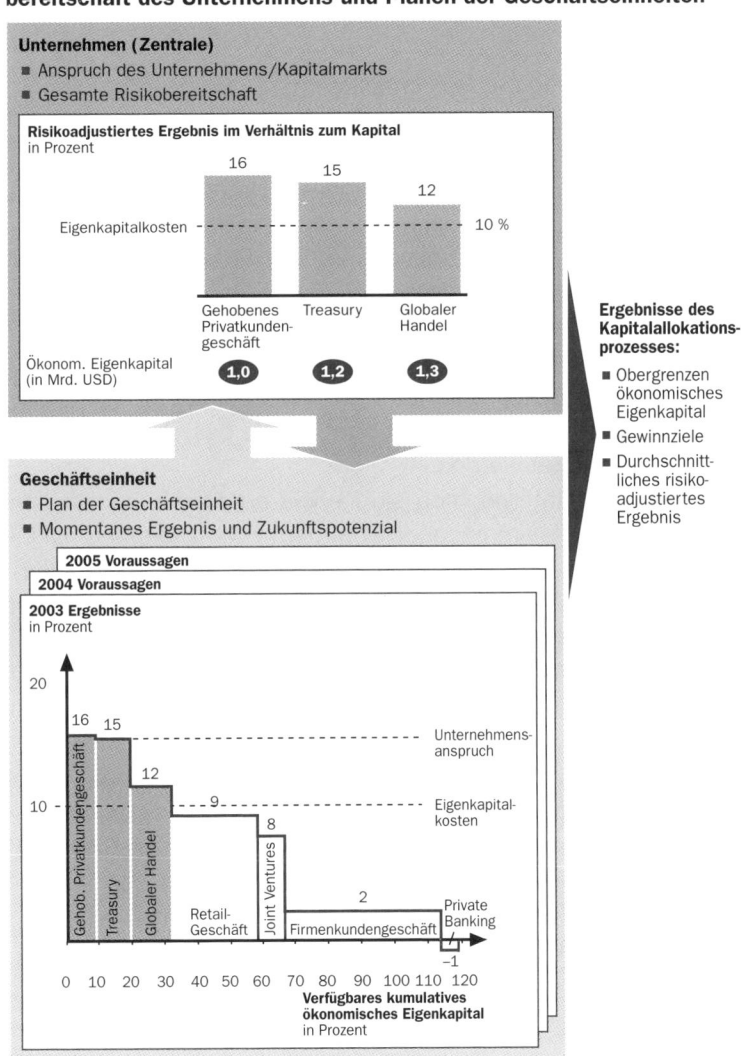

Unternehmen (Zentrale)
- Anspruch des Unternehmens/Kapitalmarkts
- Gesamte Risikobereitschaft

Risikoadjustiertes Ergebnis im Verhältnis zum Kapital
in Prozent

	Gehobenes Privatkundengeschäft	Treasury	Globaler Handel
Risikoadjustiertes Ergebnis	16	15	12
Ökonom. Eigenkapital (in Mrd. USD)	1,0	1,2	1,3

Eigenkapitalkosten -------- 10 %

Ergebnisse des Kapitalallokationsprozesses:
- Obergrenzen ökonomisches Eigenkapital
- Gewinnziele
- Durchschnittliches risikoadjustiertes Ergebnis

Geschäftseinheit
- Plan der Geschäftseinheit
- Momentanes Ergebnis und Zukunftspotenzial

2005 Voraussagen
2004 Voraussagen
2003 Ergebnisse
in Prozent

Gehob. Privatkundengeschäft: 16
Treasury: 15
Globaler Handel: 12
Retail-Geschäft: 9
Joint Ventures: 8
Firmenkundengeschäft: 2
Private Banking: −1

Unternehmensanspruch
Eigenkapitalkosten

0 10 20 30 40 50 60 70 80 90 100 110 120
Verfügbares kumulatives ökonomisches Eigenkapital
in Prozent

Quelle: McKinsey

auch entscheiden können, ob und wie sie das Risiko eingehen wollen.

5.1.5 Die Rollen in der Risikomanagement-Organisation müssen klar definiert sein

Welche und wie viele Risikomanager ein Unternehmen braucht, hängt von seiner Größe, seiner Struktur und seiner Branchenzugehörigkeit ab. Natürlich bestimmen auch die Komplexität der Risiken und der zur Quantifizierung der Risiken notwendige Aufwand Qualität und Quantität des entsprechenden Personalbedarfs. Bei der Verteilung der einzelnen Zuständigkeiten ist dabei abzuwägen, ob Tätigkeiten für das Risikomanagement in expliziten Einzelaufgaben vergeben oder bereits bestehenden Funktionen zugeordnet werden.

In einigen Unternehmen sind – wie erwähnt – spezifische Aufgaben des Risikomanagements dem Finanzvorstand (CFO) zugeordnet, da dieser den gesamten Finanzbereich verantwortet und so eine enge Kooperation am besten gewährleisten kann. In anderen Unternehmen verantwortet ein Chief Risk Officer (CRO) als Vorstandsmitglied das Risikomanagement. CFO oder CRO haben im Unternehmen eine exponierte Stellung und meist ein enges Verhältnis zum Vorstandsvorsitzenden. Sie können so im Bedarfsfall rasch Entscheidungen herbeiführen.

Risikomanagement-Aufgaben ziehen sich durch das gesamte Unternehmen – von der Vorstandsebene über ein Risikokomitee und einen zentralen Risikomanager bis zu den Verantwortlichen für Risikomanagement in den Geschäftsbereichen. Jede Ebene hat dabei ihre eigenen Aufgaben und Verantwortlichkeiten, die nachfolgend zusammengefasst werden:

5.1 Risikomanagement muss fest in der Organisationsstruktur des Unternehmens verankert sein

Der Vorstand
___

Nur der Vorstand kann das Soll-Risikoprofil des Unternehmens, beschrieben durch Zielrating, Kapitalausstattung und angestrebtes Gesamtrisiko, festlegen. Er ist für die Steuerung der Risikotragfähigkeit des Unternehmens verantwortlich und legt auch die grundsätzliche Strategie zur Risikoübernahme fest. Meist diskutiert der Vorstand mit den Geschäftsbereichen die Aufteilung der Risikotragfähigkeit, also des ökonomischen Eigenkapitals auf die Bereiche. Gleichzeitig kann nur der Vorstand den Konnex zwischen Risikomanagement und wertorientierter Steuerung schaffen. Dazu teilt er den Geschäftsbereichen individuell Kapital zu – entsprechend ihrem Risiko, ihrer Rentabilität und gemäß ihrer (Wachstums-)strategien.

Das Risikomanagement-Komitee
___

Vor allem viele Finanzdienstleister haben ein zentrales Risikomanagement-Komitee installiert, in dem sie für das Risikomanagement wesentliche fachliche Kompetenzen bündeln. Es unterstützt den Vorstand bei risikorelevanten Entscheidungen. Der oberste Risikomanager (zentraler Risikomanager und/oder CRO) informiert das Komitee anhand der Risikodokumentation. Eine der Hauptaufgaben des Risikomanagement-Komitees ist die Diskussion der Risikonahmestrategie des Gesamtunternehmens. Die Risikonahmestrategie schlüsselt es auf in Risikorichtlinien für das Gesamtrisiko sowie für die verschiedenen Risikoarten (Marktrisiken, Kreditrisiken, operationelle Risiken und Geschäftsrisiken). Gerade bei Banken sucht dieses Gremium oft eine konsolidierte Meinung zur Entwicklung einzelner Risikofaktoren, etwa der Zinsen, um dann den operativen Einheiten entsprechende Risikonahmestrategien zu empfehlen.

In dem Komitee sitzen Manager aus Schlüsselpositionen des Unternehmens. Idealerweise gehören ihm neben dem CRO die

5. Die organisatorische Verankerung des Risikomanagements

hauptverantwortlichen Manager für die einzelnen Risiken an. Das sind beispielsweise bei Banken Vorstandsmitglieder mit Zuständigkeit für Kreditprodukte sowie für den Handel. Ein solches Komitee trifft sich mindestens vierteljährlich.

In der Praxis sind effizient arbeitende Risikokomitees allerdings noch die Ausnahme. Immerhin haben die Manager ihre Bedeutung erkannt: In einer McKinsey-Umfrage antwortete 2002 jeder zweite befragte Unternehmensführer, dass er die Einrichtung eines eigenständigen Risikomanagement-Komitees befürworten würde (Abbildung 5.3).

Der zentrale Risikomanager/CRO

Der Risikomanager in der Unternehmenszentrale hält die Fäden des Risikomanagements in der Hand. Er sieht die Risiken des Unternehmens in ihrer Gesamtheit und kann so signifikante Risikokonzentrationen erkennen. Seine Hauptaufgabe ist es, wie er-

Abb. 5.3: Vorstände sehen Bedarf für Risikomanagement-Komitees
in Prozent

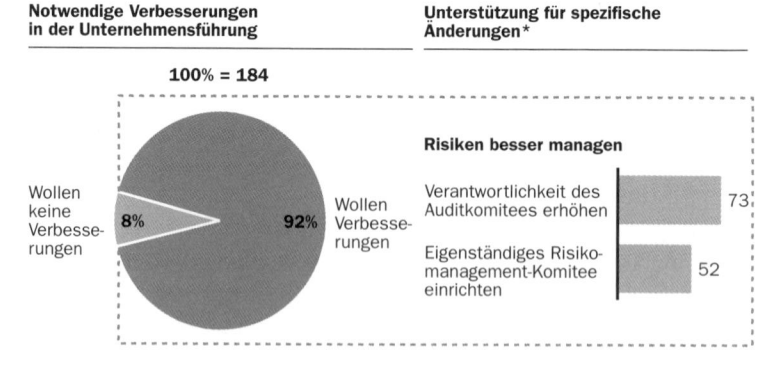

Notwendige Verbesserungen in der Unternehmensführung

100% = 184

- 8% Wollen keine Verbesserungen
- 92% Wollen Verbesserungen

Unterstützung für spezifische Änderungen*

Risiken besser managen
- Verantwortlichkeit des Auditkomitees erhöhen: 73
- Eigenständiges Risikomanagement-Komitee einrichten: 52

* Anteil der Befragten in Prozent, die von der Notwendigkeit von Verbesserungen in der Unternehmensführung überzeugt sind
Quelle: McKinsey-Befragung von Geschäftsführern zur Unternehmensführung 2002, Interviews

5.1 Risikomanagement muss fest in der Organisationsstruktur des Unternehmens verankert sein

wähnt, die Risikosituation des Unternehmens möglichst vollständig zu erfassen sowie Vorschläge für darauf basierende adäquate Risikonahmestrategien und gegebenenfalls Kapitalmaßnahmen zu machen. Er warnt, wenn sich die Risiken deutlich erhöhen und macht Vorschläge für geeignete Gegenmaßnahmen. So können sich aus den Tätigkeiten des zentralen Risikomanagers Änderungen oder Anpassungen der Risikostrategie ergeben.

Außerdem hat der zentrale Risikomanager Kontrollaufgaben: Er soll mögliche Verstöße gegen Richtlinien aufdecken und ihnen nachgehen, trifft selbst jedoch keine Entscheidung über die Risikonahme.

Der zentrale Risikocontroller

Dem Risikomanager stehen meist mehrere Risikocontroller zur Seite. Sie entwickeln und pflegen Modelle für die Risikoidentifizierung und -messung und übernehmen auch die Anwendung dieser Modelle. Dann bereiten sie die Daten auf und erstellen zur Dokumentation einheitliche Berichte. Darüber hinaus bereitet der Risikocontroller aus den dezentralen Geschäftsbereichen Daten auf, die das zentrale Risikomanagement benötigt. Die Risikocontroller arbeiten eng mit den dezentralen Risikomanagern in den Geschäftsbereichen zusammen.

Die Anzahl der benötigten zentralen Risikocontroller hängt maßgeblich ab von der Anzahl der Entscheidungsmodelle, der Häufigkeit und dem Umfang von Berichten, der Anzahl der Geschäftsbereiche und -felder sowie der Struktur des Unternehmens.

Die Risikomanager in den Geschäftsbereichen

Die dezentralen Risikomanager setzen in enger Koordination mit der zentralen Einheit die Risikonahmestrategien um, sie veranlassen beispielsweise den Abschluss von Versicherungen. Die

Risikomanager in den Geschäftsbereichen werden zwar oft fachlich vom zentralen Risikomanager koordiniert, organisatorisch sind sie jedoch meist der dezentralen Leitung des Geschäftsbereichs unterstellt, die sie in allen Risikoangelegenheiten beraten.

Sie verantworten den Umgang mit Risiken in ihrem Bereich und sorgen unter anderem dafür, dass dem zentralen Risikomanager und dem Risikocontroller notwendige Informationen aus den Geschäftsbereichen zur Verfügung stehen. Dezentrale Geschäftsbereiche erstellen zwar keine eigenen Modelle, sie können jedoch der zentralen Einheit Verbesserungsvorschläge unterbreiten.

5.2 Organisatorische Eingliederung in die Unternehmensprozesse ist notwendig

Beim Risikomanagement greifen verschiedene Prozesse auf unterschiedlichen Ebenen des Unternehmens ineinander. Die Risikobetrachtung muss in die Entscheidungen, die das Topmanagement für das Gesamtunternehmen trifft, einbezogen werden. Dafür sind genaue Analysen und die Entwicklung von Risikostrategien notwendig.

Ein risikoorientiertes Unternehmensmanagement umfasst dabei insgesamt drei wesentliche Elemente, die organisatorisch in geeigneten Prozessen abgesichert sein müssen: Risikoanalyse, Risikonahme und Kapitalmanagement.

Am Anfang steht die Risikoanalyse; sie schafft mit den Schritten Risikoidentifizierung, Risikomessung und Risikodokumentation die notwendige Transparenz hinsichtlich der Risiken. Ohne sorgfältige Risikoanalyse kann sich das Management nicht sinnvoll auf eine Strategie zum Umgang mit Risiken festlegen, geschweige denn sie umsetzen. Zudem müssen Frequenz, Art und Umfang der Dokumentation festgelegt werden.

Zu einem risikoorientierten Unternehmensmanagement ge-

5.2 Organisatorische Eingliederung in die Unternehmensprozesse ist notwendig

hört dann die intelligente Risikonahme: Die Geschäftsbereiche müssen ihre Risikobereitschaft bestimmen und darauf basierend die Risikonahmestrategien auswählen. Eine Notfallplanung sollte bereitliegen und flexible Reaktionsmöglichkeiten realisierbar sein, falls sich wesentliche Annahmen oder Rahmenbedingungen ändern.

Gleichwertig daneben steht das Kapitalmanagement als ein Teil der Risikonahmestrategie: Die Unternehmensführung legt beispielsweise die Art der Kapitalausstattung, die Wahl des angestrebten Ratings oder die Planung von Kapitalmaßnahmen fest. Das Kapital ist dann auf die einzelnen Geschäftsbereiche zu allozieren, wobei für einzelne Risiken sowie für das Gesamtrisiko systematisch mit der Kapitalausstattung in Einklang stehende Grenzwerte festzulegen sind. Die Erfolgsmessung bedient sich risikoadjustierter Ergebniskennzahlen.

Die Ermittlung von Risikokennzahlen und von risikoadjustierten Ergebniskennzahlen muss im Unternehmenscontrolling integriert und der Planungs- und Budgetierungsprozess entsprechend erweitert werden. Diese Größen sind sinnvoll mit der Mitarbeiterbewertung und -incentivierung zu verknüpfen. Im Detail erfordert dies die Etablierung neuer oder die Anpassung bestehender Unternehmensprozesse.

5.2.1 Neue Prozesse für adäquates Risikomanagement

Wirkungsvolles Risikomanagement erfordert viele, teils neue und in jedem Fall klar zu definierende Prozesse. So müssen im Rahmen der Dokumentation beispielsweise Reports konzipiert und erstellt werden. Die Durchführungsfrequenz der verschiedenen Tätigkeiten ist festzulegen. Zudem sind die Identifizierung der geeigneten Mitarbeiter, gegebenenfalls eine entsprechende Fortbildung oder das Einstellen externer Mitarbeiter mit einem nicht zu unterschätzenden Aufwand verbunden.

5. Die organisatorische Verankerung des Risikomanagements

Ein neuer Prozess muss möglicherweise zur Identifizierung von Risiken installiert werden. Die Identifizierung ist kein einmaliger Vorgang, denn die Rahmenbedingungen eines Unternehmens ändern sich – und damit auch die Risiken, denen es ausgesetzt ist. Neue Risiken erwachsen nicht nur durch äußere Einwirkungen, sondern auch durch die Aktivität des Unternehmens selbst. Mit neuen Produkten, neuen Kunden, veränderten Technologien, zusätzlichen Systemen und Prozessen wachsen die Chancen auf erfolgreiche Ergebnisse – parallel wachsen jedoch auch möglicherweise die Risiken. Zudem schaffen Aktivitäten der Konkurrenz sowie makroökonomische, politische und regulatorische Veränderungen immer wieder Anlässe, neu über die bestehenden oder hinzugekommenen Risiken nachzudenken. So scheint es sinnvoll, die Risikoidentifizierung regelmäßig kritisch zu durchlaufen und weiterzuentwickeln. Dies gilt vor allem für die meist weniger „fassbaren" operationellen Risiken und die Geschäftsrisiken.

Gute Ergebnisse, vor allem beim Aufspüren von operationellen Risiken und Geschäftsrisiken, versprechen zugleich strukturierte und kreative Workshops, in denen ein Kreis von Mitarbeitern die bestehenden Risiken gemeinsam erfasst und diskutiert. In diese Workshops sollten operative Mitarbeiter aus der Linie eingebunden werden. Dabei entstehen häufig Ideen, die über die Ergebnisse einer reinen „Schreibtischarbeit" hinausgehen. Gleichzeitig wird so dazu beigetragen, das gemeinsame Risikobewusstsein im Sinne einer lebendigen Risikokultur zu schärfen.

Zur Identifizierung von operationellen Risiken und Geschäftsrisiken werden zudem Mitarbeiterumfragen erfolgreich eingesetzt, mit deren Hilfe viele Mitarbeiter mit ihren unterschiedlichen Kenntnissen und Perspektiven einbezogen werden können. Zur Identifizierung von weniger eindeutig fassbaren Risiken lohnt es sich mitunter, auf die Kreativität einer großen Anzahl von Mitarbeitern zurückzugreifen. Für die Identifizierung von Markt- und Kreditrisiken hingegen sind Workshops mit

5.2 Organisatorische Eingliederung in die Unternehmensprozesse ist notwendig

einem großen Teilnehmerkreis nicht erforderlich, da die Identifizierung dieser Risiken vergleichsweise unproblematisch ist.

Was für die Risikoidentifizierung gilt, trifft in viel stärkerem Maße auch auf die Risikomessung zu: Risiken verändern sich ständig; deshalb darf ihre Messung kein einmaliger Akt sein, sie muss vielmehr periodisch erfolgen, je nach Aufwand und Art des Geschäfts in unterschiedlicher Frequenz. Berichte und Berechnungen müssen regelmäßig angefertigt werden, um einen angemessen aktuellen Stand wiederzugeben. Die Tiefe und Häufigkeit der Berichte kann zwischen den Geschäftsbereichen deutlich variieren. Der Händler einer Bank muss sein Risiko in „Echtzeit" kennen, sonst kann er seine Tätigkeit nicht verantwortungsbewusst und professionell ausüben. Anders bei einem Kreditverantwortlichen: Tägliche Risikomessungen in der Disposition laufender Kontokorrentkredite oder periodische Analysen für Kredite mit festen Ratenzahlungen sind seinem Geschäft angemessen. Bei Projektentwicklern in der Bauindustrie mögen monatliche Berichte ausreichen. Ein umfassender Bericht über alle Risikoarten ist unter Umständen nur einmal im Quartal sinnvoll. Erst mit automatischen Prozessen, die mit klar definierten Zuständigkeiten und ohne Verzögerungen ablaufen, ist ein Unternehmen wirklich gegen aktuell drohende Risiken gewappnet.

Ein weiteres Beispiel für neu zu etablierende Prozesse sind Notfallpläne: Sie minimieren die Gefahr, dass in einer Krisensituation viel Zeit vergeht, bis die Mitarbeiter Handlungsrichtlinien und klare Anweisungen bekommen.

Kommunikationsdesaster nach negativen Unternehmensnachrichten belegen jedoch immer wieder: Bisher haben zu wenige Unternehmen funktionierende Notfallpläne, um auf unvorhersehbare Situationen angemessen und möglichst ohne finanziellen Schaden oder Reputationsverlust reagieren zu können. Die meisten Unternehmen würden mit Sicherheit davon profitieren, sich auf solche Situationen mit systematischen Überlegungen und entsprechenden Vorkehrungen gezielt vorzubereiten.

5. Die organisatorische Verankerung des Risikomanagements

Schließlich ist es möglich, selbst einen komplexen Organisationsapparat auf solche Ernstfälle vorzubereiten. Das macht die US-Army beispielhaft vor (Abbildung 5.4). Hier gibt es umfangreiche – inzwischen virtuelle – Ordner mit umfassenden Unterlagen, die im Hinblick auf einen schnellen Zugriff zahlreiche Notfälle durchspielen und den Mitarbeitern praktische Hilfestellung geben. Die Beschreibung der jeweiligen Notfallsituation wird ergänzt durch ein umfangreiches Kompendium nützlicher Informationen und Tipps. Soll ein Offizier beispielsweise die Zivilbevölkerung während eines Hurrikans unterstützen, findet er dazu Berichte über vergleichbare Situationen in der jüngeren Vergangenheit, inklusive der Angaben zu Art und Anzahl der Mitarbeiter, die dabei zum Einsatz kamen. Hinzu kommen sachdienliche Verzeichnisse, die wichtige Kontaktadressen umfassen, bis hin zu Fragen, die Fernsehreporter voraussichtlich stellen werden.

Abb. 5.4: Die US-Army zeigt, wie adäquate Notfallpläne festgelegt werden können

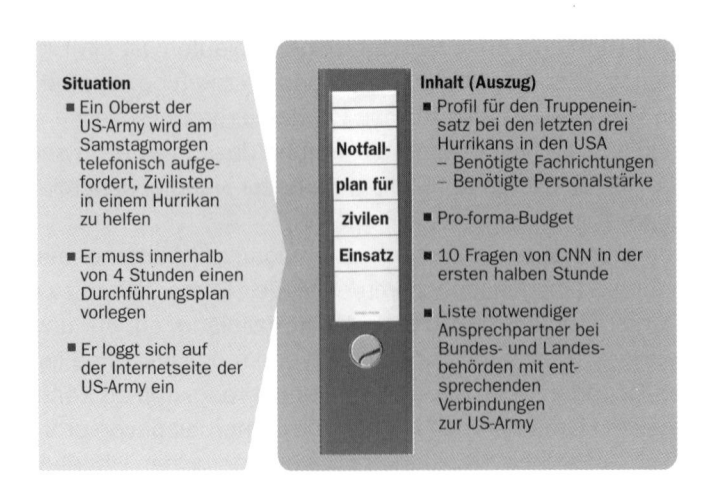

Situation
- Ein Oberst der US-Army wird am Samstagmorgen telefonisch aufgefordert, Zivilisten in einem Hurrikan zu helfen
- Er muss innerhalb von 4 Stunden einen Durchführungsplan vorlegen
- Er loggt sich auf der Internetseite der US-Army ein

Notfallplan für zivilen Einsatz

Inhalt (Auszug)
- Profil für den Truppeneinsatz bei den letzten drei Hurrikans in den USA
  – Benötigte Fachrichtungen
  – Benötigte Personalstärke
- Pro-forma-Budget
- 10 Fragen von CNN in der ersten halben Stunde
- Liste notwendiger Ansprechpartner bei Bundes- und Landesbehörden mit entsprechenden Verbindungen zur US-Army

Quelle: Chris Collison und Geoff Parcell: *Learning to Fly*

5.2 Organisatorische Eingliederung in die Unternehmensprozesse ist notwendig

Es reicht jedoch nicht aus, solche Pläne für verschiedene Szenarios zu konzipieren, wenn sie in den Büroschränken verschwinden und die Mitarbeiter sie nicht kennen. Gerade Notfallpläne müssen im Ernstfall schnell funktionieren – und das ist nur möglich, wenn sie in regelmäßigen Abständen geprobt und Mängel dann gezielt beseitigt werden. So ist gewährleistet, dass jeder Mitarbeiter genau weiß, was er im Ernstfall zu tun hat.

5.2.2 Integration des Risikomanagements in bestehende Prozesse

Ein umfassendes Risikomanagement erfordert nicht nur spezielle neue Prozesse, sondern es muss auch in bereits bestehende Abläufe reibungslos integriert werden. Beispielhaft sei dies für das Topmanagement geschildert. Bei Entscheidungen auf dieser Ebene sind verschiedene Aspekte zu berücksichtigen und abzuwägen, etwa mögliche Auswirkungen einer Entscheidung auf den Umsatz, das Ergebnis, den Unternehmenswert, aber auch auf die Mitarbeiter oder die Wettbewerbssituation. Dieses Spektrum wird um die Perspektive des Risikomanagements erweitert.

Die bewusste, systematische und vollständige Integration der Dimension Risiko in die Steuerung des Unternehmens ist allerdings noch wenig verbreitet. Zwar hat das Topmanagement eines Unternehmens meist Auskünfte zur momentanen Rentabilität und den Gewinnzielen parat. Fragt man jedoch nach der aktuellen Risikosituation oder gar einem Risikoziel für das nächste Jahr, dann kommt die Antwort meist zögerlicher. Die Entwicklung von der reinen Rentabilitätsperspektive hin zu einer kombinierten Gewinn-Risiko-Sicht, wie sie immer mehr Banken pflegen, wird in Zukunft auch für andere Branchen erwartet. Unterstützt wird dieser Trend durch institutionelle Investoren, durch die Ratingagenturen sowie durch die von Analysten formulierten Kapitalmarktanforderungen.

5. Die organisatorische Verankerung des Risikomanagements

Die Integration des Risikoprozesses in die Geschäftsprozesse wirkt sich auf zahlreiche Bereiche aus. Einige Beispiele entlang der Unternehmensebenen illustrieren dies:

■ Für das *Gesamtunternehmen*: Zentral werden Risikoprofil, Kapitalallokation auf die Geschäftsbereiche, Ergebnisziele und die grundsätzliche Risikostrategie festgelegt und die Komponente Risiko in die wertorientierte Unternehmensführung eingebaut; auch die Instrumente für die Integration der Risikokomponente in die Steuerungslogik in Form von Risikokennzahlen entwickelt die Zentrale.

■ Auf der Ebene der *Geschäftsbereiche*: Die Geschäftsbereiche erweitern ihre Budgetierungs- und Planungsprozesse um die Komponente Risiko, verteilen die Risikotragfähigkeit auf einzelne Geschäfte und stellen sicher, dass diese konsistent beurteilt werden.

■ Auf *Einzelgeschäftsebene*: Das Management erweitert die Kalkulation um die Risikokomponente und begibt sich damit auf den Weg zum risikoadjustierten Pricing.

■ Auf *jeder Ebene*: Controlling-, Reporting- und IT-Systeme werden angepasst und die Anreizsysteme für die Mitarbeiter – vom Vorstand bis in die Produktion – dort, wo es sinnvoll ist, um die Komponente Risiko erweitert.

Diese Liste ließe sich fortsetzen. Im unternehmensspezifischen Einzelfall muss genau geprüft werden, wie die Integration des Risikoprozesses in bestehende Prozesse konkret erfolgt. Eine der wichtigsten Aufgaben ist dabei der Kapitalallokationsprozess und der damit verbundene Limitvergabeprozess. Hierbei ist die Risikobereitschaft des Gesamtunternehmens auf die Risikolimits für einzelne Geschäftsbereiche aufzuschlüsseln. Wie

5.2 Organisatorische Eingliederung in die Unternehmensprozesse ist notwendig

dieser komplexe Prozess im Unternehmen abläuft, und wie er in die bestehenden Steuerungsprozesse integriert wird, wer daran beteiligt ist und wo die Entscheidungen getroffen werden, muss für den Einzelfall genau definiert werden.

Eine Integration der Risikokennzahlen in die Unternehmensplanung und -steuerung lässt sich durch eine Erweiterung der bestehenden Prozesse erreichen. So müssen etwa in der Budgetierung zusätzlich Value-at-Risk-Budgets vergeben werden. Dieser Budgetierungsprozess kann z. B. eine stufenweise Reduktion des Risikos in bestimmten Geschäftsfeldern durch eine sukzessive Reduktion des Value-at-Risk-Budgets bei gleichzeitiger Beachtung von Zielen hinsichtlich Geschäftsvolumen und Ergebnis initiieren. In eine Mitarbeiterincentivierung eingehende Erfolgsgrößen können um risikoadjustierte Ergebniskennzahlen ergänzt oder gar durch solche ersetzt werden.

Mit Risikokennzahlen und risikoadjustierten Ergebniskennzahlen lassen sich Entscheidungsalternativen bewerten und an sie lassen sich erfolgsabhängige Gehaltsbestandteile von Mitarbeitern knüpfen. Dies ist insofern von Bedeutung, als dass beispielsweise eine reine Steigerung des Erfolgs ohne stringente Betrachtung der damit verbundenen Risiken nicht hinreichend aussagekräftig ist und in etlichen Fällen der Unternehmenspraxis auf Kosten der Risikosituation gesteigerte Ergebnisse für unliebsame Überraschungen gesorgt haben.

Die letzte Stufe der Entwicklung eines unternehmensweiten Risikomanagements kann die Gründung eines eigenen Geschäftsbereichs bilden. Damit ist die Beschäftigung mit dem Risiko nicht länger lediglich ein Teilaspekt von Geschäftsprozessen, sondern wird selbst zum Treiber eines Geschäfts. Es entstehen dabei eigenständige Geschäftsprozesse, die sich auf das Management von Risiken konzentrieren und entsprechende Ergebnisse erzielen müssen.

Ein durchaus treffendes Beispiel dafür ist etwa bei Banken ein Asset Liability Management (ALM) nach der Marktzinsme-

5. Die organisatorische Verankerung des Risikomanagements

thode und das damit entstehende Treasury: Alle Zinsänderungsrisiken der Aktiv- und Passivseite der gesamten Bankbilanz werden dazu in diesem Bereich (Treasury) gesammelt, die übrigen Geschäftsbereiche tragen dann kein Zinsänderungsrisiko mehr. Das Treasury kann sich darauf konzentrieren, die Zinsrisiken zu managen.

Dasselbe gilt für Finanzdienstleister, die einen Geschäftsbereich Kredit-Treasury eingerichtet haben und alle Kreditrisiken auf diesen Bereich übertragen.

Ein weiteres Beispiel für den Aufbau eines eigenen Risikobereichs stammt von einem europäischen Industrieversicherer: Auf Grund der bestehenden Risikokompetenz des Unternehmens wurde ein Risikomanagement-Geschäftsbereich ausgegründet, der zunächst andere Unternehmen bei Versicherungsproblemen beraten soll; im Zielzustand ist die Erweiterung des Spektrums auf sämtliche Aspekte des Risikomanagements geplant.

5.3 Bedeutung des Risikomanagements wird durch Risikokultur untermauert

Voraussetzung für ein erfolgreiches Risikomanagement ist das Risikobewusstsein der Mitarbeiter. Dazu muss das Management eine Unternehmenskultur schaffen, die den Mitarbeitern Risiken auch als Chancen und damit Risikomanagement als Wertschöpfungsfaktor vermittelt. Eine lebendige Risikokultur kommt nicht zuletzt darin zum Ausdruck, dass Risikomanagement ein positives Image und einen hohen Stellenwert im Unternehmen hat. Daran muss das Management aktiv arbeiten. Es muss Hindernisse und Vorbehalte ausräumen, denn ein funktionierendes Risikomanagement-System erfordert Kooperation und Transparenz quer durch alle Ebenen und Bereiche.

Erfolgreich arbeiten Mitarbeiter aus unterschiedlichen Abteilungen oder gar verschiedenen Firmensitzen zusammen, wenn alle

5.3 Bedeutung des Risikomanagements wird durch Risikokultur untermauert

Beteiligten dieselbe Vorstellung von ihren Aufgaben und von den Zielen haben. Wichtig ist die verständliche Formulierung von Risikorichtlinien und -berichten, um Missverständnissen bei der Umsetzung vorzubeugen. Das ist deshalb von besonderer Bedeutung, weil für Risikobegriffe oftmals keine durchgängig konsistenten Definitionen existieren. Daher ist eine einheitliche „Risikosprache" innerhalb eines Unternehmens notwendig. Risikokennzahlen und Konzepte, wie risikoadjustierte Performancemaße und Value at Risk, müssen überall im Unternehmen ein Begriff sein.

Zuweilen wird kritisiert, dass Zeit und Energie, die in Risikomanagement-Aktivitäten fließen, an anderer Stelle fehlen werden. Zudem fürchten operative Einheiten neue bürokratische Vorschriften, die vorhandene Entscheidungsspielräume einschränken und Unruhe in die Routine gewohnter Abläufe bringen könnten. Aus diesen Gründen mag die Bereitschaft leiden, das Risikomanagement aktiv in der Organisation zu verankern. Um diese Hürden aus dem Weg zu räumen, müssen die Veränderungen die volle Unterstützung des Topmanagements haben. Das kommt unter anderem darin zum Ausdruck, dass bei allen Entscheidungen die Berücksichtigung der Dimension Risiko eingefordert wird.

Die gewünschte Änderung des Verhaltens zu bewirken, ist eine nicht gerade einfache Aufgabe. Sie fällt leichter, wenn darauf geachtet wird, dass die folgenden vier Parameter für erfolgreiche Veränderungs-Programme gegeben sind: überzeugende Idee, organisatorischer Gleichklang, kritische Fertigkeiten und wichtige Referenzen (Abbildung 5.5).

Überzeugende Idee

Mitarbeiter, die die Ideen und Ziele von Neuerungen verstehen und darin einen Sinn für sich selbst erkennen können, stehen diesen offener gegenüber als Projekten, deren Nutzen ihnen verschlossen bleibt. Hilfreich sind deshalb ausführliche Informa-

5. Die organisatorische Verankerung des Risikomanagements

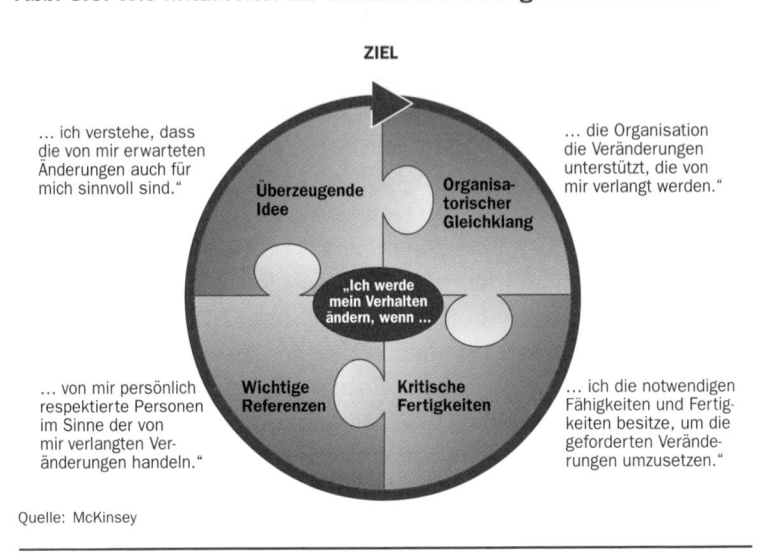

Abb. 5.5: Wie Mitarbeiter zur Verhaltensänderung motiviert werden

ZIEL

... ich verstehe, dass die von mir erwarteten Änderungen auch für mich sinnvoll sind."

Überzeugende Idee

Organisatorischer Gleichklang

... die Organisation die Veränderungen unterstützt, die von mir verlangt werden."

„Ich werde mein Verhalten ändern, wenn ..."

... von mir persönlich respektierte Personen im Sinne der von mir verlangten Veränderungen handeln."

Wichtige Referenzen

Kritische Fertigkeiten

... ich die notwendigen Fähigkeiten und Fertigkeiten besitze, um die geforderten Veränderungen umzusetzen."

Quelle: McKinsey

tionen zu den Hintergründen und den Auswirkungen der Veränderungen, die mit Risikomanagement verbunden sind.

Organisatorischer Gleichklang

Mitarbeiter nehmen Veränderungen leichter an, wenn sie davon überzeugt sind, dass das Unternehmen insgesamt hinter diesen Veränderungen steht. Maßnahmen der internen Kommunikation können diese Überzeugungsarbeit ebenso leisten wie Vorgesetzte, die ihr Verhalten wahrnehmbar an den entsprechenden Zielen ausrichten.

Kritische Fertigkeiten

Mitarbeiter, die überzeugt sind, dass sie persönlich die notwendigen Fähigkeiten und Fertigkeiten besitzen oder die Unterstüt-

5.3 Bedeutung des Risikomanagements wird durch Risikokultur untermauert

zung bekommen, diese zu erwerben, um geforderte Veränderungen umzusetzen, werden Neuerungen gelassen entgegensehen und sie nicht blockieren. Hier sind Vorgesetzte gefragt, die den Mitarbeitern im Rahmen der Mitarbeiterführung die entsprechende Sicherheit vermitteln. Unterstützend wirken Workshops und Weiterbildungsmaßnahmen.

Wichtige Referenzen

Mitarbeiter, die wahrnehmen, dass Meinungsführer Veränderungen überzeugt annehmen, werden diesen bereitwilliger folgen. Sorgfältige Personalentscheidungen sind daher ein wichtiger Erfolgsfaktor. Mitarbeiter, die im Unternehmen über großen Einfluss und eine gute Reputation verfügen, können eine Vorreiterposition auch beim Risikomanagement übernehmen und durch ihr Verhalten andere Kollegen mitziehen.

Risikomanagement ist dann Teil der Unternehmenskultur geworden, wenn es quer durch die Hierarchie und durch die betroffenen Organisationsbereiche das Denken und Handeln von Managern und Mitarbeitern prägt und Risiken bei Entscheidungen stets selbstverständlich berücksichtigt werden.

Wie die Verankerung des Risikomanagements in die Struktur und die Prozesse wirkt sich auch die Einbindung des Risikomanagements in die Unternehmenskultur in weiten Teilen des Unternehmens aus:

Die Strategie des Unternehmens berücksichtigt explizit die Dimension Risiko. Risikomanagement besitzt einen angemessenen Stellenwert. Im Hinblick auf Personalentwicklungsprozesse wird Risikomanagement zu einem attraktiven Karrierepfad. Das Unternehmen baut systematisch Fähigkeiten im Risikomanagement auf, die es im Wettbewerb chancenreich nutzen kann. Zudem gibt es ein einheitliches Verständnis sowie eine gemeinsame Risikosprache im Unternehmen.

Dass Risikomanagement Chancenmanagement ist, mag für

5. Die organisatorische Verankerung des Risikomanagements

die Unternehmensleitung offensichtlich sein, aber nicht unbedingt für jeden Mitarbeiter. Deshalb muss die Unternehmensführung beispielsweise vermitteln, dass Sicherheitskonzepte wie IT-Sicherheit, Objektschutz oder Zugangskontrollen keine Schikane sind, sondern operationelle Risiken minimieren und damit die Wettbewerbsposition stärken sowie Arbeitsplätze sichern. Wenn Übereinkunft besteht, dass Risikomanagement einen hohen Stellenwert hat, und es sich für den einzelnen Mitarbeiter lohnt, aktiv zum Unternehmenserfolg beizutragen, wird die praktische Umsetzung am Arbeitsplatz zur Selbstverständlichkeit.

Risikomanagement profitiert davon, wenn seine Manager und Mitarbeiter auf allen Ebenen Wertschätzung erfahren. Da sich dies auf das Image des gesamten Bereichs auswirkt, wird es auch leicht gelingen, hoch qualifizierte Mitarbeiter für diese Aufgaben zu begeistern. Die Anpassung der Vergütungssysteme unterstützt den Prozess.

Ein funktionierendes Risikomanagement wird begünstigt, wenn entsprechenden Mitarbeitern ein attraktiver Karrierepfad offen steht. Solange es sich um die Auswahl von Versicherungen oder das Einhalten von Brandschutzvorschriften handelte, stand Risikomanagement nicht eben in dem Ruf, ein Job für Überflieger zu sein. Risikomanagement-Fachleute waren auf dem Organigramm recht weit unten und kaum im Blickfeld der Unternehmensführung angesiedelt. Mittlerweile führen Karrieren, die über verschiedene Stationen im Bereich des Risikomanagements verliefen, gar bis in die Vorstandsetage.

Gibt es eine Risikokultur in Ihrem Unternehmen? Stützen Strukturen und Prozesse das Risikomanagement? Wo gibt es Defizite? Zeichnen Sie nach der folgenden Checkliste Ihr Stärken-Schwächen-Profil.

5.3 Bedeutung des Risikomanagements wird durch Risikokultur untermauert

Abb. 5.6: Diagnose der Ist-Situation – Organisation

Kriterien	Ausprägungen			
	Nicht vorhanden	Frühes Stadium	Mittleres Stadium	Fortgeschrittenes Stadium
Existenz und Positionierung eines „Champions" für Risikomanagement	Keine Existenz eines „Champions" für Risikomanagement	Zwar Existenz eines „Champions", aber schwache Positionierung	Existenz eines „Champions" mit mittelmäßiger Positionierung	Existenz eines „Champions" mit hervorgehobener Positionierung
Zuordnung der Aufgaben des Risikomanagements	Keine Aufgabenzuordnung des Risikomanagements	Unklarheit bzw. einige Verwirrung über Aufgabenzuordnung	Klare Definition, jedoch noch nicht voll realisiert	Klare Definition und vollständig umgesetzt
Organisatorische Positionierung des Risikocontrollings	Nicht unabhängig vom Vertrieb	Berichtet an Ebene unter Vorstand und ist nur teilweise unabhängig vom Vertrieb	Berichtet an Ebene unter Vorstand, ist aber unabhängig von Vertrieb und Risikobewertung	Zentrales Risikocontrolling berichtet an Vorstand, der unabhängig von Vertrieb und Risikobewertung
Aufgabenteilung zwischen zentralen und dezentralen Einheiten	Keine klare organisatorische Trennung zwischen Einheiten	Aufgaben sind nicht vollständig getrennt; Zuständigkeiten sind unklar	Weitgehend klare Aufgabentrennung, die auch größtenteils umgesetzt wurde	Klare organisatorische und personelle Aufteilung, die bekannt und vollständig umgesetzt ist
Rollendefinition innerhalb der Risikomanagement-Organisation	Keine Rollen im Risikomanagement definiert	Unklar/einige Verwirrung über Rollendefinition	Klare Definition der Rollen, jedoch nicht voll realisiert	Klare Definition und vollständig umgesetzt
Organisatorische Eingliederung in die Unternehmensprozesse	Risikomanagement-Prozesse sind nicht organisatorisch eingegliedert (z. B. Kapitalallokation)	Erste Eingliederung der Risikoprozesse (z. B. Aufnahme in Budgetprozess)	Umfassende, aber nicht vollständige Eingliederung	Umfassende und vollständige Eingliederung
Risikokultur im Unternehmen	Risikobewusstsein bzw. Risikokenntnisse sind im Unternehmen nicht vorhanden	Sehr limitiertes Risikobewusstsein	Gutes Risikobewusstsein der Mitarbeiter mit entsprechender Schulung	Alle Ebenen im Unternehmen haben Risikodenkweise vollständig adaptiert

Quelle: McKinsey

6. „Die Karotte muss immer in Fahrtrichtung hängen": Wie die Deutsche Bank ihre operationellen Risiken managt

Fallstudie: Wie die Deutsche Bank ihre operationellen Risiken managt – und was andere Unternehmen davon lernen können

Das Geheimnis eines guten Risikomanagements? Für Fred A. Peemöller bündelt es sich in einem einzigen Satz: „Das Risikomanagement muss unabhängig vom Geschäft etabliert werden." Der Chief Risk Officer für die operationellen Risiken der Deutschen Bank ist überzeugt: „Das Gleiche gilt für das Management der operationellen Risiken. Wenn Sie Business Risk Manager sind – also eingebunden in die Struktur eines Unternehmensbereichs – und nicht völlig unabhängig Ihre Urteile über Risiken fällen, werden Sie einen schweren Stand haben."

Peemöllers Einheit ist unabhängig – und wie die Deutsche Bank mit ihren operationellen Risiken umgeht, ist nicht nur für Finanzdienstleister interessant. Die Nahaufnahme zeigt die Herausforderungen, mit denen sich jeder konfrontiert sieht, der diese komplexen Risiken aktiv managen und am Ende auch quantifizieren will. Sie lässt Ideen und Lösungsansätze erkennen, von denen auch Unternehmen in anderen Branchen profitieren können.

Die erste Herausforderung für die Risikomanager der Deutschen Bank liegt schon in der Definition und Abgrenzung des Begriffs *operationelles Risiko*. „Die Definition der Basel-II-Regulatoren war uns zu abstrakt", erklärt Peemöller, „da haben wir das Risiko noch einmal entlang von Eventkategorien für den Alltagsgebrauch definiert."

Ganz oben auf der Liste steht Betrug, von Internen und Externen. „Dies sind die einzigen Events, die historisch gesehen in der Finanzindustrie – zum Teil begangen von Einzelpersonen – Megaverluste ausgelöst oder sogar zur Insolvenz einzelner Unternehmen geführt haben", sagt Fred A. Peemöller. Um gleich auf die praktischen Probleme seiner Zunft zu kommen: Die Abgrenzung zu den anderen Risikoarten einer Bank ist nicht einfach: In Kreditinstituten sind nicht selten *operationelle Risiken* die eigentlichen Ursachen für *Kreditverluste*. „Die Argumentation: Wenn ein Kredit verloren geht, kann das auch im Zusammenhang mit Events stehen, die wir zu den operationellen Risiken zählen."

Damit es für die Risikomanager der Deutschen Bank keinen Zweifel gibt, welcher Kategorie ein Risiko zuzuordnen ist, kommt es auf Feinheiten an: „Wenn Sie etwa jeden Fehler bei der Bearbeitung eines Kreditantrags zu den operationellen Risiken zählen, würden die meisten Kreditausfälle dieser Risikoart zuzuordnen sein – denn die Erfahrung lehrt, dass häufiger irgendwelche Regularien oder Prozesse des Vergabeprozesses nicht eingehalten wurden." Die Zuordnung zu den Risikoarten ist beileibe keine rein akademische Diskussion, müssen doch diese Risiken demnächst je nach Zuordnung mit deutlich unterschiedlich hohem Eigenkapital unterlegt werden.

Auch bei der Abgrenzung zwischen operationellen Risiken und Marktrisiken liegt die Tücke im Detail. „Auch hier sind wir fallweise vorgegangen und haben so die Trennlinie definiert", sagt Peemöller. Nun speisen die Risikomanager der Deutschen Bank ihre Definitionen hinsichtlich der Abgrenzung der Risikoarten voneinander mit Nachdruck in die Diskussion mit den Regulatoren ein – im Zuge von Basel II besteht Einigungsdruck: Die Banken müssen sich auf ein einheitliches Verständnis von Risikozuordnungen einigen. Vor dem Hintergrund der von den Finanzinstituten zukünftig verlangten differenzierten Unterlegung von Risiken mit Eigenkapital müssen die Banken ihre Risiken exakter als bisher erfassen.

In der Frage der Abgrenzung zwischen den Risikoarten arbeitet die Deutsche Bank an zwei Fronten. Zum einen wollen die Risikomanager herausfinden, wo intern die Grenzlinien am sinnfälligsten zu ziehen sind. Zweitens sind die Basel-II-Vorschriften zu interpretieren: „Wir fragen uns gemeinsam mit den Kollegen der anderen Banken bei jeder Formulierung: Was ist genau gemeint, wie übersetzen wir die Vorschrift in den Alltag?", erklärt Renate Friedrich, Direktorin im Operational Risk Management der Deutschen Bank. „Alle Fragen der Kategorisierung haben enorme Auswirkungen auf die Quantifizierung der Risiken", unterstreicht Fred Peemöller die Bedeutung des Klärungsprozesses. Die Deutsche Bank stellt dabei auch die eigenen Kriterien auf den Prüfstand: Denn schon seit den neunziger Jahren quantifiziert das Geldinstitut seine operationellen Risiken im Rahmen der Darstellung des ökonomischen Kapitals und zeigt seit Ende des Jahrzehnts öffentlich im Geschäftsbericht, wie hoch diese Risiken ausfallen.

Die Verpflichtung zur Eigenkapitalunterlegung operationeller Risiken ist ein großer Treiber für die Bemühungen Peemöllers und seines Teams. Denn wenn das regulatorische Werk von Basel II in Kraft tritt, haben die Banken zwei Möglichkeiten: Entweder sie berechnen ihre Risiken nach dem zentral vorgegebenen Standardised Approach (SA), oder sie entwickeln einen eigenen Ansatz, im Fachjargon den Advanced Measurement Approach (AMA). Eine Wahl mit Folgen: Der Standardised Approach würde der Deutschen Bank wegen ihrer spezifischen Geschäftsstruktur eine sehr viel höhere Kapitalunterlegung abverlangen und so möglicherweise den künftigen Aktionsradius einengen. Deshalb arbeitet der Bereich von Fred Peemöller an einem maßgeschneiderten AMA-Ansatz. „Der muss schon sehr plausibel sein", berichtet Renate Friedrich, „schließlich muss er nicht nur bankintern und von nationalen Regulatoren genehmigt werden – er muss auch von den Unternehmensbereichen der Bank als adäquate Abbildung ihrer operationellen Risiken akzeptiert sein. Die Plausibilität des Ansatzes steht und fällt mit der Akkuratesse der Risikomessung. „Das ist eine permanente Großbaustelle", erläutert Fred Peemöller. Doch zumindest der Rohbau steht schon. Die Risikomanager sammeln – entsprechend der Vorgaben des Baseler Bankenausschusses – interne und externe Daten auf 56 Verlustfeldern einer Matrix, die sich aus 8 Event-Types und 7 Geschäftsbereichen zusammensetzt. Für die einzelnen Zellen dieser Matrix gilt es, Verlustverteilungsfunktionen zu erstellen.

6. „Die Karotte muss immer in Fahrtrichtung hängen"

Noch haben die Risikoexperten zu wenig Daten, um solche Funktionen für alle Zellen zu entwickeln. Weil die eigene historische Datenbasis über Schadensfälle – insbesondere bezüglich der so genannten High-Impact-/Low-Frequency-Events – bei den operationellen Risiken nicht ausreicht, werden auch externe Daten benötigt.

Hier greift die Bank zum einen auf Informationen aus öffentlich verfügbaren Datenpools zurück, die große historische Risikofälle wie die Pleite der Barings Bank beinhalten. Darüber hinaus hat sich – unter aktiver Mitwirkung der Deutschen Bank – ein unternehmensübergreifendes Datenkonsortium gebildet. Dies kann naturgemäß nur sinnvolle Ergebnisse liefern, wenn alle Teilnehmer das gleiche Verständnis über Risikoarten, deren Abgrenzung und deren Messung haben. „Wir tauschen jetzt mit einem Dutzend anderer Banken im Rahmen dieses Konsortiums Verlustdaten aus", berichtet Renate Friedrich, „und dabei diskutieren wir auch Fragen der Abgrenzung." Andere Branchen haben vorgemacht, wie's geht: In der chemischen Industrie und in der Versicherungswirtschaft sammeln Unternehmen schon seit längerer Zeit Schadensdaten und tauschen diese zum Teil auch aus.

Zusätzlich entwickeln die Risikomanager Szenarios, die ebenfalls in die Berechnung der Kapitalunterlegung miteinfließen. Einfacher gesagt als getan: Um sämtliche Datenquellen auf einen einheitlichen Nenner zu bringen, gibt es verschiedene Ansätze und Methoden – Renate Friedrich und ihre Mitarbeiter testen zur Zeit, welche wirklich für die Praxis geeignet sind. Für die angestrebte AMA-Zertifizierung verlangen die Basel-II-Vorschriften mindestens Verlustdaten aus drei Jahren. Das mag für den Einstieg in die neuen Kapitalregulierungen reichen, ist jedoch zu wenig für die Entwicklung einer robusten Methode und einer soliden Kapitalrechnung, meint Fred Peemöller; er hält eher die Verfügbarkeit von Daten aus mindestens fünf bis sieben Jahren für erforderlich.

"Am Ende wollen wir zu einer präzisen Zuordnung der Risiken zu jeder ‚Zelle' – also der jeweiligen Eventkategorie pro Geschäftseinheit – kommen", erklärt Renate Friedrich. So soll dann ebenso präzise die nötige Kapitalunterlegung der einzelnen Geschäftseinheiten berechnet werden, die Basis auch für die interne Performanceberechnung der einzelnen Bereiche. Insgesamt mindestens drei Milliarden Euro wird diese Kapitalbelastung für die Bank betragen, schätzt Fred A. Peemöller, und er weiß, dass die Entwicklung der Kapitalunterlegungsmethode und die Ergebnisse der Berechnung auch von den Linienmanagern mit großem Interesse verfolgt werden. "Wir müssen die Realität sehr genau abbilden, damit die Karotte immer in Fahrtrichtung hängt – damit also die Manager der Geschäftseinheiten die richtigen Incentives in Sachen Risiko spüren", sagt der Risikomanager.

Schließlich geht es ja nicht nur darum, regulatorische Anforderungen zu erfüllen, sondern vor allem die operationellen Risiken der Deutschen Bank zu senken. Fred A. Peemöller sieht seine Risikomanager auf einem guten Weg: "Wenn Sie im Unternehmen für ein bestimmtes Risiko keinen Namen haben, nehmen Sie es auch nicht wahr", weiß er. "Wir erläutern den Mitarbeitern die Definition und die Bedeutung der operationellen Risiken und steigern so das Bewusstsein für dieses Risiko."

Ein ganzes Set integrierter Tools stellt bei der Deutschen Bank sicher, dass es nicht beim Erkennen von Risiken bleibt, der Datenaufbereitung folgt eine Bewertung der Risiken. *db-RiskMap,* ein webbasiertes Self-Assessment-Tool, identifiziert, wo die Risiken in einem Bereich liegen und wo Handlungsbedarf besteht. *db-Track,* ein Tool, mit dem die aus den *assessments* resultierenden *action points* überwacht werden, prüft kontinuierlich, ob Termine gehalten werden, welche der beschlossenen Maßnahmen greifen und welche nicht. *db-Score* schließlich dient zur Erfassung und laufenden Beobachtung von Risikoindikatoren, die für das operationelle Risiko in den einzelnen Bereichen der Bank relevant sind. "Die aus diesen Tools resultierenden Informationen werden in knappen Berichten zusammengefasst, durch zehn Seiten würde sich niemand durchkämpfen. Wir setzen in der Bewertung oft auf ein Ampelsystem – bei *Rot* stoppen die Berichtsempfänger und wissen: Jetzt müssen wir etwas tun", berichtet Fred Peemöller.

Und er ist überzeugt, dass sein Ansatz zum Management operationeller Risiken grundsätzlich auch in anderen Branchen funktioniert. Der Industrie empfiehlt er, beim Management operationeller Risiken an den fast flächendeckend vorhandenen Initiativen zum Total Quality Management (TQM) anzudocken. Anfänglich erntete er Unverständnis bei den Kollegen aus der Industrie, obwohl die Ausgangsbasis doch da sei: „Da werden die Prozesse ganz tief analysiert – nur die Erfassung der operationellen Risiken spielt bislang kaum eine Rolle, mögliche Erkenntnisse zu diesen Risiken gehen dabei verloren, weil sie einfach nicht explizit gesucht werden", sagt Fred Peemöller. Indessen leistet er Überzeugungsarbeit mit Vorträgen auf Konferenzen und Tagungen...

Fred A. Peemöller ist sicher, dass sich die Mühe lohnt: „Ich bin überzeugt, dass wir in wenigen Jahren zweifelsfrei belegen können, wie professionelles Management der operationellen Risiken die Schadensfälle der Deutschen Bank senkt."

7. So geht's: Wie ein Projekt zum Risikomanagement im Unternehmen abläuft

Anlässlich der voraussichtlichen Einführung von Basel II beschäftigen sich viele Industrieunternehmen und Dienstleister erstmals systematisch mit ihren Risiken. Dieses Kapitel schildert ein Beispiel, wie ein Projekt zum Risikomanagement in einem dreistufigen Prozess – von der Zustandsanalyse über die Designphase bis zur Implementierung – in der Praxis ablaufen kann.

Unternehmen wie die ENGINA GmbH (wir verfremden für dieses Kapitel ein Klientenbeispiel und wählen aus Gründen der Vertraulichkeit einen fiktiven Namen) werden immer wieder als Rückgrat der deutschen Wirtschaft bezeichnet. Der Maschinenbauer beliefert die Automobilindustrie, dank seiner Erfahrung und technischen Kompetenz erzielt die ENGINA mit 2 500 Mitarbeitern in Werken in Deutschland und England mehrere Milliarden Euro Umsatz sowie ein ansehnliches Ergebnis.

Kürzlich führte der Firmenchef, Enkel des Unternehmensgründers, erstmals eine Ratingdiskussion mit seiner Hausbank. Diese will im Zusammenhang mit Basel II ihr gesamtes Kreditportfolio künftig statistisch bewerten und eine unternehmensspezifische Ausfallwahrscheinlichkeit zur Berechnung der regulatorischen Eigenkapitalanforderungen ermitteln. Den ENGINA-Chef beschlichen unangenehme Vorahnungen: Was, wenn die Bewertung durch die Bank negativ ausfällt und in der Folge die Kreditzinsen steigen oder – im schlimmsten Fall – die Kreditlinien drastisch zurückgefahren werden? Kennt er wirklich alle Risiken des ENGINA-Geschäfts – und zu welchem Betrag summieren sie sich? Wie hoch ist die Wahrscheinlichkeit, dass die Risiken eintreten? Bisher, gestand sich der Unternehmenschef ein, rangierte das Risikomanagement nicht besonders weit oben auf seiner Agenda. Die Praktiker bei dem Maschinenbauer entschieden aus einer Mixtur von Erfahrung und Bauchgefühl heraus – doch das beeindruckte die Bankiers in der Diskussion nicht. Kein Zweifel, ein systematisches Risikomanagement musste her.

7. So geht's: Wie ein Projekt zum Risikomanagement im Unternehmen abläuft

Der Familienunternehmer wollte wissen, wo ENGINA in Sachen Risikomanagement steht, ob die Strategie stimmt, und ob die Prozesse sicher sind. Die Angelegenheit drängte, weil auch die Familiengesellschafter ungeduldig wurden: Sie erwarteten von dem Familienoberhaupt, dass er ENGINA fit für die Börse machen würde – und da stand möglicherweise auch ein Rating durch eine externe Agentur an sowie die Beurteilung durch Aktienanalysten und Investmentbanken. Es war klar, dass diese Ratingagenturen auch die Prozesse und Kompetenzen im Risikomanagement beurteilen würden.

Der CEO spricht mit einem McKinsey-Partner, der bereits Projekte bei ENGINA verantwortet hat. Er bringt einen Kollegen aus der Risk Management Practice mit, der Erfahrungen zum Thema Risiko in verschiedenen Industriezweigen gesammelt hat.

Die beiden Berater stellen dem Unternehmer und seinem Finanzchef ihren Ansatz vor: Erstens Risiken identifizieren, quantifizieren und dokumentieren, zweitens angemessene Risikonahmestrategien entwickeln sowie drittens die Organisation im Hinblick auf das Risikomanagement anpassen.

Die ENGINA-Manager wissen, dass ihnen der Überblick fehlt, welche Risiken an welcher Stelle heute schon identifiziert oder gar quantifiziert sind. Ebenso unklar ist, welche Strategien zur Risikonahme existieren oder auch unbewusst verfolgt werden. Im Unternehmen besteht zudem keine klare Zuständigkeit für das Risikomanagement.

Im Gespräch erkundet der Risikoexperte den Stand der Dinge bei ENGINA und beschreibt die in vielen Projekten etablierte Vorgehensweise: Ein Team arbeitet sich durch den o. g. dreistufigen Prozess, mit dessen Hilfe in sechs bis zwölf Monaten ein funktionierendes Risikomanagement bei ENGINA implementiert werden kann. Resultat des Meetings: Die vier verabreden ein einmonatiges Projekt, das die Situation des Risikomanagements bei ENGINA diagnostiziert, und sie halten gleich den Termin für die Diskussion der Ergebnisse dieser ersten Phase fest. Dabei soll auch besprochen werden, ob das Projekt fortgesetzt wird und, wenn ja, wie es weiter abläuft.

1. Schritt: Eine zügige Diagnose der Ist-Situation

Die Daten für die Diagnose erhebt ein gemeinsames Team aus ENGINA-Mitarbeitern und McKinsey-Beratern. ENGINA setzt als seinen Projektleiter den Chef des Controllings ein, der von Mitarbeitern aus Einkauf, Finanzen, IT, Personalwesen, Produktion, Öffentlichkeitsarbeit und Vertrieb unterstützt wird. Natürlich sind auch die Leiter der Geschäftsbereiche Teil des Teams.

Das McKinsey-Team wird von den beiden Partnern geführt. McKinsey-Projektleiter und -Berater verbringen vier, manchmal auch fünf Tage pro Woche bei ENGINA und haben gleichzeitig direkten Zugriff auf das weltweite McKinsey-Netzwerk. Der McKinsey-Projektleiter kennt ENGINA bereits aus einem vorausgegangenen Einsatz. Die beiden Berater, ein Betriebswirt und ein Physiker, kommen aus der Risk Management Practice und bringen ihre einschlägigen Kenntnisse im Risikomanagement ein.

In einem Kickoff stellen die Berater Ziele, Phasen und den Zeitplan des Projektes allen aktiv beteiligten Mitarbeitern vor. Dabei lernt sich das ganze Team kennen, die Aufgaben werden verteilt. Sogar der ENGINA-Chef nimmt am Kickoff teil und betont in einer knappen Rede, wie wichtig das Thema Risikomanagement im Unternehmen ist. Motiviert von seiner Aufmerksamkeit diskutieren die Projektmitarbeiter ein vom Team vorbereitetes Papier, in dem mögliche Risiken der ENGINA aufgelistet sind – eine gute Vorbereitung auf die systematische Erhebung in der Diagnosephase des Projekts.

Dann werden quer durch das Unternehmen Interviews geführt anhand einer Liste von Gesprächspartnern, die gemeinsam von den beiden Projektleitern aufgestellt wurde. Strukturiert erforschen die Zweier-Teams aus je einem Internen und Externen, wie ENGINA seine Risiken identifiziert, ob eine verläss-

7. So geht's: Wie ein Projekt zum Risikomanagement im Unternehmen abläuft

liche Quantifizierung und Dokumentation erfolgt, wo Strategien der Risikonahme und der Kapitalallokation existieren und wie die Organisation auf ein Risikomanagement eingestellt ist. Die Erkenntnisse, die das Team bei ENGINA auf diesem Weg gewinnt, werden dann mit Erfahrungen und der Situation in anderen Unternehmen allgemein sowie spezifisch mit dem Stand der Dinge in der Maschinenbauindustrie abgeglichen.

Bei der Erarbeitung und Bewertung der ENGINA-Ergebnisse hilft ein strukturierter Anforderungskatalog, den die McKinsey-Berater mitbringen. Er hat dieselbe Basis, wie die am Ende der Kapitel 3, 4 und 5 stehenden Checklisten (Abbildungen 3.19, 4.24 und 5.6), wurde allerdings speziell für den Industriesektor angepasst. Gemeinsam suchen die Mitarbeiter des Projekts in Interviews und Workshops dann nach den spezifischen, auch versteckten, Risiken des Unternehmens.

Einmal pro Woche diskutiert das ganze Projektteam an einem Jour Fixe mit allen aktiven Mitgliedern Fortschritte und Probleme. Immer wieder staunen die Teammitglieder, wie stark die Antworten auf die jeweils gleichen Fragen divergieren: Etwa wenn im Interview ein Controller sagt, dass bei ENGINA das Spektrum der Instrumente zum Risikomanagement weitgehend bekannt sei, ein Vertriebsmanager dagegen sagt: „Damit meinen die bei uns doch nur den Abschluss von Versicherungen." Spätestens hier wird klar: Bei der ENGINA gibt es noch viel Aufklärungsbedarf in Sachen Risikomanagement. Immerhin zeigt die Erhebung: ENGINA geht mit seinen Risiken keineswegs durchgängig unprofessionell um, das Unternehmen zeigt in Sachen Risikomanagement Stärken und Schwächen. Nicht jeder der Befragten sieht in den Schwachstellen indessen ein Problem. Ein höherer Aufwand kostet nur, verhindert Geschäfte und die entsprechenden Daten sind ohnehin nicht zu beschaffen – dies und ähnliches hört das Team nicht nur einmal.

Am Ende dieser Projektphase schlägt die Stunde des Lenkungsausschusses: CEO, Finanzvorstand, ENGINA-Projektleiter

1. Schritt: Eine zügige Diagnose der Ist-Situation

und die McKinsey-Berater diskutieren nun die Ergebnisse der Diagnose und das Profil der Fähigkeiten im Risikomanagement der ENGINA (Abbildung 7.1). Bei der ENGINA bietet sich ein differenziertes Bild:

■ *Defizite bei der Identifikation, Quantifizierung und Dokumentation von Risiken.* Das Unternehmen erfasst die Risiken nicht

Abb. 7.1: Profil für den Entwicklungsstand des Risikomanagements bei ENGINA AUSWAHL

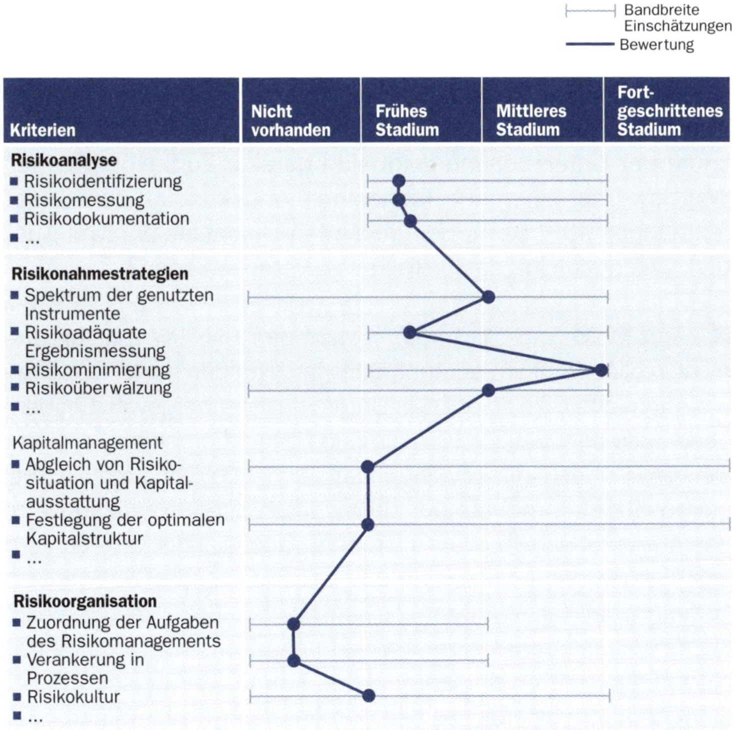

├─────┤ Bandbreite Einschätzungen
───── Bewertung

Kriterien	Nicht vorhanden	Frühes Stadium	Mittleres Stadium	Fortgeschrittenes Stadium
Risikoanalyse				
■ Risikoidentifizierung		●		
■ Risikomessung		●		
■ Risikodokumentation		●		
■ ...				
Risikonahmestrategien				
■ Spektrum der genutzten Instrumente			●	
■ Risikoadäquate Ergebnismessung		●		
■ Risikominimierung				●
■ Risikoüberwälzung			●	
■ ...				
Kapitalmanagement				
■ Abgleich von Risikosituation und Kapitalausstattung		●		
■ Festlegung der optimalen Kapitalstruktur		●		
■ ...				
Risikoorganisation				
■ Zuordnung der Aufgaben des Risikomanagements	●			
■ Verankerung in Prozessen		●		
■ Risikokultur				
■ ...				

Quelle: McKinsey, anonymisiertes und stark verfremdetes Klientenbeispiel

7. So geht's: Wie ein Projekt zum Risikomanagement im Unternehmen abläuft

systematisch. Einige sind bekannt: etwa das Marktrisiko, vor allem ein Währungsrisiko aus dem US-Geschäft. Doch die Ergebnisse der Diagnose bringen auch einige Überraschungen: Die Analyse der Dollarsensitivität des Gesamtcashflows zeigt, dass ENGINA zu hohe Dollarpositionen sichert, also nicht berücksichtigt, wie viele Einkäufe ebenfalls in Dollar fakturiert werden. Kreditrisiken (durch Forderungsausfälle) und operationelle Risiken (etwa Systemausfälle oder Katastrophenrisiken) ignoriert ENGINA – obwohl diese im Extremfall die Existenz des Unternehmens kosten können. Mit am gefährlichsten sind die Geschäftsrisiken: Nur „gefühlt", selten quantifiziert, werden die Risiken, die aus dem Einkaufsverhalten der Kunden in der Autoindustrie resultieren. Was jedoch, wenn ein neuer Ignacio Lopez einseitig Preise drückt? Ist das Unternehmen von einzelnen Kunden zu abhängig? Welche Strategien helfen dagegen? Im Laufe der Untersuchung zeigt sich bereits: Zum einen hat ein Wettbewerber eine neue Technologie angekündigt, zum anderen hängen 40 Prozent des gesamten Umsatzes an zwei Kunden. Wie hoch sind diese Risiken zu veranschlagen?

■ *Defizite bei der Risikonahmestrategie.* ENGINA hat bislang nicht in allen Punkten erkannt, dass ihre Kunden durch Optionen umfangreiche Risiken auf das Unternehmen übergewälzt haben, ohne dass dem bei ENGINA ein Erlös gegenübersteht. So räumt sie ihren Kunden immer wieder weit reichende Optionen ein, mal auf zusätzliche, mal auf geringere Lieferungen, was insgesamt das Auslastungsrisiko deutlich erhöht. Und weil der Vertrieb gern den Kunden entgegenkommt und in deren heimischer Währung fakturiert, landen Währungsrisiken bei der ENGINA. Überdies wurde erkannt, dass bei zwei erwarteten, aber noch nicht kontrahierten Geschäften ein langfristiges Fremdwährungsrisiko entsteht und dass sich dieses durch ebenso langfristige Währungsderivate absichern ließe. Ein weiteres – bislang ungelöstes – Problem verursachen die unbefristeten Garantien, die ENGINA für seine gelieferten Komponenten gibt. Doch auch Positives kommt zu Tage: Ein Programm zur operativen Exzellenz, das ein Jahr zuvor aufgesetzt worden war, hat die Fehlerzahl drastisch gedrückt und Produktionsrisiken minimiert.

- *Defizite beim Abgleich von Risikonahme und Risikotragfähigkeit.* Weil bei ENGINA niemand die eingegangenen Risiken mit der Risikotragfähigkeit abgleicht, fehlt dem Topmanagement der Überblick, ob noch Spielraum besteht, weitere Risiken einzugehen, oder ob schon die Alarmglocken schrillen müssten. Das starke Wachstum der vergangenen Jahre hat zu einer hohen Verschuldung geführt. Ein Rating in diesem Stadium würde zu einer schlechten Beurteilung führen, höhere Finanzierungskosten wären vorprogrammiert.

- *Defizite bei der Organisation im Hinblick auf das Risikomanagement.* Bei ENGINA sind keine eindeutigen Verantwortlichkeiten für die einzelnen Risiken definiert. Entweder muss überhaupt niemand dafür gerade stehen – etwa im Bereich Katastrophenrisiken – oder es „haftet" gleich eine gesamte Vertriebsmannschaft, etwa für Forderungsausfälle. Weil kein zentrales Risikomanagement existiert, bleiben Klumpenrisiken, z. B. im Forderungsportfolio, unerkannt. Auch Chancen, die Risiken durch Diversifikation zu dämpfen, verstreichen unentdeckt. Die vorhandene grobe Risikostrategie ist nicht in konkreten Richtlinien festgehalten.

In Sachen Risikomanagement ist ENGINA mit all ihren Stärken und Schwächen ein typisches Unternehmen. Da McKinsey über entsprechende Erfahrungen zum Thema Risikomanagement verfügt, kann der Abschlussbericht Parallelen zu anderen Unternehmen ziehen – selbstverständlich auf anonymisierter Basis. Im nationalen Vergleich befindet sich ENGINA – wie Abbildung 7.2 zeigt – auf ähnlichem Niveau wie der Wettbewerb. Erst der

7. So geht's: Wie ein Projekt zum Risikomanagement
im Unternehmen abläuft

Abb. 7.2: Im Vergleich zu internationalen Wettbewerbern hat ENGINA im Risikomanagement Aufholbedarf

● ENGINA
▲ Nationaler Wettbewerber A
■ Nationaler Wettbewerber B
◆ US-Wettbewerber

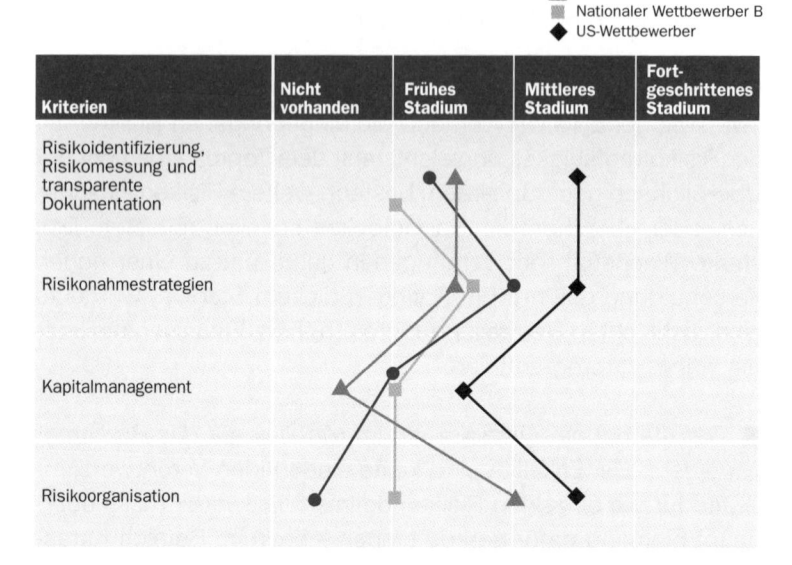

Kriterien	Nicht vorhanden	Frühes Stadium	Mittleres Stadium	Fortgeschrittenes Stadium
Risikoidentifizierung, Risikomessung und transparente Dokumentation				
Risikonahmestrategien				
Kapitalmanagement				
Risikoorganisation				

Quelle: McKinsey, anonymisiertes und stark verfremdetes Klientenbeispiel

Blick über den Atlantik verdeutlicht einen Handlungsbedarf: US-Wettbewerber sind in Sachen Risikomanagement deutlich weiter. Besonders bei der Identifizierung und Messung von Risiken sowie bei der Ausrichtung der Organisation liegen sie vorn.

*2. Schritt: Designphase –
eine risikogerechte Organisation entwerfen*

Der ENGINA-Chef ist von den Ergebnissen der Diagnosephase aufgerüttelt und beauftragt das Team, im zweiten Schritt jetzt die Anforderungen an die Organisation zu definieren. Das erklärte Ziel: Die Ausreißer im ENGINA-Profil gegenüber dem Branchenprofil mindestens zu glätten – besser noch, einen Vorsprung herauszuholen. Am Anfang steht die Frage, wie Risiken identifiziert werden können und in welchen Abständen sie quantifiziert werden müssen. Ein vernachlässigbares Risiko jeden Tag zu identifizieren und mit hochkomplexen Software-Tools zu messen, ergibt wenig Sinn – das hieße, mit Kanonen auf Spatzen zu schießen.

In dieser Phase entwickelt das Team vor allem Verfahren zur Identifikation und Messung von Risiken. Fast zeitgleich muss das Team für jedes einzelne erkannte Risiko eine Risikonahmestrategie erarbeiten und diese dann im Unternehmen diskutieren. Damit sich abschätzen lässt, ob die Summe der Risiken akzeptabel ist, muss das Team die Risikotragfähigkeit, also das ökonomische Kapital, grob quantifizieren. Und schließlich muss es einen Vorschlag für die künftige Organisationsstruktur erarbeiten, ein Konzept und Format für künftige Risikoreports entwickeln sowie ein Risikomanagement-Komitee berufen und mit den künftigen Aufgaben vertraut machen.

Jetzt drückt der ENGINA-Chef aufs Tempo: Zwei bis drei Monate Zeit gibt er den Beratern und internen Mitarbeitern für die Abarbeitung des Aufgabenkatalogs, dann sollen sie zügig in die Implementierungsphase überleiten.

3. Schritt: Implementierung
eines intelligenten Risikomanagements

Die groben Anforderungen, die dem Design des Risikomanagements im zweiten Schritt zu Grunde lagen, ergeben die Basis für die Detailentwürfe zu einem intelligenten Risikomanagement bei der ENGINA. Systematisch arbeitet das Team die Stufen des Risikomanagements ab:

7. So geht's: Wie ein Projekt zum Risikomanagement im Unternehmen abläuft

Risiken identifizieren, messen und dokumentieren

■ Risikoidentifikation: Niemand hat mehr Erfahrung mit den konkreten Risiken als die direkt betroffenen Mitarbeiter. Deshalb führt das Team eine Reihe von Workshops zur Identifikation der Risiken durch. Dabei nutzen sie die Delphi-Methode: Zwei Gruppen von je vier bis fünf Mitarbeitern diskutieren parallel die in ihrem Bereich anfallenden Risiken und bewerten sie hinsichtlich Eintrittswahrscheinlichkeit und Ausmaß. Die Einschätzungen werden dann zwischen den Gruppen ausgetauscht, die Meinung der jeweils anderen diskutiert, bis beide Runden in ihren Einschätzungen weitgehend übereinstimmen. Allerdings verlässt sich das Team nicht allein darauf: Aus Datenbeständen und einer zweiten Runde von Workshops rekonstruiert es außerdem historische Schäden – sowohl im eigenen Unternehmen, als auch, soweit verfügbar, in vergleichbaren Industriesektoren.

■ Risikomessung: Basis für die Messung ist die Sammlung und Aufbereitung relevanter Daten. Dazu zählen nicht nur Daten zu historischen Schäden, sondern auch Informationen über Risiken, die nie schlagend wurden (etwa Forderungen, die beglichen wurden). Daraus lassen sich in Verbindung mit den Forderungen, die nicht gezahlt wurden, spezifische Ausfallwahrscheinlichkeiten ableiten. Außer dem genannten versucht das Team noch weiteren definierten Informationsbedarf im Unternehmen zu decken – was sich einfacher anhört, als es oft ist. Möglicherweise gibt es die nötigen Daten nicht in elektronischer Form, passen Dateien und Systeme nicht zusammen oder es müssen geeignete Daten aus einem regelrechten Datenwust herausgerechnet werden. Das Team hat deshalb das Ziel, von einem IT-Spezialisten ein Programm schreiben zu lassen, das künftig die nötigen Daten automatisch aus den verschiedenen Quellen im Unternehmen „einsammelt" und zu aussagekräftigen

3. Schritt: Implementierung eines intelligenten Risikomanagements

Informationen verdichtet. Wenn die Datenzufuhr gesichert ist, entwickelt und installiert das Team Software-Tools, die dann die Messung der einzelnen Risiken übernehmen.

■ Risikodokumentation: Die relevanten Risiken müssen in regelmäßigen Reports dokumentiert werden. Das Team bestimmt Frequenz, Inhalt und Empfängerkreis und entwirft ein Modell, nach dessen Muster künftige Reports erfüllt werden: eine komplexe Aufgabe, gerade wenn – wie bei der ENGINA – mehrere Unternehmensbereiche und auch Auslandstöchter Einzelrisiken melden.

Risikonahmestrategien –
Der richtige Umgang mit den Risiken

■ Am Anfang steht die Bestandsaufnahme: Wie geht das Unternehmen bislang mit Einzelrisiken um, was ist versichert, was wird gehedged? Dann identifiziert das Team Über- oder Unterversicherung, untersucht Hedges, ob nicht vielleicht einige überflüssig sind, weil sich Long- und Short-Positionen unternehmensweit ausgleichen. Danach kommen Verträge mit Kunden und Lieferanten auf den Prüfstand. Das Team untersucht Ausstiegsklauseln, Laufzeiten, Preisstaffeln auf die Chance, mehr Planungssicherheit für die ENGINA herauszuholen. Anschließend sind Kreditverträge an der Reihe, werden Konditionen, Laufzeiten und Besicherung untersucht.

■ Dann heißt es: Abgleich der Risiken mit der Risikotragfähigkeit. Am Ende der Bestandsaufnahme lässt sich ein Gesamtrisiko errechnen. Dagegen steht das ökonomische Kapital, Eigenkapital plus stille Reserven. Das gesamte Risiko gemäß einer Value-at-Risk-Berechnung wäre statistisch gesehen alle 20 Jahre (Konfidenzintervall von 95 Prozent) größer als die Risikotragfähigkeit, also der Betrag, den das ökonomische Eigenkapi-

7. So geht's: Wie ein Projekt zum Risikomanagement
im Unternehmen abläuft

tal abfedern kann. Gleichzeitig wird die Eigentümerfamilie nach ihrem Risikoappetit befragt. Ergebnis: Das errechnete Risiko ist den Eigenkapitalgebern zu hoch.

■ Daher muss eine klare Risikonahmestrategie definiert und implementiert werden: Art und Höhe der „gewünschten" Risiken werden grob definiert und in Richtlinien für die Geschäftseinheiten präzisiert. Für alle Risiken beantwortet das Team dann die Frage, wie ENGINA künftig mit ihnen umgeht: vermeiden, bewusst eingehen, minimieren oder überwälzen. Weil die Eigentümerfamilie das Risiko gegenüber dem Status quo senken will, müssen die Manager künftig mehr Absicherung über Derivate suchen und überdies mehr Planungssicherheit durch strengere Ausstiegsklauseln für Kunden schaffen, auch gegen Preiskonzessionen. Die Eigentümer geben sich mit geringeren Renditeerwartungen zufrieden, senken aber das Risiko so weit, dass das Konfidenzniveau auf 98 Prozent steigt, d. h. rechnerisch nur noch alle 50 Jahre die Risiken die Risikotragfähigkeit übersteigen würden. Den Plan, ihr Unternehmen an die Börse zu bringen, überprüfen die Familiengesellschafter noch einmal.

*Organisation im Hinblick auf das
Risikomanagement anpassen*

■ Anpassung der Geschäftsprozesse: Nachdem in der Designphase alle Prozesse für die Anforderungen des Risikomanagements konzipiert wurden, werden sie jetzt in einem Pilotprojekt getestet und dann – unter Verarbeitung der Testerfahrungen – endgültig unternehmensweit implementiert. Außerdem schafft das Team die technischen und prozessualen Voraussetzungen, damit künftig die Risiken jeder Geschäftseinheit gemessen und gemanagt werden können.

3. Schritt: Implementierung eines intelligenten Risikomanagements

- Aufgaben- und Stellendefinition: Das Team hat in der Designphase alle neuen Aufgaben, die das Risikomanagement mit sich bringt, gesammelt. Dann identifiziert es die Personen in der Organisation, die diese Aufgaben künftig übernehmen. Bei der ENGINA entstehen auch neue Stellen im Bereich des zentralen Risikomanagements, für das vom Team Anforderungsprofile und Arbeitsplatzbeschreibungen entworfen werden.

- Stellenbesetzung: Zwei der von ENGINA ins Risikoprojektteam entsandten Mitarbeiter haben jetzt in ihrem ursprünglichen Geschäftsbereich Aufgaben im Risikomanagement übernommen. Ein anderes Teammitglied sitzt sogar im zentralen Risikomanagement des Unternehmens. Der Leiter des neu geschaffenen Bereichs aber kommt von außen: Er war Kreditbearbeiter bei einem Finanzinstitut (nicht der Hausbank von ENGINA) und kennt die Kriterien bei der Beurteilung der Bonität eines Unternehmens. Er bringt auch Erfahrung im Risikomanagement mit.

Eine Menge Arbeit – doch etliches war nur einmal zu leisten: Nach der Projektphase entfallen viele Aufgaben (etwa die Prüfung von bestehenden Verträgen), anderes läuft weitgehend automatisiert (etwa die Risikoreports). Deshalb wird das Projektteam nach sechs Monaten aufgelöst, der verbleibende Aufwand der ENGINA für ein systematisches Risikomanagement ist überschaubar. Zurzeit befassen sich vier Vollzeit-Mitarbeiter mit dem Risikomanagement, in den Geschäftsbereichen beschäftigen sich zehn Personen überschlägig mit jeweils einem Teil ihrer Arbeitszeit mit dem Thema.

Alle Beteiligten haben eine Menge gelernt – nicht zuletzt einiges über menschliches Verhalten: So waren natürlich zunächst alle Bereichsleiter mit der Eigenkapitalallokation gemäß eines Risiko-Rendite-Ratios einverstanden. Als aber gerechnet wurde, griffen die *underperformer* sofort die Methode an – Überzeugungsarbeit und Erklärungen waren nötig, bis Konsens

7. So geht's: Wie ein Projekt zum Risikomanagement im Unternehmen abläuft

herrschte. Auch die theoretische Begeisterung für die Transparenz, die regelmäßige Risikoberichte schaffen, erlosch schnell bei denen, die in den Berichten nicht gut wegkamen. Und so ganz freiwillig wollte auch kein Bereich Leistungsträger für das Risikomanagement abstellen. Ganz normale Probleme, die jedoch längst nicht die Vorteile des Projekts aufwiegen.

Denn das Projektteam hat es in relativ kurzer Zeit geschafft, dass auch nach seiner Auflösung das Risikomanagement reibungslos läuft: Methoden und Prozesse sind installiert, Verantwortliche benannt – und der Risikogedanke ist im ganzen Unternehmen verwurzelt. Der Aufwand lohnt:

Der Firmenchef kann der Eigentümerfamilie berichten, dass Basel II keine Bedrohung mehr darstellt. Einer möglichen Prüfung durch eine Ratingagentur kann das Unternehmen gelassener entgegensehen. Die Hausbank, die indirekt einst Auslöser des Projekts war, hat das neue Risikomanagement schon ausdrücklich gelobt. Trotzdem ist das Thema bei ENGINA noch längst nicht abgeschlossen – denn auch beim Risikomanagement kommen die besten Ideen beim Machen: Es kann immer noch besser werden.

*8. „Bei uns sind Rückrufaktionen
nicht möglich":
Die McKinsey-Partner Prof. Dr. Axel Born
und Dr. Philipp Härle im Interview*

Prof. Dr. Axel Born und Dr. Philipp Härle im Interview

McKinsey verleiht kein Geld, betreibt keine Fabriken, kauft kein Öl auf Termin: Wo liegen die Risiken eines weltweit tätigen Beratungsunternehmens?
Es muss sie geben: Das Beispiel der weltweit aufgestellten Wirtschaftsprüfung Arthur Andersen beweist das. Das traditionsreiche Unternehmen ging unter, u. a. weil seine Wirtschaftsprüfer die windigen Bilanzen eines vormaligen Wunderunternehmens der US-Wirtschaft testiert hatten.
Welche Risiken geht also McKinsey ein? Und wie geht das Unternehmen, das internationale Klienten in Sachen Risiko berät, selbst mit diesem Thema um? Andreas Merbecks fragte Axel Born, Senior Director im Düsseldorfer Büro von McKinsey, und Philipp Härle, Partner im Münchner Office. Axel Born hat sich als Mitglied des Finance Committee jahrelang mit den Risiken des Beratungsunternehmens befasst, und Philipp Härle ist als Mitglied der Corporate Finance Practice auf dem brisanten Feld Mergers&Acquisitions tätig, bei dem oft genug Milliarden auf dem Spiel stehen.

Welche Risiken sind für ein Dienstleistungsunternehmen wie McKinsey relevant?
Axel Born: Grundlage unseres Geschäfts ist das Vertrauen unserer Klienten. Wenn das verloren geht, ist alles verloren. Deshalb steht bei McKinsey das Reputationsrisiko im Zentrum der Aufmerksamkeit. Bei unseren Klienten gehen wir jeden Tag mit sensitiven Informationen und Einsichten um. Unser größtes operationelles Risiko liegt darin, dass es Informationslecks geben könnte, dass Dinge an die Presse gelangen oder auch nur der Eindruck entsteht, dass wir eine Indiskretion begangen hätten. Das entzöge unserem Geschäft die Grundlage: Wenn ein Klient sich nicht darauf verlassen kann, dass Dinge vertraulich bleiben, können wir nicht arbeiten. Wir haben auch keine zweite Chance: Wenn etwa in der Autoindustrie ein neues Modell

8. „Bei uns sind Rückrufaktionen nicht möglich"

eingebaute Fehler hat, erfolgt eine Rückrufaktion – bei uns ist es einfach vorbei.

Wie geht McKinsey mit diesem Risiko um?
Axel Born: Indem wir bei McKinsey ein sehr starkes Wertesystem geschaffen haben. Immer wieder trainieren wir unsere Berater darin, äußerste Vorsicht walten zu lassen. Trotzdem: Absolute Sicherheit gibt es nicht. Ich habe einmal erlebt, wie ein Berater in der Hitze des Gefechts am Faxgerät zwei Ziffern vertauscht hat und ein vertrauliches Papier an der falschen Stelle landete. Das hatte zum Glück keine negativen Folgen, weil sich der Adressat sehr professionell und fair verhielt.

Ist schon einmal etwas in die Presse geraten?
Axel Born: Schon häufiger, wenn auch ohne unsere Schuld. Vor einigen Jahren ist es passiert, dass ein Klient eines anderen europäischen Büros Konkurs anmeldete und in der Presse kolportiert wurde, er sei auf Grund einer McKinsey-Strategie ins Verderben geraten. Da wir grundsätzlich über unsere Klienten nicht reden, konnten wir dazu nicht Stellung nehmen. Zwei Jahre später erst stellte sich auch in der Öffentlichkeit heraus, dass das Gegenteil richtig war: Der Vorstand war damals unserem Rat *nicht* gefolgt, sondern hatte eine ganz andere Strategie angewandt – dagegen konnten wir nichts tun. Die ganze Affäre bescherte uns einen Lerneffekt in Sachen Risikoquantifizierung: Das betroffene Büro musste nach diesem völlig unberechtigten Reputationsschaden gut zwei Jahre lang die Zahl der Berater um etwa 25 Prozent herunterfahren. Wir konnten uns eben nicht wehren. Erst als veröffentlicht wurde, was wirklich geschehen war, konnten die Kollegen zumindest unseren Klienten die entsprechenden Zeitungsartikel zuschicken. Seitdem ist das Problem so gut wie behoben – wenn auch nicht komplett, weil deutsche Zeitungen immer mal wieder falsch abschreiben.

Mit welchen organisatorischen Maßnahmen geht McKinsey gegen mögliche Informationslecks vor?
Axel Born: Unsere Berater werden vom ersten Arbeitstag an auf Vertraulichkeit eingeschworen. Das regelt eine Reihe von Verfahrensvorschriften, die wir auf speziellen Schulungen vermitteln. *For Your Eyes Only* legt fest, dass keiner Klientendokumente an öffentlichen Orten, etwa auf dem Flughafen, liest, dass im Gespräch mit Kollegen keine Interna des Klienten ausgeplaudert werden und dass in der Unterhaltung mit Freunden nicht einmal der Name des Klienten fällt. Die *Clean Desk Policy* hält die Berater an, keine vertraulichen Daten auf dem Schreibtisch herumliegen zu lassen – es könnte ein Kollege vorbeikommen, der für einen Konkurrenten des Klienten arbeitet. Aus Sicherheitsgründen lässt McKinsey Besucher nur in speziell gesicherte Zonen der Büros, Computer-Passwörter werden regelmäßig gewechselt und immer wieder erinnern Seminare unsere Berater an die Sicherheitsbestimmungen, zu deren Einhaltung sie sich schriftlich verpflichten müssen.

Gibt es bei McKinsey einen Chief Risk Manager?
Axel Born: Die Partnerschaft McKinsey&Company hat viele Risikoverantwortlichkeiten im Finance Committee gebündelt. Es verantwortet neben dem Finanzcontrolling auch die Entwicklung von zentralen Risikomanagement-Policies für das ganze Unternehmen. Zusätzlich gibt es entsprechende dezentrale Verantwortliche in den einzelnen Büros.

Dominieren die Reputationsrisiken das McKinsey-Geschäft so stark, dass die Beschäftigung mit anderen Risiken gar keinen Sinn mehr macht?
Axel Born: Nein, ganz und gar nicht. Kürzlich hatten wir im Finance Committee beispielsweise einen Fall, bei dem es um den Mietvertrag für eines unserer europäischen Büros ging. Der Office Manager hatte diesen gekündigt, weil er ein günstigeres

8. „Bei uns sind Rückrufaktionen nicht möglich"

Mietobjekt gefunden hatte. Leider dachte er nicht daran, die Rechtslage mit unseren Juristen zu besprechen und ignorierte auch einen Vergleichsvorschlag des alten Vermieters, gegen eine halbe Million Euro aus dem Vertrag entlassen zu werden. Plötzlich erging ein Schadenersatzurteil in Höhe von zehn Millionen Euro gegen uns. Diese Risiken treffen uns natürlich auch, da geht es nicht um „Peanuts". Hier liegen auch die besonderen Gefahren einer Partnerschaft, in der McKinsey organisiert ist: Jeder Partner fühlt sich als Unternehmer und ist leicht versucht, autonom zu entscheiden, ohne zuerst die administrativen Fachleute einzuschalten – dann kommt es zu Risiken wie bei der beschriebenen Mietaffäre.

Hat McKinsey eine Systematik für den Umgang mit diesem oder ähnlichen Problemen entwickelt?
Axel Born: Wir entschärfen Probleme, indem wir standardisierte Abläufe einrichten. Das gilt beispielsweise für Geschäftsrisiken bezüglich der Konsistenz von Verträgen, die entstehen, weil jeder Partner dazu neigt, individuell geprägte Verträge mit seinen Klienten zu schließen. Das Risiko liegt darin, dass Klienten sich über die Konditionen austauschen könnten und sich, etwa wegen abweichender Nebenkostenabrechnungen, anschließend schlecht behandelt fühlen. Da haben wir verbindliche Standardkalkulationen entwickelt.

Quantifiziert McKinsey seine Risiken?
Axel Born: Unser Reputationsrisiko ist nicht zu quantifizieren. Wir wissen: Es ist immens, im schlimmsten Fall existenzbedrohend. Unsere anderen Risiken quantifizieren wir natürlich – das sind Währungsrisiken, Mietrisiken, Ausfallrisiken, Steuerrisiken und dergleichen. Da kommen einige hundert Millionen Dollar zusammen.

Prof. Dr. Axel Born und Dr. Philipp Härle im Interview

Wie geht McKinsey mit dem Risiko von Nachfrageschwankungen um?
Axel Born: Wie alle anderen Unternehmen müssen wir dieses Risiko tragen. Einen Extremfall haben wir zum Jahresbeginn 2001 erlebt: In normalen Jahren haben wir eine Fluktuationsrate von 15 bis 20 Prozent bei unseren Beratern. Im Jahr 2000, angeheizt durch den Boom der New Economy, in der sich viele unserer jungen Leute selbstständig machten, stieg die Zahl der Abgänge in manchen Regionen bis auf 30 Prozent. Weil auch unsere Nachfrage kräftig wuchs, stellten wir also in großer Zahl neue Leute ein, um diese Fluktuationsrate auszugleichen. Doch als die Neuen dann zur Jahreswende 2000/2001 eintrafen, war die New Economy tot, die Konjunktur brach ein, keiner ging mehr weg. Da hatten wir in manchen Büros eine fühlbare Überkapazität. Da wir keine Mitarbeiter entlassen, haben wir das über anderthalb Jahre wieder ausbalanciert. Aber das war eine Ausnahmesituation, in normalen Zeiten bietet unsere weltweite Präsenz genügend Spielraum, Nachfrageschwankungen in einzelnen Regionen auszugleichen.

McKinsey-Berater erwerben bei ihrer Tätigkeit häufig brisantes Insiderwissen über Klienten. Wie hoch ist das Risiko, dass einer dieses Wissen missbraucht?
Axel Born: Diese Diskussion habe ich mit skeptischen Klienten oft geführt. Die Angst vor einem Geheimnisverrat durch unsere Leute habe ich stets relativiert, indem ich darauf hinwies, wie häufig Topmanager von einem Unternehmen zu einem Wettbewerber wechseln. Natürlich haben wir auch Regeln, die untersagen, dass ein Berater direkt nach einem Projekt bei einem Wettbewerber des letzen Klienten weitermacht. Und dass sich Teams untereinander über Interna austauschen, verhindern die *Chinese Walls,* die wir zwischen ihnen errichten: Jede klientenbezogene Kommunikation zwischen den Teams ist strikt verboten.

8. „Bei uns sind Rückrufaktionen nicht möglich"

Und wie geht McKinsey mit dem Risiko um, dass ein Berater Insiderwissen an der Börse zu Geld macht?
Axel Born: Wir haben ganz klar geregelt, dass niemand Aktien von einem Unternehmen erwerben darf, über das er durch seine Arbeit Kenntnis hat. Einmal im Jahr muss jeder unterschreiben, dass er diese Policy kennt und einhält.

Gerade die Beratung bei Mergers&Acquisitions ist ein sensibles Feld. Was tut McKinsey, um die damit verbundenen Risiken in den Griff zu bekommen?
Philipp Härle: Alles, was mit Käufen, Verkäufen und Übernahmen von Unternehmen zu tun hat, bringt außerordentlich hohe Risiken mit sich. Dabei geht es vor allem um die Reputation, aber möglicherweise auch um Schadenersatz – bei Deals, die auch schon einmal Milliardenwerte erreichen können.

Was kann denn genau passieren?
Philipp Härle: Wir bewerten beispielsweise Unternehmen, die übernommen werden sollen. Damit liefern wir einen wichtigen Baustein für die Entscheidung, ob es zum Kauf kommt oder nicht. Unsere Bewertung gründen wir z. B. auf Annahmen über die zukünftige Geschäftsentwicklung des zu übernehmenden Unternehmens – das sind naturgemäß komplexe Prognoseentscheidungen. Lagen wir falsch, kommt es darauf an, warum die Prognose nicht aufging: Waren die Annahmen zum Zeitpunkt der Analyse sauber und faktenbasiert entwickelt und wurden sie nur später durch unvorhersehbare Ereignisse – etwa ein Substitutprodukt – obsolet? Oder waren die Annahmen auch schon zum Zeitpunkt der Analyse nicht richtig abgeleitet und zu optimistisch? Um solche menschlichen Fehlerquellen zu minimieren, haben wir als Richtlinie vorgegeben, dass an jedem Projekt der Corporate Finance Practice ein erfahrener Partner beteiligt sein muss, der in vielen Einsätzen schon ein Gespür für solche Prognosen entwickelt hat und weiß, wo die Gefahren lauern.

Und mit solch einer Richtlinie sind die Probleme schon gelöst?
Philipp Härle: Nein, eine sehr wichtige Rolle spielen auch unsere Client Engagement Reports (CER), in denen vor Beginn eines Projekts rund 20 Fragen zu beantworten sind. Da wird festgehalten, worum es bei dem Projekt geht, wo die Risiken liegen können, ob es zu Interessenkollisionen kommen kann – etwa weil McKinsey auch bei einer finanzierenden Bank tätig ist – oder ob wir bei einem M&A-Fall z. B. auf beiden Seiten des Geschäfts engagiert sind.

Was passiert, wenn im CER solche Risiken aufgedeckt werden?
Philipp Härle: Dann wendet sich der verantwortliche Partner an eine Hotline, diskutiert mit den Kollegen, welche Vorsichtsmaßnahmen das Team ergreifen muss, welche Betreuung durch die Corporate Finance Practice und die Rechtsabteilung es braucht. Für alle Fälle funktioniert das auch automatisch: Wenn Konfliktfragen im CER mit „ja" beantwortet werden, schaltet sich automatisch unsere Rechtsabteilung in London ein und geht mit dem verantwortlichen Partner durch, ob alle Vorsichtsmaßnahmen ergriffen sind.

Kommt es denn vor, dass McKinsey auf beiden Seiten eines M&A-Deals engagiert ist?
Philipp Härle: Ja, das kommt vor. Grundlage unseres Geschäfts ist ja, dass wir auch Wettbewerber beraten – natürlich durch Personen, die keinen Austausch über ihre Projekte betreiben. Da agieren wir anders als Anwaltskanzleien oder Investmentbanker, die nur eine Seite beraten. Der entscheidende Unterschied liegt in der Rolle, die wir übernehmen: Investmentbanken und Anwälte sitzen für den Klienten am Verhandlungstisch, ergreifen das Wort, wehren Klauseln ab und setzen Preise durch. Wir dagegen bleiben im Hintergrund, begleiten den Klienten strategisch, berechnen Integrationspotenziale und bewerten

8. „Bei uns sind Rückrufaktionen nicht möglich"

Unternehmen. Wir sind nicht der „Makler" des Klienten. Deshalb können wir beide Seiten beraten, selbstredend mit Wissen der Klienten. Ich habe selbst schon an mehreren solchen Projekten gearbeitet. Wenn aufgedeckt wird, dass wir bei beiden Seiten engagiert sind, bemühen wir uns sofort um das Einverständnis der Klienten. Wenn es nicht erfolgt, muss der Partner, der als zweiter sein Projekt anmeldet, den Auftrag zurückgeben.

Warum berät McKinsey keine Klienten bei feindlichen Übernahmen – sind Risikoüberlegungen der Grund?
Philipp Härle: Da drohen zu viele Interessenkollisionen, zumal es z. B. sein kann, dass ein zu übernehmendes Unternehmen unser Klient war. Hier möchten wir jeden Eindruck vermeiden, dass McKinsey hilft, ein solches Unternehmen gegen den Willen des Managements zu übernehmen.

Müssen McKinsey-Berater ethische Fragen mit sich selbst abmachen oder gibt es Hilfe?
Philipp Härle: Dafür haben wir das so genannte Professional Conduct and Conflict Committee. Denn es gibt immer wieder Situationen, für die noch keine Regeln existieren. Die erfahrenen Partner in diesem Komitee hören sich das Problem an, holen bei Bedarf externen Rat ein, diskutieren Haftungs- und Reputationsrisiken und ergründen gemeinsam mit dem Fragenden, welches Verhalten im Interesse des Klienten und ethisch richtig ist. Die Entscheidung des Komitees ist dann für den anfragenden Partner verbindlich.

Ist die Corporate Finance Practice in Sachen Risikomanagement Vorreiter bei McKinsey?
Axel Born: Viele Regeln und Prozesse wurden dort entwickelt, weil eben die Risiken in diesem Sektor so extrem hoch sind. Die haben wir dann für andere Bereiche übernommen, wie z. B. jetzt für den öffentlichen Sektor. Da laufen wir zwar weniger Gefahr,

auf Schadenersatz verklagt zu werden, aber dort ist das Reputationsrisiko extrem hoch.

Warum?
Axel Born: Gerade im politischen Bereich ist die Gefahr groß, dass man instrumentalisiert wird. Stellen Sie sich folgenden fiktiven Fall vor: Wir machen eine Studie für das Gesundheitsministerium und ein Politiker behauptet, McKinsey habe herausgefunden, dass die Medikamentenpreise in Deutschland zu hoch seien – dann haben wir nicht nur den Reputationsschaden wegen einer solchen undifferenzierten Behauptung, sondern gleich Probleme mit unseren Klienten in der Pharmabranche. Deshalb schalten wir bei jedem politiknahen Projekt ein Procedere vor, das – wie bei Corporate-Finance-Projekten – die resultierenden Reputationsrisiken identifiziert und bewertet. Erst dann beschließen wir, ob wir die Studie machen und wenn ja, wie wir das Risiko begrenzen. Natürlich sind wir von Perfektion noch weit entfernt. Aber beim Risikomanagement gilt ja: Der Weg ist das Ziel.

Anhang

Abkürzungsverzeichnis und Glossar

ALM – Asset Liability Management: Aufeinander abgestimmte Steuerung von Passiva (v. a. Verbindlichkeiten) und Aktiva (v. a. Kapitalanlagen). Dabei wird die Optimierung der Gesamtposition im Hinblick auf ein finanzwirtschaftliches Risiko-Rendite-Ziel angestrebt. Dies erfolgt unter Berücksichtigung der Risikopräferenzen der Unternehmensführung. ALM ist primär für Finanzdienstleister von Bedeutung.

ART – Alternative Risk Transfer: Lösungen, welche die Effizienz des Risikotransfers erhöhen und es den Unternehmen erlauben, sich vor mehr als den üblichen versicherbaren Risiken zu schützen. Dies geschieht meist mit maßgeschneiderten Produkten und teilweise durch Nutzung des Kapitalmarktes. ART-Lösungen beinhalten unter anderem Asset-backed Securities, Versicherungsderivate, Swap-Geschäfte und Contingent Capital.

Ausfallrisiko: Risiko von partiellen oder vollständigen Vermögensverlusten durch Ausfall, d. h. Zahlungsunfähigkeit oder -unwilligkeit eines Schuldners.

Basel I: Durch den international besetzten Baseler Ausschuss für Bankenaufsicht 1988 herausgegebene Empfehlungen zur Mindesteigenkapitalausstattung von Kreditinstituten. Kreditinstitute werden darin verpflichtet, für vergebene Kredite im Normalfall acht Prozent der Kreditsumme als Eigenkapital vorzuhalten. Das Bundesaufsichtsamt für Finanzdienstleistungen (BAFin) überwacht, dass die Empfehlung eingehalten wird.

Basel II: Weiterentwicklung und Verschärfung der Anforderungen der Basel-I-Empfehlungen. Zielsetzung ist eine differenziertere, d. h. dem tatsächlichen Kreditrisiko angepasste Eigenkapitalunterlegung für Kreditinstitute. Darüber hinaus soll bei der Eigenkapitalunterlegung neben dem Markt- und Kreditrisiko auch das operationelle Risiko berücksichtigt werden. Die Risi-

Anhang

kosteuerungssysteme sollen durch die Aufsichtsbehörden überprüft und abgenommen werden. Die Offenlegungspflichten für Kreditinstitute werden deutlich erweitert. Die Empfehlungen befinden sich derzeit noch in der Konsultationsphase. Das Inkrafttreten ist für Anfang 2007 geplant.

Basispunkt: Ein hundertstel Prozent (1/100%), also ein Zehntausendstel (1/10 000); wird statt Prozent verwendet, um sehr kleine Veränderungen, v. a. im Bereich von Zinssätzen, zum Ausdruck zu bringen.

Behavioural Finance: Forschungsrichtung der Finanzierungswissenschaften, die versucht, schwer verständliche Phänomene auf Finanz- und Kapitalmärkten und unplausible Verhaltensweisen von Marktteilnehmern durch psychologische Effekte und bestimmtes Sozialverhalten der Marktteilnehmer zu erklären und vorherzusagen.

Besicherungsrisiko: Risiko von Vermögensverlusten auf Grund mangelhafter oder nicht hinreichend werthaltiger Kreditsicherheiten im Falle eines Kreditausfalls.

Beta: Maß zur Quantifizierung des systematischen Risikos von Vermögenswerten. Findet v. a. bei Aktien Verwendung. Das systematische Risiko bezeichnet dabei die Komponente des Risikos einer konkreten Investition, die durch das allgemeine Marktrisiko, dem alle Investitionen zu einem gewissen Grad unterliegen, hervorgerufen wird.

Betriebswirtschaftliches Risikoergebnis: Teil des betriebswirtschaftlichen Ergebnisses (Ergebnis nach Steuern inklusive Veränderung der stillen Reserven), der durch die Übernahme von Risiken zu Stande kommt. Berechnung durch Abzug der sicheren, risikofreien Verzinsung auf das ökonomische Eigenkapital vom betriebswirtschaftlichen Ergebnis.

Bonität: Bezeichnung und Maß für die Fähigkeit eines Schuldners, in Zukunft seinen aus Schulden entstehenden Verpflichtungen nachzukommen.

Bonitätsrisiko: Risiko von partiellen oder temporären

Vermögensverlusten auf Grund verminderter Kreditwürdigkeit eines Schuldners.

BPV – Basis Point Value: Methode zur Berechnung des Zinsänderungsrisikos mittels paralleler Verschiebung des Zinsniveaus über alle Laufzeiten um einen Basispunkt.

CAPM – Capital Asset Pricing Model: Ein auf der Portfoliotheorie basierendes Modell des Kapitalmarkts. Mit Hilfe des CAPM können die Renditen geschätzt werden, die ein rational handelnder Investor von einer Investition mit unsicheren Zahlungsströmen erwartet.

CBOT: Chicago Board of Trade

CFaR – Cash Flow at Risk: Übertragung des Value-at-Risk-Konzepts auf Cashflows. Der Cash Flow at Risk betrachtet die Auswirkungen von Risiken auf den Cashflow und eignet sich deshalb besonders für Industrieunternehmen. Unter dem CFaR ist – vereinfacht formuliert – die maximale Abweichung des Nettocashflows von seinem Erwartungswert innerhalb eines definierten Zeitraums und innerhalb eines festzulegenden Konfidenzniveaus zu verstehen.

Conditional Value at Risk: Konzept zur Risikomessung, das ausgehend vom Value at Risk dem Problem zu begegnen versucht, dass beim Value at Risk all die negativen Ereignisse ausgeblendet werden, die mit einer geringeren als der dem festgelegten Konfidenzintervall entsprechenden Wahrscheinlichkeit eintreten. Das Conditional Value at Risk misst dazu den erwarteten Verlust für den Fall, dass der Value at Risk überschritten wird – den so genannten bedingten Verlust. Es wird somit in einer Metrik die Verteilung des Verlusts unterhalb des Konfidenzniveaus mit dem durch das Konfidenzniveau gegebenen maximal erwarteten Verlust verbunden.

Contingent Capital: Eigenkapital, das bei Eintritt eines bestimmten Ereignisses, z. B. eines Versicherungsfalls, zu bereits festgelegten Konditionen abgerufen werden kann, um eine Lücke in der Eigenkapitalbasis und damit der Risikotragfähigkeit kurzfristig auszugleichen, ohne dass dieses Eigenkapital ständig vorgehalten werden muss.

Counterparty-Risiko: Risiko von Vermögensverlusten auf Grund der unerwarteten Verschlechterung der Bonität der Gegenpartei bei Handelsgeschäften. Kurz: das Kreditrisiko im Zusammenhang mit Handelsgeschäften.

CPV – CreditPortfolioView: Von McKinsey entwickeltes Value-at-Risk-basiertes Modell zur Quantifizierung eines Portfolios von Kreditrisiken mittels Monte-Carlo-Simulationen. Kann im Gegensatz zu anderen Kreditrisikomodellen auch makroökonomische Faktoren berücksichtigen.

Credit Spread: Aufschlag auf den risikofreien Zinssatz für eine bestimmte Laufzeit, den ein kreditrisikobehafteter Schuldner bezahlen muss. Gewöhnlich in Basispunkten zum Ausdruck gebracht.

Diversifikation: Führt zur Reduktion des Gesamtrisikos eines Portfolios von Risiken im Vergleich zur Summe der Einzelrisiken durch geeignete Kombination der Einzelrisiken. Risikoreduktion durch Diversifikation ist möglich, wenn die Entwicklung der einzelnen Positionen in einem Portfolio von Risiken nicht völlig gleichgerichtet ist.

EaR – Earnings at Risk: Übertrag des Value-at-Risk-Konzepts auf Gewinne. Die Earnings-at-Risk-Methodik betrachtet die Auswirkungen von Risiken auf die Gewinne und eignet sich deshalb, genauso wie der CFaR, besonders für Industrieunternehmen, aber auch für Finanzdienstleister.

EPV – EnergyPortfolioView: Von McKinsey entwickeltes Modell zur Messung der Risiken von Energieversorgern.

ERM: Enterprise-wide Risk Management

Fat Tails: Erhöhte Wahrscheinlichkeit extremer Werte im Vergleich zur angenommenen Verteilung (z. B. der Normalverteilung). Fat Tails führen zur Unterschätzung des Risikos und sind eines der Probleme, die beim Value-at-Risk-Konzept auftreten können.

Forward-Kurs (auch Terminkurs): Aktueller, bereits gegenwärtig fixierter Kurs für eine zukünftige, fest zugesagte Transaktion. Gängig für Finanztitel und Rohstoffe, aber auch für andere Güter denkbar. Der zukünftige faire Kurs ist dabei über den gültigen Zinssatz und Nebenkosten der Lagerkosten sowie Erträge des Gutes bis zum zukünftigen Transaktionszeitpunkt bestimmt.

Gesamtkapitalkosten: Gewichteter Durchschnitt der Renditeanforderungen der Eigen- und Fremdkapitalgeber (WACC: Weighted Average Cost of Capital).

Geschäftsrisiken: Unter Geschäftsrisiken wird hier die Gefahr möglicher Vermögensverluste für ein Unternehmen verstanden, die vor allem durch unerwartete Schwankungen der Absatzmenge oder aber der Absatzpreise bzw. -margen auf Grund veränderter Kundennachfrage oder -präferenzen entstehen.

Group of Thirty (G30): Gruppe führender Bankpraktiker und Wirtschaftswissenschaftler der Industrienationen. Erarbeiten Empfehlungen zum Themenbereich Risikomanagement, die sich sowohl an Marktteilnehmer als auch an die Aufsichtsbehörden richten.

Kapitalallokation: Verteilung des vorhandenen ökonomischen Eigenkapitals (Risikotragfähigkeitspotenzial) auf einzelne Geschäftsfelder, Investitionen oder Projekte. Tendenziell sollten Geschäftsfelder mit attraktiven Risiko-Rendite-Relationen mehr ökonomisches Eigenkapital zugeteilt bekommen.

Kapitalmarkttheorie: Teilbereich der Wirtschaftswissenschaften, der u. a. den Zusammenhang zwischen Risiko und Ertrag der Anlage in risikobehafteten Vermögensgütern (z. B. Aktien) untersucht.

Kapitalstruktur: Verhältnis von Eigen- zu Fremdkapital eines Unternehmens.

Klumpenrisiken: Einzelne Großrisiken bzw. Risikoanhäufungen, die ein überproportional hohes Risiko darstellen, z. B. wenige Großkredite mit hohen Beträgen, die bei kumuliertem Ausfall für ein Kreditinstitut solvenzbedrohend sein können. Der Gesetzgeber hat für Kreditinstitute eine größenabhängige Höchstgrenze für Einzelkredite festgelegt.

Konfidenzniveau: Festzulegendes Sicherheitsniveau bei der Risikoquantifizierung mittels Value at Risk. Wahrscheinlichkeit, mit welcher der durch den Value at Risk gegebene maximale Verlust nicht überschritten wird.

KonTraG: Gesetz zur Kontrolle und Transparenz im Unternehmensbereich. 1998 in Deutschland eingeführt für börsennotierte Aktiengesellschaften sowie GmbHs bestimmter Größe und Komplexität. Es fordert die Einrichtung eines alle Risiken umfassenden Controlling- und Reporting-Systems. Darüber hinaus regelt es Informationspflichten von Unternehmen gegenüber ihren Aktionären.

Korrelation: In der Statistik bezeichnet die Korrelation ein quantitatives Maß für die wechselseitige Abhängigkeit zweier Größen. Eine positive (negative) Korrelation liegt dann vor, wenn eine hohe Ausprägung der einen Größe mit einer hohen (niedrigen) Ausprägung der anderen Größe verbunden ist.

Kreditrisiken: Unter Kreditrisiken wird hier die Gefahr möglicher Wertverluste von Forderungen eines Unternehmens verstanden
- auf Grund unerwarteter vollständiger, partieller oder temporärer Zahlungsunfähigkeit oder -unwilligkeit eines Schuldners (Ausfall- bzw. Kreditausfallrisiko),
- auf Grund einer mit einer unerwarteten Bonitätsverschlechterung des Schuldners einhergehenden Marktwertminderung der Forderung (Bonitätsrisiko),
- auf Grund einer unerwarteten Reduktion der Werthaltigkeit von Sicherheiten oder Garantien (Besicherungsrisiko),
- oder auf Grund einer unerwarteten generellen Neubewertung der bestehenden und unveränderten Ausfall-, Bonitäts- und Besicherungsrisiken am Markt (Spread-Risiko).

Länder-/Transferrisiko: Risiko auf Grund hoheitlicher Maßnahmen bei grenzüberschreitenden Aktivitäten, z. B. Beschränkung des Devisentransfers, aber auch Ausfall oder Verzug von Zinszahlung oder Tilgung von Staatsschulden.

Leverage-Effekt: Erhöhung der erwarteten Eigenkapitalrendite durch Substitution von Eigen- mit Fremdkapital (unter der Annahme von über den Fremdkapitalkosten liegenden Gesamtkapitalkosten).

Limitvergabeprozess: Festlegung von Risikolimits, z. B. je Geschäftseinheit, Produktbereich oder Handelsbuch durch Aufgliederung des Risikotragfähigkeitspotenzials des Gesamtunternehmens auf die einzelnen Geschäftseinheiten, Produktbereiche oder Handelsbücher.

Long-term Contracts: Instrumente zur Absicherung für Industrieunternehmen. Einsatz vor allem bei Geschäften, für die keine Termingeschäfte abgeschlossen werden können. Abschluss auf Grundlage festgesetzter Preise, etwa für Rohstoffe und Vorprodukte; bietet dem Hersteller eine zuverlässige Kalkulationsgrundlage.

Long-Position: Allgemein eine Kaufposition, d. h. eine Forderung bzw. ein Aktivum aus einer bilanziellen Perspektive. Bei Optionen die Position des Optionskäufers, der das durch die Option verbriefte Recht besitzt.

MAH – Mindestanforderungen an das Betreiben von Handelsgeschäften der Kreditinstitute: Bindende Richtlinien der Bundesanstalt für Finanzdienstleistungsaufsicht, welche die Rahmenbedingungen für das Betreiben bzw. die Abwicklung von Handelsgeschäften regeln.

MAK – Mindestanforderungen an das Kreditgeschäft der Kreditinstitute: Bindende Richtlinien der Bundesanstalt für Finanzdienstleistungsaufsicht, welche die Rahmenbedingungen für das Betreiben von Kreditgeschäften regeln.

Mapping: Zerlegung von Risikopositionen in ihre Cashflow-Komponenten zum Zweck einer möglichst exakten Zuordnung von Risikofaktoren zu den zugehörigen Volumensgrößen.

Mark to Market: Bewertung einer Position zu aktuellen

Marktwerten oder -preisen als Wiederbeschaffungskosten oder *Replacement Values*.

Mark to Model: Ermittlung eines möglichst marktnahen Wertes für eine Position, für die keine Marktpreise existieren, mittels geeigneter Bewertungsmodelle, z. B. Barwert- oder Optionspreismodelle.

Marktrisiken: Unter Marktrisiken wird hier die Gefahr einer möglichen Veränderung der Vermögenslage eines Unternehmens auf Grund einer (nachteiligen) Abweichung der Marktpreise z. B. für Aktien, Währungen, Rohstoffe und Zinsen von ihren erwarteten Werten verstanden.

Marktzinsmethode: Methode zur verursachungsgerechten Kalkulation des Zinsergebnisses. Ermöglicht die Aufgliederung des Zinsergebnisses in eine Fristentransformationskomponente, die zentral verantwortet wird, und in den Beitrag aus Konditionensetzung gegenüber dem Kunden, die dezentral in den Geschäftseinheiten erfolgt.

Modellrisiko: Risiko ungenauer Ergebnisse auf Grund der im Modell getroffenen Annahmen und Näherungen.

Monte-Carlo-Simulation: Methode für eine von Daten der Vergangenheit weniger stark beeinflusste bzw. abhängige Risikoquantifizierung; sie basiert auf der Überlegung, dass die in der Vergangenheit beobachteten Risikoparameter normalverteilt sind. Mittels Zufallszahlen wird eine zukünftige Wahrscheinlichkeitsverteilung erzeugt, indem Daten generiert werden, die zwar dem Verlauf der Normalverteilung, nicht jedoch tatsächlich in der Vergangenheit beobachteten Veränderungsraten entsprechen. Besonders geeignet, wenn keine aussagekräftigen Historien verfügbar sind bzw. sich die Verwendung historischer Entwicklungen durch Strukturbrüche nicht anbietet.

Ökonomisches Eigenkapital: Wert des den Eigentümern zu einem bestimmten Zeitpunkt unter Berücksichtigung aller vom Unternehmen abgeschlossenen Geschäfte zustehenden Vermögens. Umfasst das gezeichnete Eigenkapital, Rücklagen, den bislang aufgelaufenen Gewinn des aktuellen Geschäftsjahres (egal, ob eine Ausschüttung oder Thesaurierung geplant ist) sowie stille Reserven. Stellt das Risikotragfähigkeitspotenzial dar.

Operationelle Risiken: Operationelle Risiken werden hier als die Gefahr möglicher Vermögensverluste für ein Unternehmen auf Grund unerwarteter mangelhafter Abläufe im internen Leistungsbereich (zum Beispiel mangelnde Qualifikation oder Sorgfalt von Mitarbeitern, Fehlfunktion von Prozessen oder Systemen, Betrug) oder unerwarteter externer Beeinträchtigungen der internen Abläufe (zum Beispiel Terroranschläge oder Naturkatastrophen) verstanden.

Optimale Kapitalstruktur: Theoretische Vorstellung, der zufolge ein Unternehmen durch die Wahl des optimalen Verhältnisses zwischen Eigen- und Fremdkapital seinen Unternehmenswert maximieren kann. Die Bestimmung der optimalen Kapitalstruktur ist in der Praxis allerdings schwierig und in der Theorie eines vollkommenen Marktes irrelevant.

Probability Severity Matrix: Hilfsmittel zur Festlegung der Reihenfolge, in der identifizierte Risiken zu adressieren sind. Erstellung durch Abschätzung oder Bestimmung der Eintrittswahrscheinlichkeit von Risiken sowie deren Ausmaß durch interne Experten.

RAPM – Risikoadjustiertes Performancemaß: Messgröße für den Erfolg eines einzelnen Geschäfts oder eines ganzen Unternehmens, in der durch geeignete Anpassungen gleichzeitig das Risiko berücksichtigt wird. Als Grundlage wird meist die Rendite verwendet, deren Zähler oder Nenner dann angepasst wird, um Risiko angemessen zu berücksichtigen. Siehe auch RAROC, RORAC und ROVAR als gängige RAPMs.

RAROC – Risk-adjusted Return on Capital: Risikoadjustiertes Performancemaß (RAPM). Definition ist in Theorie und Praxis nicht einheitlich. Meist wird zur Berechnung dieser Kennziffer vom RORAC-Wert für das tatsächliche erwirtschaftete Ergebnis der ursprünglich vorgebene Ziel-RORAC abgezogen. Diese Größe stellt somit eine Art risikoadjustierte Überrendite bzw. einen risikoadjustierten Übergewinn über die Kapitalkosten hinaus dar.

Rating: Standardisierte Beurteilung und Einstufung der Bonität eines Unternehmens. Die Erstellung kann durch unabhängige externe Agenturen (z. B. Moody's oder S & P) oder Banken erfolgen. Sie basiert auf der Bewertung des Unternehmens anhand von quantitativen und qualitativen Kriterien (z. B. Finanzkraft, Managementqualität). Ein Rating kann sowohl für einzelne Geld- und Kapitalmarkttitel als auch für Länder, Banken und Unternehmen erstellt werden

Realoptionsmodelle: Ansätze zur Bewertung von Investitionsobjekten, die den Optionsansatz aus der Welt von Finanztiteln auf reale Investitionsobjekte übertragen, indem der Wert der mit bestimmten realen Investitionen oder mit Entwicklungsprojekten verbundenen Flexibilität in Abhängigkeit einer zu Grunde liegenden bekannten Größe, z. B. eines Absatzpreises, bestimmt wird.

Risiko: Als Risiko wird in der Theorie gewöhnlich eine positive oder negative Abweichung einer Größe von ihrem erwarteten Wert bezeichnet (zweiseitige Risikodefinition). In der Umgangssprache versteht man hingegen unter Risiko oft nur die Abweichung einer Größe von ihrem erwarteten Wert, die mit einem Missnutzen oder einem Verlust für den Betrachter verbunden ist (einseitige Risikodefinition). Da eine einseitige Risikodefinition mit zahlreichen konzeptionellen und mathematischen Problemen verbunden ist, wird in diesem Buch die zweiseitige Risikodefinition unterstellt, nicht zuletzt, um dem Gedanken Rechnung zu tragen, dass mit Risiken oft auch Chancen verbunden sind.

Risikoadjustierte Ergebniskennzahlen: Analog zu risikoadjustierten Performancemaßen (RAPMs). Maß für den Ertrag, der pro Einheit Risikokapital erwirtschaftet wird.

Risikoadjustiertes Pricing: Preissetzung entsprechend dem einzugehenden Risiko. Berücksichtigung erwarteter und möglicher Verluste aus einem Geschäft in der Preisgestaltung.

Risikokultur: Unternehmenskultur, die den Mitarbeitern Risiken als potenzielle Chancen und damit Risikomanagement als Wertschöpfungsfaktor vermittelt.

Risikomanagement-Komitee: Bündelung der für das Risikomanagement wesentlichen Kompetenzen aus allen Bereichen des Unternehmens. Besetzt mit Entscheidungsträgern aus den relevanten Bereichen. Je nach Ausgestaltung mehr oder weniger umfangreiche Aufgaben und Entscheidungskompetenzen, unter anderem Verabschiedung von Risiko- und Risikonahmerichtlinien, Einschätzung der Gesamtrisikosituation.

Risikomanager in den Geschäftseinheiten: Verantwortlich für die Generierung dezentraler Risikodaten sowie deren Aufbereitung und Weiterleitung an die zentrale Risikoeinheit.

Risikomessmodelle: Siehe Risikomodelle.

Risikomodelle: Als Risikomodelle werden Verfahren bezeichnet, mit denen das Risiko eines Geschäfts, eines Portfolios von Geschäften oder gar eines ganzen Unternehmens bestimmt werden kann. Die Berechnungen eines Risikomodells basieren auf einer Reihe von Inputdaten. Sie umfassen Daten zu den konkreten, den Risiken ausgesetzten Geschäften bzw. Positionen und Parameter zur Charakterisierung der Risiken. Kern eines Risikomodells stellen die Algorithmen zur Transformation der Inputdaten und -parameter zu einer Risikokennzahl dar. Man unterscheidet dabei Verfahren, die die Risikokennzahl durch analytische Berechnungen bzw. durch (Monte-Carlo-)Simulationen bestimmen. In der Verwendung des Begriffs „Modell" in diesem Zusammenhang kommt zum Ausdruck, dass es sich nicht um eine exakte Quantifizierung des Risikos handelt, sondern dass vereinfachende Annahmen und Berechnungen vorgenommen werden.

Risikominimierung: Vermeidung oder Reduktion von Risiken. Dazu dienen z. B. Methoden wie operative Exzellenz (z. B. Six Sigma), Vermeidung von Dominoeffekten und Früherkennung von Risiken.

Risikonahmestrategien: Strategien für den Umgang mit Risiken. Professionelles Risikomanagement unterscheidet drei grundsätzliche Vorgehensweisen außer der Risikovermeidung: die bewusste Übernahme von Risiken, die Risikominimierung, sowie die Risikoüberwälzung auf Dritte. Die Wahl der jeweiligen Strategie ist abhängig von den Kompetenzen und dem Risiko-Know-how des Unternehmens, des Geschäftsfelds, der Art des Risikos sowie von der Frage, welche risikoadjustierten Erträge jeweils zu erzielen sind.

Risikorichtlinien: Vorgaben zu Risikoarten, der maximalen Höhe von Einzelrisiken, dem maximal tragbaren Gesamtrisiko sowie dem Umgang mit Risiken.

Risikostrategie: Verkürzt für Risikonahmestrategie.

Risikotragfähigkeit: Potenzial bzw. Fähigkeit zur Übernahme oder zum Ausgleich von Risiken. Die Risikotragfähigkeit wird in erster Linie durch das ökonomische Eigenkapital bestimmt.

Risikoübernahme: Bewusstes Eingehen von Risiken. Sollte für die Risiken eines Unternehmens gewählt werden, für die es Kernkompetenzen und Know-how besitzt. Die Übernahme dieser Risiken ist allerdings nur dann sinnvoll, wenn die risikoadjustierte Performance des mit dem Risiko verbundenen Geschäfts über den Kapitalkosten liegt oder Diversifikationseffekte genutzt werden können, um dies sicherzustellen.

Risikoüberwälzung: Überwälzung der Risiken auf Dritte, z. B. den Staat, Versicherungen, Lieferanten, Kunden oder Wettbewerber. Die Überwälzung von Risiken sollte dann durchgeführt werden, wenn die Risiken weder selbst (vollständig) übernommen noch gänzlich vermieden werden können. Diese Strategie ist meist mit expliziten oder zumindest impliziten Kosten verbunden.

RiskMetrics: Von JPMorgan, inzwischen abgelöst durch RiskMetricsGroup, entwickeltes Verfahren zur Messung von Risiken basierend auf der Varianz-Kovarianz-Methode und Monte-Carlo-Simulationen. Wurde zunächst zur Messung von Marktrisiken entwickelt und mittlerweile auch auf Kreditrisiken ausgedehnt.

RORAC – Return on Risk-adjusted Capital: Risikoadjustiertes Performancemaß (RAPM). Definition in Theorie und Praxis nicht einheitlich. Meist wird zur Berechnung dieser Kennziffer die risikobehaftete Komponente des Ergebnisses (betriebswirtschaftliches Risikoergebnis, d. h. betriebswirtschaftliches Ergebnis minus risikofreie Verzinsung des notwendigen Risikokapitals) ins Verhältnis zum notwendigen ökonomischen Eigenkapital bzw. dem Value at Risk gesetzt.

ROVAR – Return on Value at Risk: Risikoadjustiertes Performancemaß (RAPM). Definition in Theorie und Praxis nicht einheitlich. Meist wird zur Berechnung dieser Kennziffer das gesamte betriebswirtschaftliche Ergebnis, d. h. ohne Risikoadjustierungen, ins Verhältnis zum notwendigen ökonomischen Eigenkapital bzw. dem Value at Risk gesetzt.

Settlement-Risiko: Gefahr der unerwarteten Verschlechterung der finanziellen Position eines Unternehmens durch Ausfall der Gegenpartei z. B. im Zahlungsverkehr; Kreditrisiko im Zahlungsverkehr.

Short-Position: Allgemein eine Verkaufsposition, d. h. eine Verpflichtung bzw. ein Passivum aus einer bilanziellen Perspektive. Bei Optionen die Position des Optionsverkäufers oder auch Stillhalters, der die durch die Option verbriefte Verpflichtung im Fall der Optionsausübung hat.

Spread-Risiko: Risiko aus marktlicher Neubewertung des Kreditrisikos. Dabei geht es um die Wertminderung einer kreditrisikobehafteten Position auf Grund einer Erhöhung der Risikoprämie ohne damit verbundene Verschlechterung der tatsächlichen Bonität.

Staggered Contracts: Instrumente zur Absicherung für Industrieunternehmen. Einsatz bei Geschäften, für welche keine Termingeschäfte abgeschlossen werden können. Abschluss auf Grundlage gestaffelter Preise; bietet Herstellern zuverlässigere Steuerungsgrößen.

Stresstest: Analog zu den Begriffen *Worst-Case-Szenario*

oder *Crash-Szenario*. Betrachtung von Extremsituationen zur sachgerechten Quantifizierung von Risiken und Sicherstellung einer ausreichenden Risikotragfähigkeit (ökonomisches Eigenkapital) im Maximalbelastungsfall. Ergänzt Value-at-Risk-Berechnung, die u. U. Extremfälle nicht angemessen berücksichtigt.

Systematisches Risiko: Unternehmensunspezifisches Risiko, das nicht durch Diversifikation eliminiert werden kann.

Terminkurs (auch Forward-Kurs): Aktueller, bereits gegenwärtig fixierter Kurs für eine zukünftige, fest zugesagte Transaktion. Gängig für Finanztitel und Rohstoffe, aber auch für andere Güter denkbar. Der zukünftige faire Kurs ist dabei über den gültigen Zinssatz und Nebenkosten der Lagerkosten sowie Erträge des Gutes bis zum zukünftigen Transaktionszeitpunkt bestimmt.

Terminmärkte: Börsen, auf denen die Erfüllung eines Vertrags, das heißt die Abnahme und Lieferung der Ware oder des Wertpapiers, erst zu einem späteren Termin, aber zu einem am Abschlusstag festgelegten Kurs erfolgt bzw. erfolgen kann.

Treasury: Instanz zur Steuerung von Marktpreisrisiken und zur Wahrung der Liquidität. Das Treasury wickelt Geld- und Edelmetallgeschäfte ab und fungiert zusätzlich als Liquiditätsausgleichsstelle und sorgt so zu jedem Zeitpunkt für die Zahlungsfähigkeit. Treasury-Einheiten gibt es v. a. bei Finanzdienstleistern, aber auch zunehmend in Industrieunternehmen.

Unsystematisches Risiko: Unternehmensspezifisches Risiko, das ein Investor durch Diversifikationseffekte eines Portfolios eliminieren kann.

Unterkapitalisierung: Die durch ein Unternehmen eingegangenen Gesamtrisiken können im Falle eines Eintritts nicht mehr durch das vorhandene ökonomische Eigenkapital aufgefangen werden. Bei Eintritt der Risiken droht die Insolvenz.

VaR – Value at Risk: Der Value at Risk bestimmt die in Währungseinheiten ausgedrückte, maximal erwartete (ungünstige) Abweichung des tatsächlichen Werts einer Position von ihrem erwarteten Wert, die (unter normalen Marktbedingungen) innerhalb einer definierten Zeitperiode mit einer festzulegenden Wahrscheinlichkeit (Konfidenzniveau) nicht überschritten wird. Das Konzept wird meist von Finanzdienstleistern verwendet und gilt dort als Marktstandard für Markt- und Kreditrisiken.

Varianz-Kovarianz-Methode: Auch Delta-Normal-Ansatz genannt. Neben der Monte-Carlo-Simulation und der historischen Simulation weiteres, verbreitetes statistisches Verfahren zur Bestimmung eines Value at Risk.

Verschuldungsgrad: Fremdkapital (langfristige Verbindlichkeiten + kurzfristige Verbindlichkeiten + Pensionsrückstellungen) im Verhältnis zum Marktwert des Eigenkapitals (ggf. einschließlich Minderheitsbeteiligungen).

Volatilität: Ausmaß der Schwankung einer Zeitreihe um ihren Mittelwert oder Trend. Die Bestimmung erfolgt mittels der Standardabweichung.

Wiedereindeckungsrisiko: Risiko, dass eine ausgefallene Position zum gültigen – und ggf. höheren – Marktpreis wiederhergestellt werden muss.

Zentraler Risikocontroller: Unterstützt den zentralen Risikomanager. Kernaufgaben sind die Erstellung, Pflege und Weiterentwicklung der Riskomodelle, die regelmäßige Durchführung der Risikoidentifizierung und -messung sowie der Konsolidierung und Aufbereitung der Daten.

Zentraler Risikomanager: Trägt die Gesamtverantwortung für die zentralen Risikomanagement-Funktionen. Ist üblicherweise für die vollständige Risikodokumentation für das gesamte Unternehmen, für die Erkennung hoher Risikokonzentrationen sowie für Aktivitäten zur Optimierung des Gesamtrisikos verantwortlich.

Ausgewählte Literatur

Achleitner, Ann-Kristin und Oliver Everling. *Rating Advisory.* Wiesbaden: Gabler, 2003.

Albrecht, Peter: „Auf dem Weg zu einem holistischen Risikomanagement?", *Versicherungswirtschaft*, Jg. 54 (1999), Heft 19, S. 1404-1409.

Albrecht, Peter und Raimond Maurer. *Investment- und Risikomanagement: Modelle, Methoden, Anwendungen.* Stuttgart: Schäffer-Poeschel, 2002.

Alexander, Carol. „Volatility and Correlation Forecasting", in: Carol Alexander (Hrsg.), *The Handbook of Risk Management and Analysis.* Chichester: Wiley, 1996, S. 233-260.

RAROC 2020: A Comprehensive Risk Measurement Service. New York: Bankers Trust, 1995.

RAROC and Risk Management: Quantifying the Risks of Business. New York: Bankers Trust, 1995.

Beckström, Rod A. und Alyce R. Campbell. *An Introduction to VAR.* Palo Alto: C-ATS Software Inc., 1995.

Beike, Rolf. *Risk-Management mit Finanzderivaten: Steuerung von Zins- und Währungsrisiken – Studienbuch mit Aufgaben.* München: Oldenbourg, 2002.

Bernstein, Peter L. *Wider die Götter. Die Geschichte von Risiko und Riskmanagement von der Antike bis heute.* München: dtv, 2002.

Bieta, Volker. *Szenarienplanung im Risikomanagement: Mit der Spieltheorie die Risiken der Zukunft erfolgreich steuern.* Weinheim: Wiley, 2003.

Brealey, Richard A. *Financing and Risk Management: Corporate Finance With The Brattle Group*. New York: McGraw-Hill, 2003.

Bungartz, Oliver. *Risk Reporting: Anspruch, Wirklichkeit und Systematik einer umfassenden Risikoberichterstattung deutscher Unternehmen*. Sternenfels: Brauner, 2003.

Casserley, Dominic. „Wringing Profit from Risk: The Challenges for Financial Firms", *The McKinsey Quarterly*, 1991, No. 3, S. 140-157.

Copeland, Thomas E. und Philip T. Keenan. „How much is flexibility worth?", *The McKinsey Quarterly*, 1998, No. 2, S. 38-49.

Copeland, Thomas E. und Philip T. Keenan. „Making real options real", *The McKinsey Quarterly*, 1998, No. 3, S. 128-141.

Courtney, Hugh, Jane Kirkland und Patrick Viguerie. „Strategy Under Uncertainty", *Harvard Business Review*, November/Dezember 1997, S. 67-79.

Coyle, Brian. *Risk Awareness and Corporate Governance: Institute of Financial Services (ifs)*. Oxford: Butterworth & Heinemann, 2002.

Dowd, Kevin. *Beyond Value at Risk: The New Science of Risk Management*. Chichester: Wiley, 1998.

Duffie, Darrel und Jun Pan. „An Overview of Value at Risk", *The Journal of Derivatives*, Jg. 4 (Frühling 1997), S. 7-44.

Finke, Robert und Frank Romeike (Hrsg.). *Erfolgsfaktor Risiko-Management: Chance für Industrie und Handel – Methoden, Beispiele, Checklisten*. Wiesbaden: Gabler, 2003.

Flyvbjerg, Bent. *Megaprojects and Risk: Making Decisions in an Uncertain World*. Cambridge: Cambridge University Press, 2002.

Foster, Richard N. „Risk, Control, and Performance", in: *McKinsey Forum: Risk, Control, and Performance*, http://www.mckinsey.com/knowledge/featured/forum/ bzw. http://www.mckinsey.com/knowledge/featured/forum/ PDF/mckinsey_risk_foster.pdf

Frame, J. Davidson. *Managing Risk in Organizations: A Guide for Managers.* Chichester: Wiley, 2003.

Hölscher, Reinhold. *Herausforderung Risikomanagement: Identifikation, Bewertung und Steuerung industrieller Risiken.* Wiesbaden: Gabler, 2002.

J.P. Morgan und Reuters. *RiskMetrics - Technical Document, 4th Edition.* New York: J.P. Morgan und Reuters, 1996.

James, Christopher. „RAROC Based Capital Budgeting and Performance Evaluation: A Case Study of Bank Capital Allocation", *Wharton Financial Institutions Center Working Papers*, WP 96-40, The Wharton School, University of Pennsylvania, 1996.

Jorion, Philippe. *Value at Risk.* Chicago: Irwin, 1997.

Kendall, Robin. *Risk Management: Unternehmensrisiken erkennen und bewältigen.* Wiesbaden: Gabler, 1998.

Kobi, Jean-Marcel. *Personalrisikomanagement: Strategien zur Steigerung des People Value.* Wiesbaden: Gabler, 2002.

Lam, James. *Enterprise Risk Management: From Incentives to Controls.* Chichester: Wiley, 2003.

Lister, Michael. *Risikoadjustierte Ergebnismessung und Risikokapitalallokation.* Frankfurt am Main: Knapp, 1997.

Marrison, Chris. *The Fundamentals of Risk Measurement.* New York: McGraw-Hill, 2002.

Mattheus, Mario. „KonTraG: Frühwarnung und Transparenz nun gesetzlich gefordert", *Krisennavigator.de*, 7. Jg (Januar 2004). http://www.krisennavigator.de/ri-in-d.html.

Merbecks, Andreas. Zur *Organisation des Risikomanagements in Kreditinstituten*. Wiesbaden, 1996.

Neubeck, Guido. *Die Prüfung von Risikomanagementsystemen*. Düsseldorf: IDW, 2003.

Parsley, Mark. „The RORAC Revolution", *Euromoney*, Oktober 1995, S. 36-42.

Pfohl, Hans Christian. *Risiko- und Chancenmanagemet in der Supply Chain*. Berlin: Schmidt, 2002.

Pritsker, Matthew. „Evaluating Value at Risk Methodologies: Accuracy versus Computational Time", *Wharton Financial Institutions Center Working Papers*, WP 96-84, The Wharton School, University of Pennsylvania, 1996.

Reichling, Peter. *Risikomanagement und Rating. Grundlagen, Konzepte, Fallstudie*. Wiesbaden: Gabler, 2003.

Shiller, Robert J. *Die neue Finanzordnung*. Frankfurt: Campus, 2003.

Shimko, David. „What is VAR?", *Risk Magazine*, Jg. 8, Nr. 12 (Dezember 1995), S. 27.

Smithson, Charles W. „Value-at-Risk. Understanding the various ways to calculate VAR", *Risk Magazine*, Jg. 8, Nr. 1 (Januar 1996), S. 8-10.

Stegemann, Uwe. *Risikoorientiertes Wertmanagement bei deutschen börsennotierten Universalbanken*. Hamburg: Kovač, 2001.

Stulz, René M. „Rethink Risk Management", *Journal of Applied Corporate Finance*, Jg. 9 (1996), S. 8-24.

Sutcliffe, Kathleen M. und Karl E. Weick. *Das Unerwartete managen. Wie Unternehmen aus Extremsituationen lernen*. Stuttgart: Klett-Cotta, 2003.

Trigeorgis, Lenos. *Real Options: Managerial flexibility and strategy in resource allocation*. Cambridge, Mass.: MIT Press, 1996

Vaughan, Emmett J. *Fundamentals of Risk and Insurance*. Chichester: Wiley, 2003.

Versteegen, Gerhard. *Risikomanagement in IT-Projekten. Gefahren rechtzeitig erkennen und meistern*. Berlin: Springer, 2003.

Warwick, Ben. *The Handbook of Risk: Investment Management Consultants Assoc. (IMCA)*. Chichester: Wiley, 2003.

Wildemann, Horst. *Risikomanagement: Leitfaden für die Risikoanalyse und die wertorientierte Steuerung von Unternehmen*. München: TCW Transfer Centrum München, 2003

Wilson, Thomas C. „RAROC Remodelled", *Risk Magazine*, Jg. 5, Nr. 8 (September 1992), S. 112-118.

Wilson, Thomas C. „Calculating Risk Capital", in: Carol Alexander (Hrsg.), *The Handbook of Risk Management and Analysis*, Chichester: Wiley, 1996, S. 193-232.

Wolf, Klaus. *Risikomanagement im Kontext der wertorientierten Unternehmensführung*. Dissertation Univ. Bayreuth. Wiesbaden: Gabler, 2003.

Wolf, Klaus und Bodo Runzheimer. *Risikomanagement und KonTraG. Konzeption und Implementierung*. Wiesbaden: Gabler, 2003.

Über die Autoren

Dr. Andreas Merbecks ist Partner im Düsseldorfer Büro der weltweit tätigen Unternehmensberatung McKinsey & Company. Der promovierte Wirtschaftswissenschaftler kam 1989 zu McKinsey und wurde 1997 zum Partner gewählt. Andreas Merbecks leitete nach Stationen für McKinsey in Zürich, London und Istanbul die deutsche Risk Management Practice und berät deutsche und europäische Klienten primär aus dem Bank- und Versicherungswesen sowie aus der Telekommunikationsbranche.

Dr. Uwe Stegemann ist Partner im Kölner Büro von McKinsey & Company. Er hat zum Thema wertorientiertes Risikomanagement promoviert und ist Mitglied des Leadership-Teams der deutschen Financial Institutions Practice sowie der weltweiten Risk Management Practice. Er berät seit 1993, seit 2001 als Partner, für McKinsey Klienten aus dem Finanzdienstleistungsbereich und betreibt mit besonderem Interesse die Risikomanagement-Aktivitäten von McKinsey für Industrieunternehmen.

Jesko Frommeyer war bis Herbst 2003 Engagement Manager in McKinsey & Companys Münchener Büro. Er leitete Projekte bei Finanzdienstleistern mit den Schwerpunkten Wholesale Banking, Basel II und Kreditrisiken. Bevor Jesko Frommeyer 1998 zu McKinsey kam, arbeitete er mehrere Jahre als Projektleiter in der internen Beratung von General Electric und für GE Capital in den USA und Europa. Seit Oktober 2003 arbeitet er bei der Commerzbank als Vice President (Abteilungsdirektor) in der Konzernstrategie.